国家重点档案专项资金资助项目

民国时期重庆民族工业发展档案汇编

重庆电力股份有限公司

第⑤辑

重庆市档案馆◎编

唐润明◎主编

西南师范大学出版社
国家一级出版社 全国百佳图书出版单位

目录

三、会议纪录（续）

三、会议纪录（续）

重庆电力股份有限公司一九四八年度业务会报纪录（一九四八年） 0219-2-239

重慶電力公司業務會報紀錄

時間：三十七年五月廿五日正午

地點：本公司會議室

出席　田總經理　吳總工程師　楊新民　劉靜之

董辛甫　劉伊凡　鄭德鉅　廖世浩　劉希益

劉佩雄　歐陽鑑　章疇叙　秦曆雄　張容之

張永書　易宗樸　黄大庸　杜岷英　孫新傳

張進人　陳景嵐

主席　田總經理

紀錄　張君鼎

會報事項

一、張組長容之報告（甲）取締竊電暨查辦法草案（乙）職工用電調查表收齊正辦理統計中

決議

（甲）項由張組長綜合各項意見加以整理報請經理室核定（乙）職工用電一律裝表避表用電查出後照竊電案處罰并予以開除又自六月一日起所收電表押金專款存儲用以添購電表

二、電務科請購用電器材請速購置案

決議　由總務科查明庫存數量不足或缺乏者補購

三、楊科長新民報告明日起開始發放五月份上半月工資

主席　田習之

重庆电力股份有限公司一九四八年度业务会报纪录（一九四八年） 0219-2-239

2

重慶電力公司業務會報紀錄

時間 三十七年六月一日正午

地點 本公司會議室

出席 劉佩儀 阮 傅 張爾書 張 楊 吳錫瀛 田習之 程容之 劉 陳 廿 告 董 鮑 庚 劉 伊 乞

主席　田總經理

紀錄　張君鼎

會報事項

一、田總經理報告(甲)工務局指示三項(A)裁減員工緊縮開支(B)嚴禁所屬包庇竊電(C)安裝電表節用電流昨日已向蕭副主任及齊局長口頭答復(乙)本公司好的精神應予加強其不好者應即改正(丙)有嗜好之員工名單速以密函封交經理室

二、職工裝表用電案

決議(甲)遵照董事會決議職工用電三六九度免費(乙)電表押金及接戶材料費由裝表人負担所需費用之半於裝表當月之薪工内分兩次扣除其餘一半年終扣除(丙)用電保証金免收(丁)居住在一處者限合裝

重庆电力股份有限公司一九四八年度业务会报纪录（一九四八年） 0219-2-239

一、表(戶)住廠人員何者應裝表何者不應裝表加以規定關於本案詳細辦法由業務用電檢查組秘書室會擬呈核

三、郊區窃電户應否裝表案

決議 由業務科三辦事處會擬辦法呈核

四、普查窃電各分組人員配備案

決議 照所擬各區辦法通過每區工程員減為一人無工程員者以技工代

五、寶源精選煤試燒案

決議 試燒本公司已函寶源派員臨場

主席 田習之

4

重慶電力公司業務會報紀錄

時間 三十七年六月八日正午

地點 本公司會議室

出席 田習之 易宗樸 劉伊凡 郭一浩 [illegible] 章曉紀 張永書 董鑑康 鄭洪鉅 秦丹雄 劉佩衡 張宏 刘希孟 張琳 楊大倫

重庆电力股份有限公司一九四八年度业务会报纪录（一九四八年） 0219-2-239

主席 田總經理

紀錄 張君鼎

會報事項

一、本公司職工用電辦法案

決議 通過 1、表板由公司製備 2、個人裝表限一星期填報集體裝表限兩星期填報月底前裝表自七月一日起一律開始抄錄電表底度二廠裝表申請書由南辦處派員收集 3、兩廠由業務科派員收集

二、定期邀請行轅警備部空軍第五軍區司令部市府及各局參議員各國領使各報社代表參觀第一廠案

決議 茶會招待由第一廠將爐管爆炸彎曲狀況拍照以便參觀

5

三、本公司對外發表問答式文件案

決議　油印分交有關部份參加意見星期五交還秘書室下星期一彙齊

四、工廠用電繼續供給設法不使停斷案

決議　由業務科將不欠費工廠名單彙交總經理

主席　田習之

重庆电力股份有限公司一九四八年度业务会报纪录（一九四八年） 0219-2-239

6

重慶電力公司業務會報紀錄

時間 三十七年六月十五日正午

地點 本公司會議室

出席 傅長亮 董毓康 劉伊凡 劉佩璣 張宗之 張斯 張永書 黃大庸 秦西維

三、会议纪录

重庆电力股份有限公司一九四八年度业务会报纪录（一九四八年）　0219-2-239

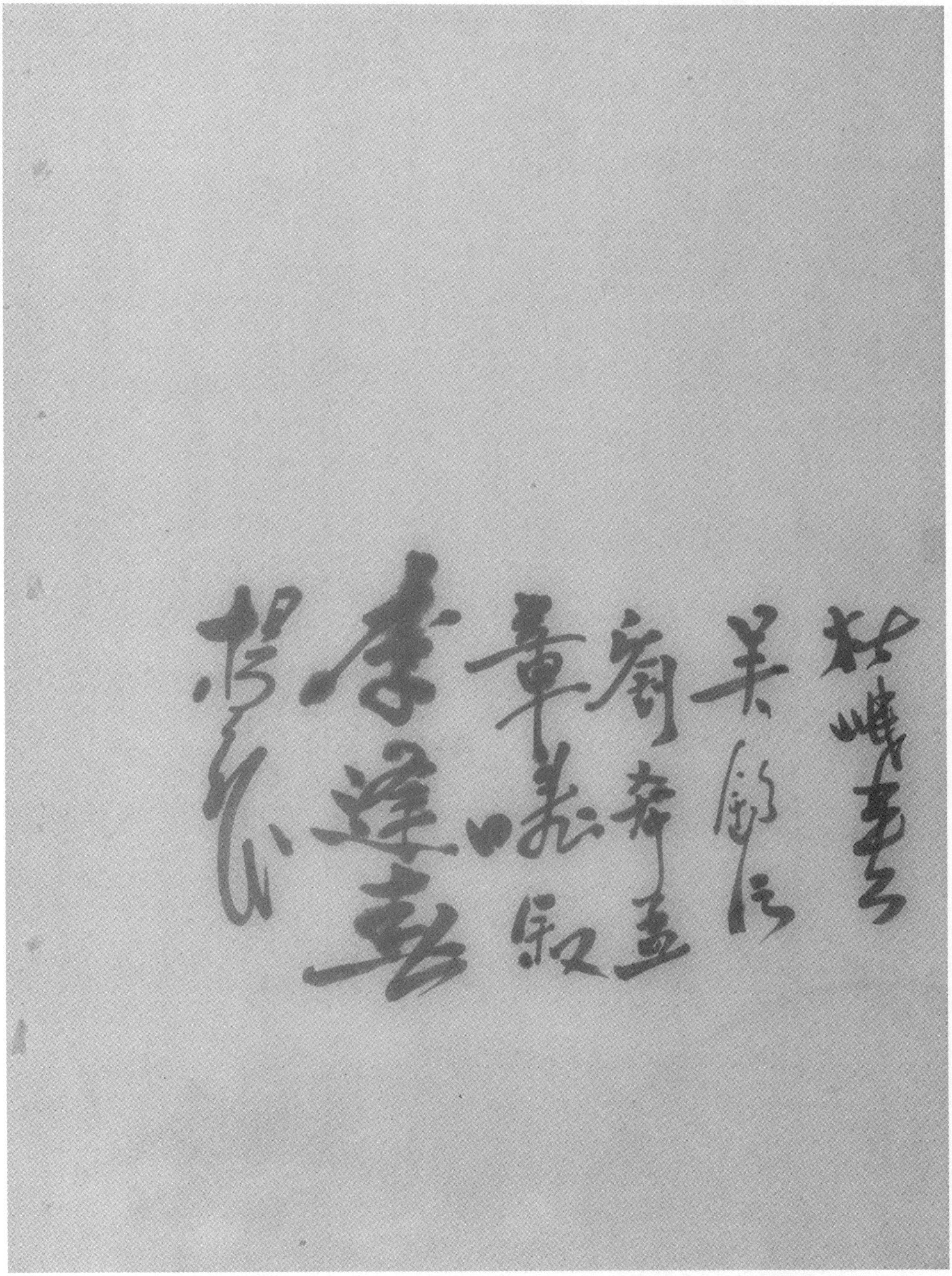

重庆电力股份有限公司一九四八年度业务会报纪录（一九四八年） 0219-2-239

主席 吳總工程師

紀錄 張君鼎

會報事項

一、職工裝表所需表板六百個日內陸續交來由電務科三組事務領用為職工安裝一廠及電務科職工同仁裝表業務科已於今日派員送報單三廠職工同人裝表業務科定明日派員送報單

二、由經理室通知全體職工裝表後仍禁使用電爐案

決議 通過

三、各組事務及二三兩廠備用金增為三百萬元案

決議 通過此項養氣費以當日需現款不足時暫以經收保押金

墊付懸空票次日向公司領款歸墊

四、二廠需要天府煤案

決議 水大時設法以拖輪運送水小時儘量撥濟

五、普查窃電何日開始案

決議 原定七月一日開始催請市府從速公佈加強取締管理用電辦法

六、增加天府煤量案

決議 由總經理與天府洽商

主席

重庆电力股份有限公司一九四八年度业务会报纪录（一九四八年） 0219-2-239

8

重慶電力公司業務會報紀錄

時間 三十七年六月二十二日正午

地點 本公司會議廳

出席

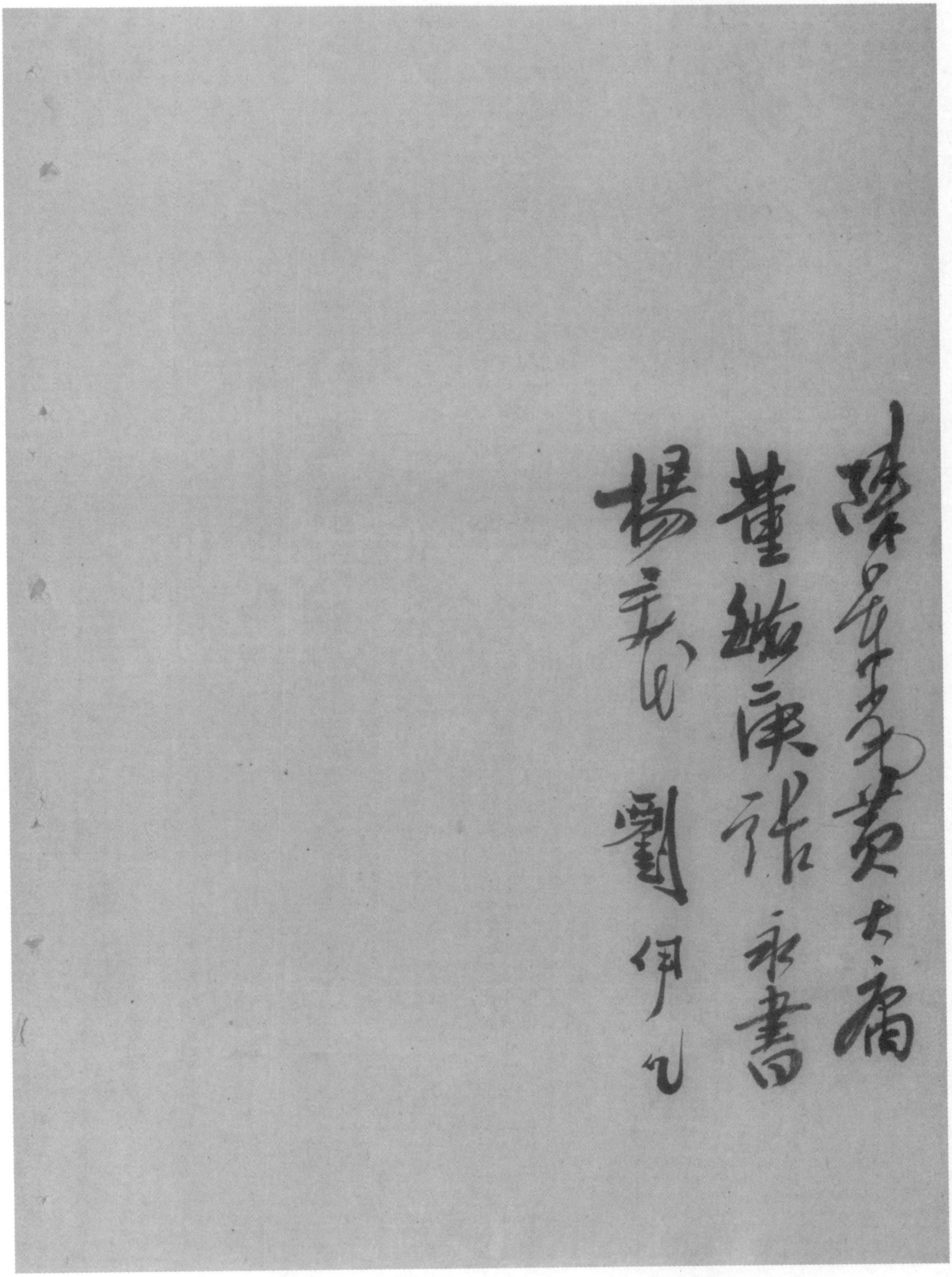
陸[illegible] 黄大[illegible]
董鐵康 張永書
楊[illegible] 劉伊[illegible]

重庆电力股份有限公司一九四八年度业务会报纪录（一九四八年） 0219-2-239

重慶電力公司業務會報紀錄

時間　三十七年六月二十九日正午

地點　本公司會議室

出席　田習之　劉佩雄　陳榮光　孫新津　劉伊凡　劉希孟　張永壽　秦丹雄

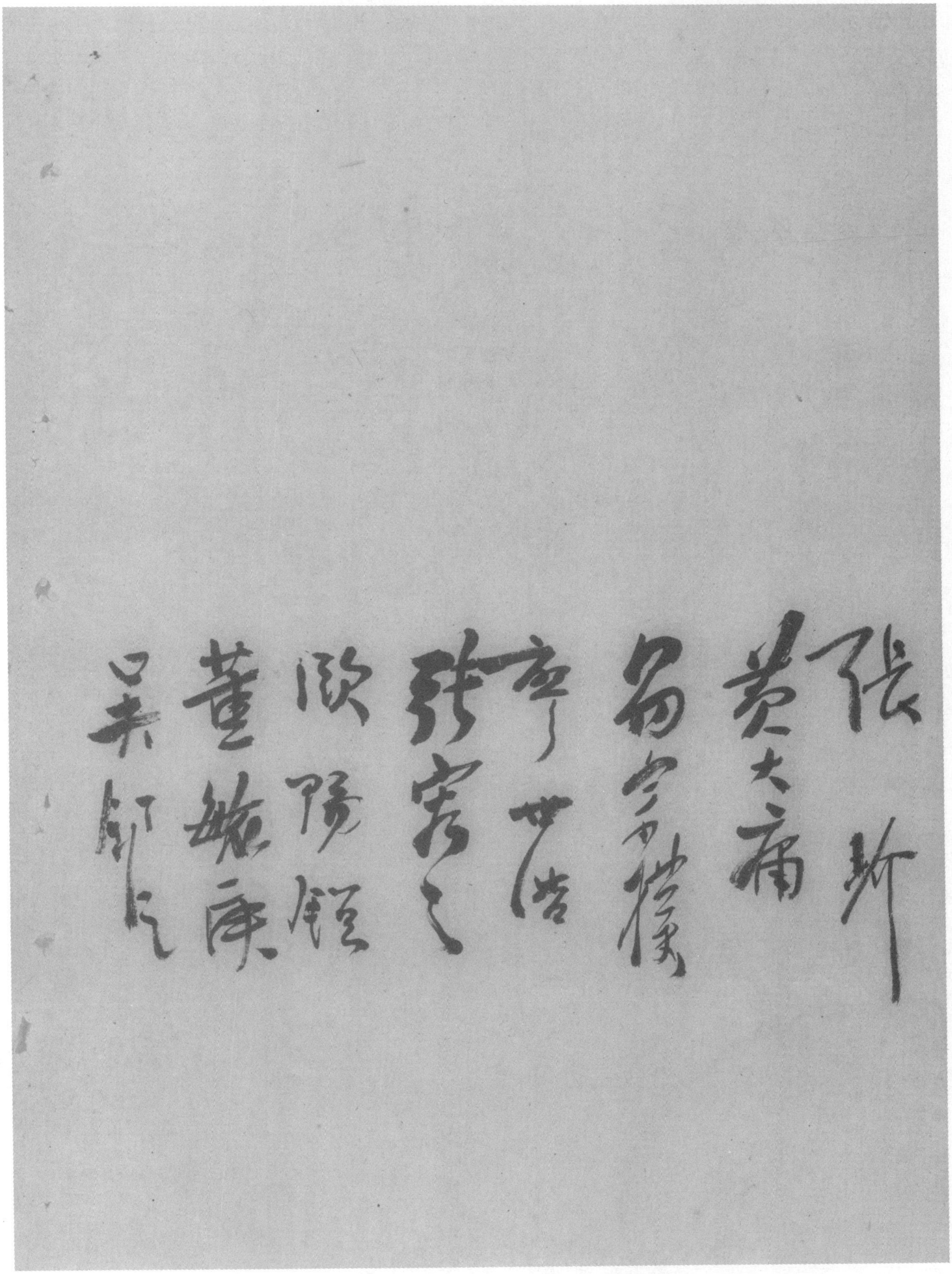
張斯
黄大庸
[illegible]
[illegible]
張容之
歐陽鏡
董毓康
吳[illegible]

重庆电力股份有限公司一九四八年度业务会报纪录（一九四八年） 0219-2-239

10

[illegible]
趙循伯

主席：田總經理
紀錄：張君鼎

會報事項

一、近日電表價格高漲在上海亦無法大批購進原定職工裝表用電辦法應予修訂案

決議：採包燈原則由易宗樸秦亞雄張進之黄大庸張容之董事甫張君鼎七人起草辦法提出會報討論後再召集職工代表

會商通過實行

二、對於機関及其所屬職工用電採用包燈制案

決議　由陳景嵐張岩之張君鼎起草辦法

三、田總經理報告最近與天府交涉增加每月供應煤觔由六千噸改為七千噸經過實際六月份所上煤觔尚不及以往任何一月最低額度即不再向該公司購煤由總務科另覓煤源以應需要

四、張組長岩之報告最近取締竊電情形

五、黃科長報告此次盤查庫存材料經過並發覺不合帳上數字與庫存不符管庫員應負責任　甲、廢料壞料退還總務科集中一廠分別修理或拍賣　乙、每月盤存一次　丙、處理廢料另組委員會　丁、修訂材料管理規則

重庆电力股份有限公司一九四八年度业务会报纪录（一九四八年） 0219-2-239

11

六、除放桿綫接户材料等價目每月一日十五日調整一次案

決議 由經理室通知

七、各種費用及各項業務逐月統計以便稽考並擬定臨時獎懲辦法案

決議 無異議

主席 田習之

12

重慶電力公司業務會報紀錄

時間　三十七年七月六日正午

地點　本公司會議室

出席　田習之　劉佩雄　楊[illegible]

杜[illegible]　董[illegible]康

陳[illegible]

章曉[illegible]　秦[illegible]

張[illegible]　劉伊[illegible]

張容之　杜[illegible]

張永書　[illegible]

重庆电力股份有限公司一九四八年度业务会报纪录（一九四八年） 0219-2-239

劉希孟

主席 田總經理

紀錄 張君鼎

會報事項

一、採用夏季辦公時間案

決議：夏季辦公時間每日上午八時至十二時下午一時至四時星期六及例假前一日下午一時至三時自銀行採用夏季辦公時間之日起實行

二、重大及中央工校派員來廠實習案

決議：歡迎參觀謝絕實習

13

三、寶源公司願以五日煤價售煤一千噸案

決議：六月欠交五百噸本月經常煤三千噸儲煤一千噸共四千五百噸除上月欠煤及儲煤應儘先交足外經常煤三千噸應於月半月底各交足半數

四、本月煤款支出約達一千九百億薪工六百億匡計收入約略相抵而事務費用利息支出均無着落應如何辦理案

決議：節省不必要開支二廠餘電供給水泥廠三個廠之發電成本詳加統計對於成本過高之廠必要時予以停開

主席　田習之

重庆电力股份有限公司一九四八年度业务会报纪录（一九四八年） 0219-2-239

14

重慶電力公司業務會報紀錄

時間：三十七年七月十三日正午

地點：本公司會議室

出席

吳錫瀛　劉佩雄　[illegible]　秦[illegible]　張容之

劉航琛
張[illegible]
董維康
吳[illegible]甫
章[illegible]
歐陽[illegible]
[illegible]

重庆电力股份有限公司一九四八年度业务会报纪录（一九四八年） 0219-2-239

15

主席 吳總工程師
紀錄 張君鼎
會報事項
一、發電成本如何計算案
決議：由會計科派員與易科長商洽
二、稽核室提議三事（甲）雜支項下之單據由各主管蓋用官章（乙）數目較大之支出呈由總經理批准（丙）合同付款之文件先由經理室核准案
決議：無異議
三、明日上午討論職工用電辦法案
決議 由吳總工程師主席起草人出席說明經過

四、燃料競賽給奬辦法案

決議：由總經理總工程師商定

五、新裝日光燈霓虹燈檢驗辦法案

決議：業務科擬定辦法由公司備文呈請工務局核定

主席　[illegible]　代

重庆电力股份有限公司一九四八年度业务会报纪录（一九四八年） 0219-2-239

16

重慶電力公司業務會報紀錄

時間 三十七年七月二十日正午

地點 本公司會議室

出席 [illegible]
劉[illegible]
[illegible]
[illegible]
張[illegible]
鄭[illegible]

重庆电力股份有限公司一九四八年度业务会报纪录（一九四八年） 0219-2-239

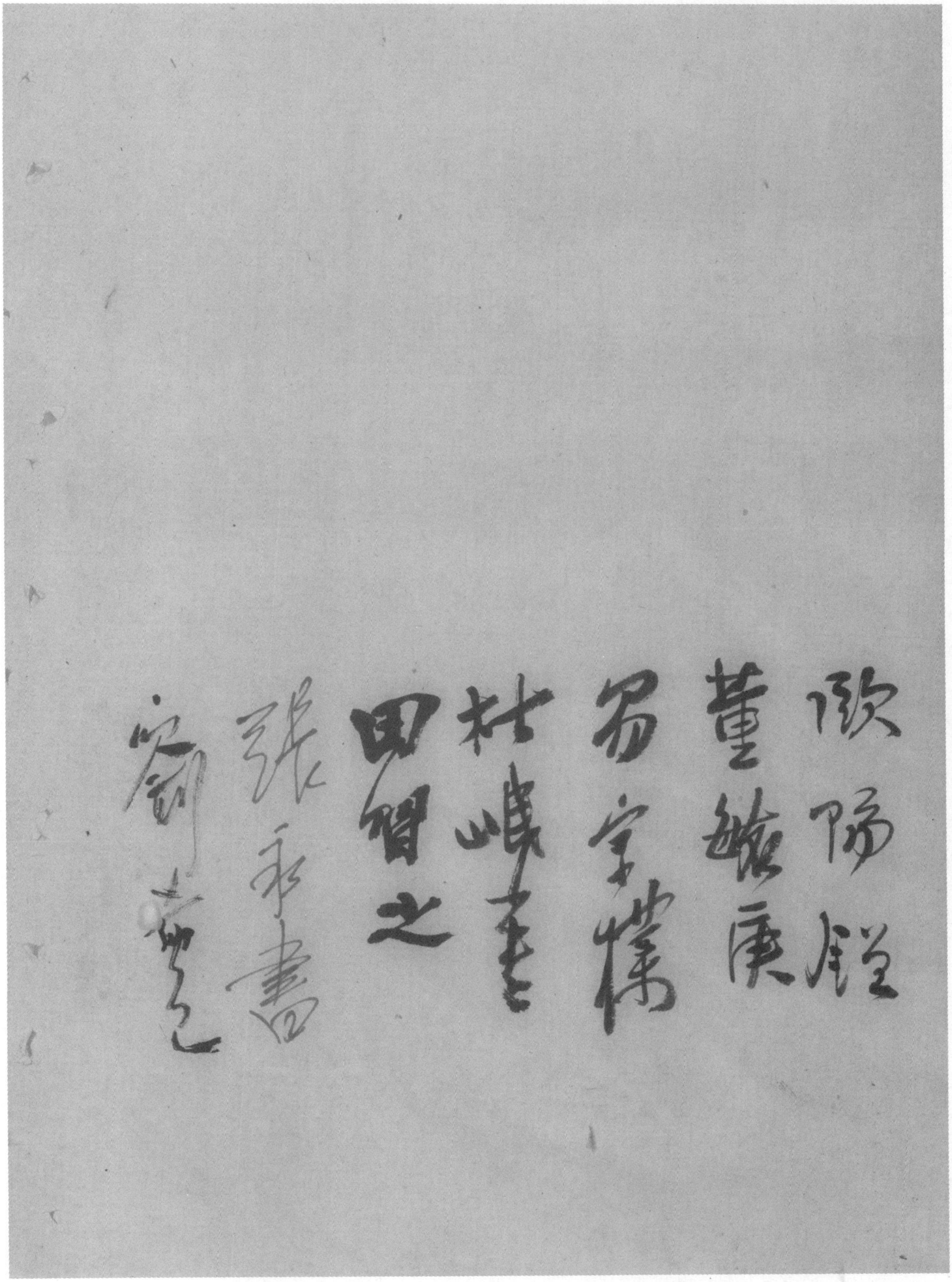
田習之

重庆电力股份有限公司一九四八年度业务会报纪录（一九四八年）　0219-2-239

趙循伯
黄大庸
吳錫瀛

主席　田總經理
紀錄　張君鼎

會報事項

一、第三廠修理圍牆屋漏案
決議：補鋪補漏由總務科派員與業務主任洽辦
二、福利社雇員以挪用存款運存第三廠備抵欠款之煤觔如何處

17

理案

決議：暫存原處

三、黃桷溪鹽務局辦事處申請裝表案

決議：由該局承認本公司實行備小供電區時撤表

四、沙坪壩辦事處租用國際電台地皮建築分電站案

決議：由總工程師設計

五、修改固定出勤及值班津貼案

決議：由秘書室擬定臨時辦法呈核俟董事會通過公佈

主席　田習之

重庆电力股份有限公司一九四八年度业务会报纪录（一九四八年） 0219-2-239

18

重慶電力公司業務會報紀錄

時間 三十七年七月二十七日正午

地點 本公司會議室

出席

鄭洪鉅
陸[illegible]
雷宗楷
劉伊九
李逢耘
董毓康
張新

重庆电力股份有限公司一九四八年度业务会报纪录（一九四八年） 0219-2-239

吴闵仁
黄大庸
張容之
張永書
田習之

11

主席 田總經理
紀錄 張君鼎

一、第三廠修繕工人宿舍案

決議、由總務科速購補漏材料，圍墻部份暫緩修理

二、燃煤競賽獎金照煤一噸或照價格給付案

決議：由總工程師決定並規定各廠最低煤耗

三、臨時工出勤給予津貼案

決議：通過，由主管人嚴加考核

四、緊急購料由總工程師簽字領料，並須完備手續案

決議：通過

五、用户以公庫支票付給電費全撥存入中央銀行以備兌取現鈔案

決議：通過，備函通知中央銀行

20

六、寶源煤試燒結果案

決議：1、每週分定期試燒一次

2、試燒日期由燃料股分別通知

3、第二次試燒不合標準者為通煤價扣百分之五，第三次扣百分之十

七、協助取締竊電之憲警給予出勤津貼案

決議：憲警由現在派用人之地位改為執行取締竊電態度時可照支小工出勤津貼

八、大坪居民與機關用電分裝總表案

決議 由李副主任會同電務科派員前往實地視察

主席 田習之

21

重慶電力公司業務會報紀錄

時間：三十七年八月三日正午

地點：本公司會議室

出席：

田習之

秦丕雄

張容之

劉壽孟

重庆电力股份有限公司一九四八年度业务会报纪录（一九四八年） 0219-2-239

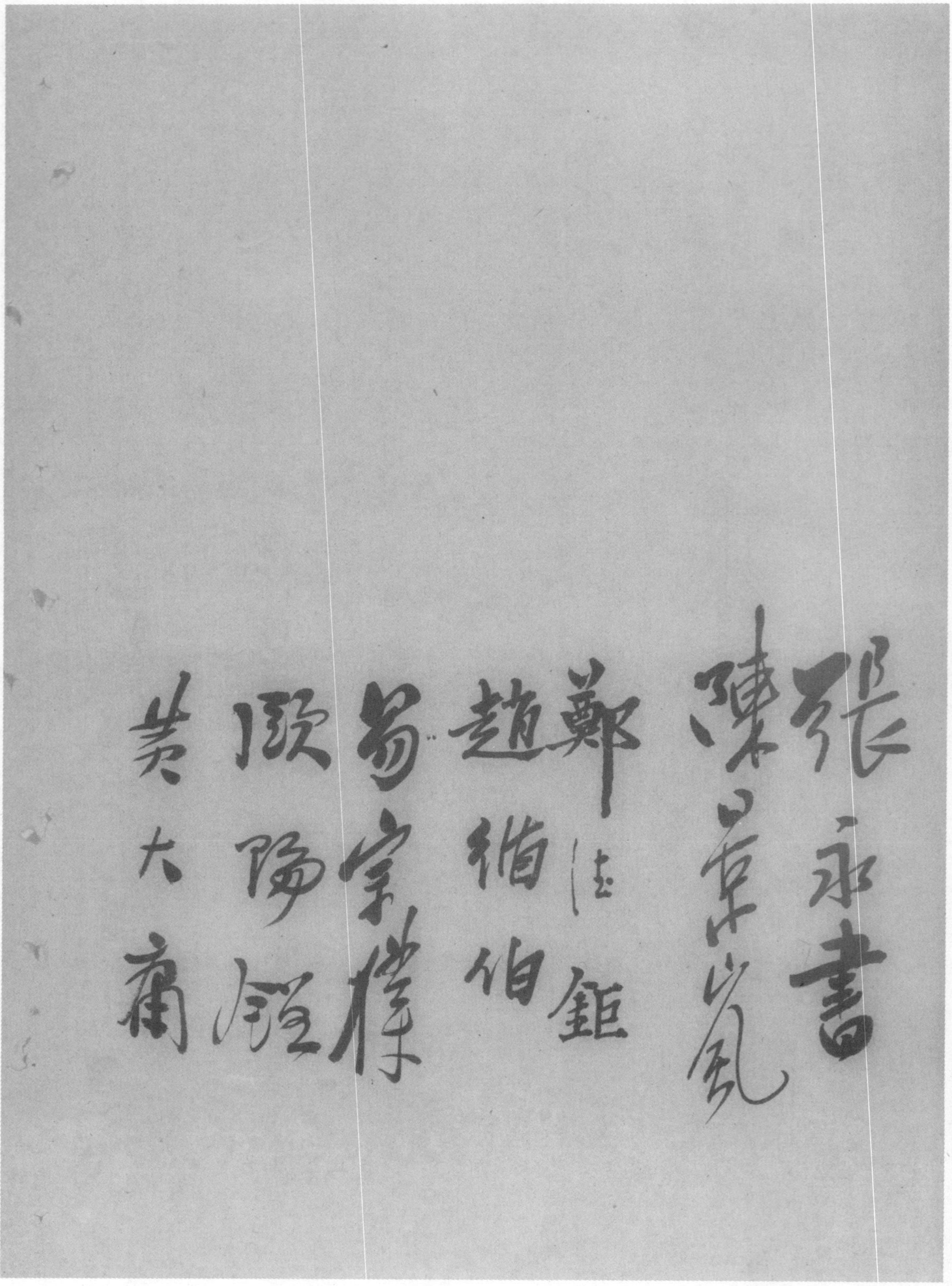
張永書
陳景嵐
鄭法鉅
趙循伯
翁宗樸
歐陽縉
黃大庸

22

主席　田總經理

紀錄　張君鼎

會報事項

一、各廠煤耗最高限度案

決議：第一廠　一公斤三

重庆电力股份有限公司一九四八年度业务会报纪录（一九四八年） 0219-2-239

第二廠 二公斤四
第三廠 一公斤五
煤質認真選擇電一燧川之煤均全交第二廠將來裝用新機或燃燒黃丹煤時煤耗另行規定

二、寶源精選煤因何緣由產生案
決議：查奉送 總經理閱

三、技工小工生勤膳費津貼請付現鈔案
決議：出納股收有現鈔時儘量兌現並由總經理函令業務會計兩科之辦事處不准職工以私人支票掉換現鈔本案違者嚴懲倘職工所營事業以空頭支票支付電費者決送法院辦理

23

四、職工用電案

決議：甲、總工程師彙集職工代表會意見交張主任進行

乙、董秘書章甫整理將用電辦法呈核公佈

乙、監察小組之編組由張組長主持秦科長亞雄閻秘書偉雲協助

丙、職工如再用燒水爐電爐及售賣電流圖利者嚴重懲處並發佈新聞請市民檢舉

五、竊電罰金公司應得部份如何處理案

決議：自八月一日起將上述款項以不低於福利社利息專款存儲川康銀行作為在大溪溝修建游泳池之用

六、林森路老鼓樓地皮修建交誼廳案

重庆电力股份有限公司一九四八年度业务会报纪录（一九四八年） 0219-2-239

决议：由傅铁夫主持福利委员会推派二人协助在福利金项下拨款兴建

七、江北南岸过江线案

决议：先购三寸角铁十六吨备用

主席 田习之

24

重慶電力公司業務會報紀錄

時間、三十七年八月十日正午

地點、本公司會議室

出席

劉佩雄
秦垂雄
黃大庸
吳朗元
胥宗樸
劉文[illegible]

重庆电力股份有限公司一九四八年度业务会报纪录（一九四八年） 0219-2-239

張容之
鄭德鉅
張永書
孫[illegible]偉
歐陽鏗

25

陳[illegible]

趙循伯

張[illegible]

主席 吴總工程師

紀錄 張君鼎

會報事項

一、寶源精選煤案

決議：寶源精選煤不特燒不起，磅亦未能達到一一五五公斤

重庆电力股份有限公司一九四八年度业务会报纪录（一九四八年） 0219-2-239

標準與普通煤計價已屬優厚 五六七月份既經試燒證優與

普通煤結算

二、福利社改隸案

決議：由總經理決定

三、自來水公司欠費案

決議：代電市府轉飭付費

四、包燈制案

決議：從速辦理

五、各廠負荷較輕時減少售電案

決議：照辦

重庆电力股份有限公司一九四八年度业务会报纪录（一九四八年）　0219-2-239

26

主席 吴国良

重庆电力股份有限公司一九四八年度业务会报纪录（一九四八年） 0219-2-239

27

重慶電力公司業務會報紀錄

時間 三十七年八月十七日正午

地點 本公司會議室

出席

田習之

張斯

劉希孟

張容之

李遂

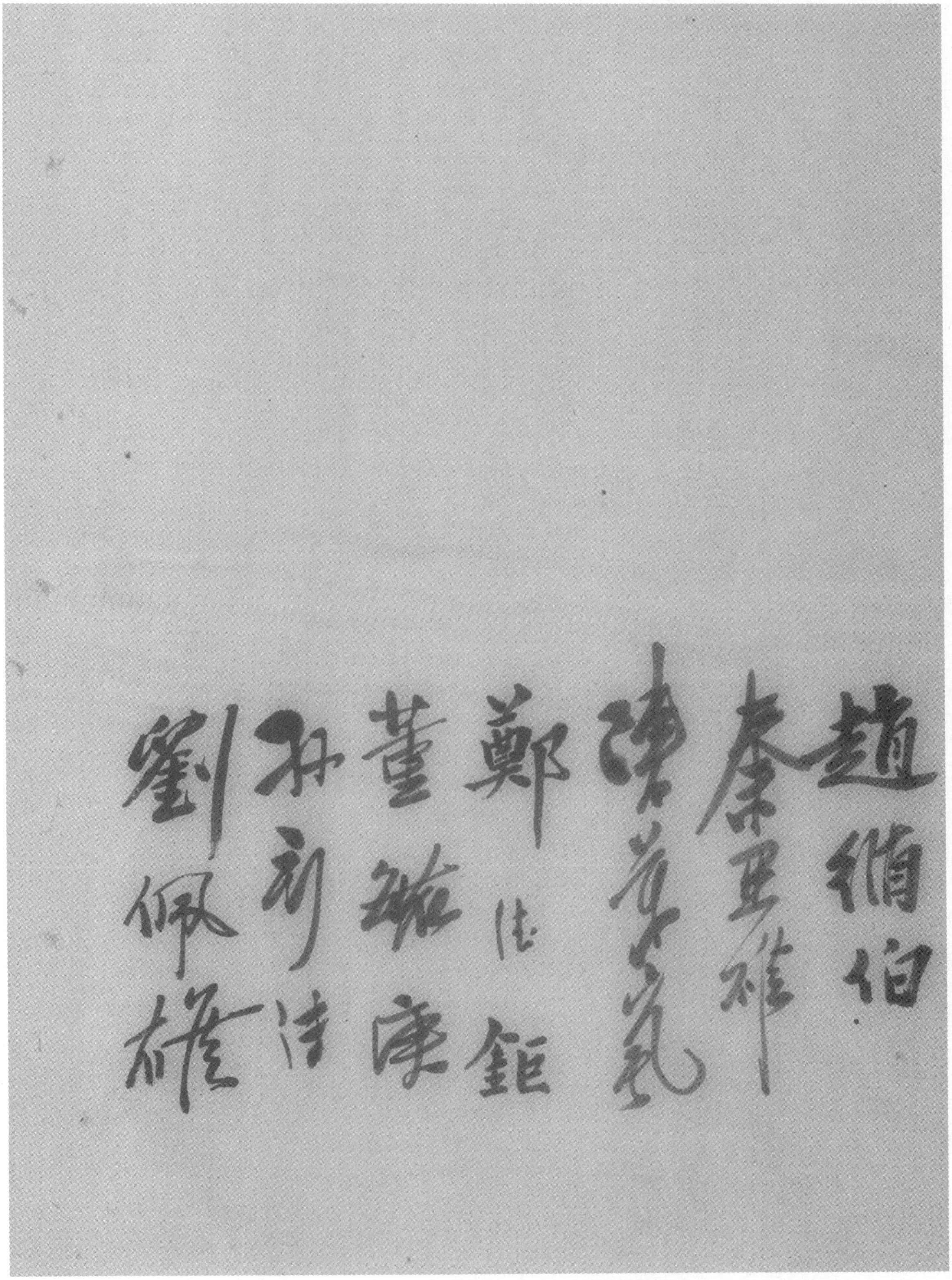
趙循伯
秦[illegible]雄
陳[illegible][illegible]
鄭法鉅
董維康
孫新清
劉佩雄

重庆电力股份有限公司一九四八年度业务会报纪录（一九四八年） 0219-2-239

杜峨峯
吴郎行

28

主席　田總經理

紀錄　張君鼎

會報事項

一、職工用電案

決議：用電調查表限本星期五以前填報

二、一廠煤動盤虧二百八十餘噸應如何處理今後應如何改善案

決議：由廠擬總務科會擬辦法簽由經理室通知各有關方面

主席　田習之

重慶電力公司業務會報紀錄

時間　三十七年八月二十四日正午

地點　本公司會議室

出席　田習之　劉佩權　張　玖　張容之　劉希孟

重庆电力股份有限公司一九四八年度业务会报纪录（一九四八年）　0219-2-239

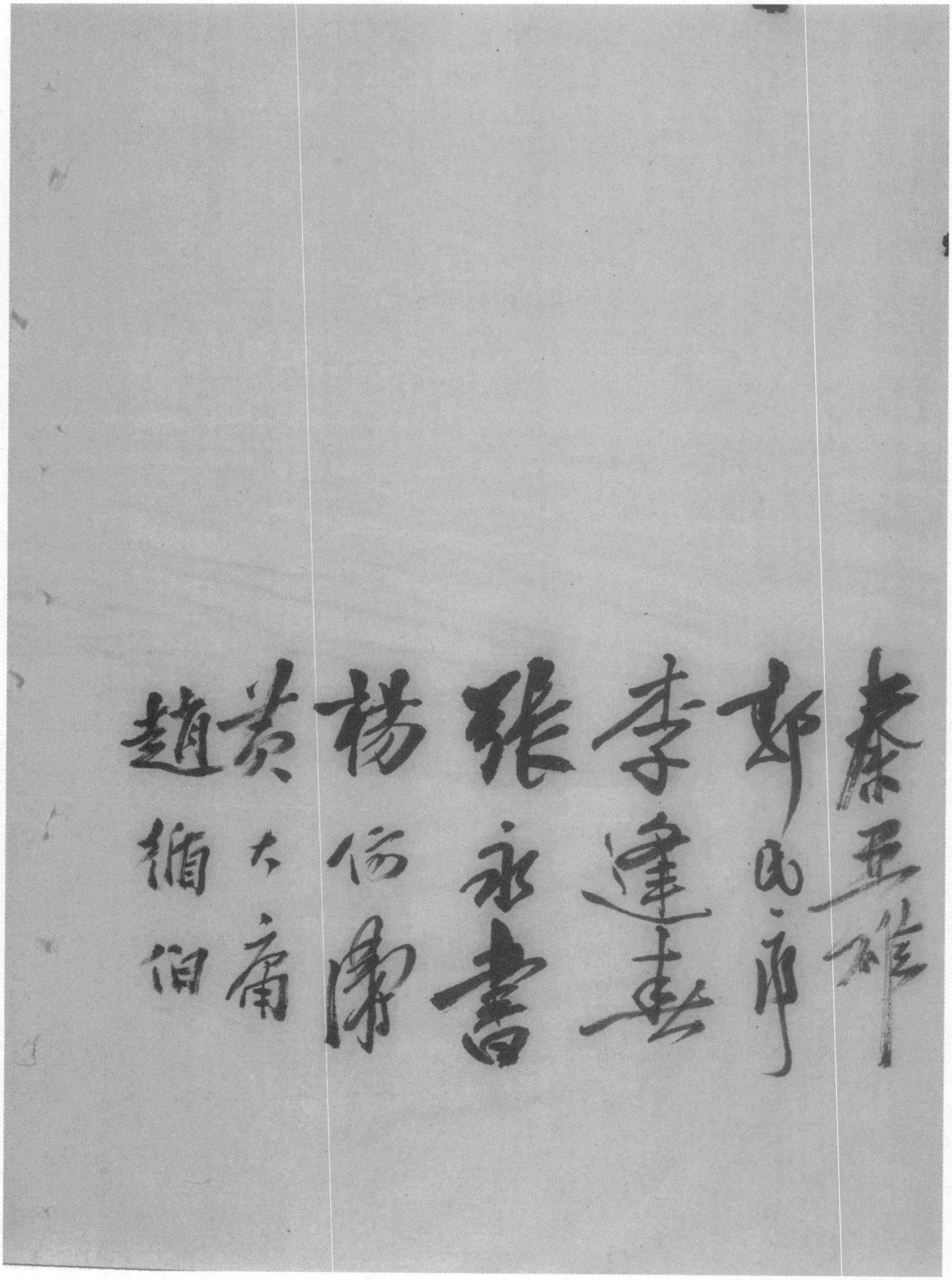

重庆电力股份有限公司一九四八年度业务会报纪录（一九四八年） 0219-2-239

30

杜[illegible]

鄭[illegible]鉅

[illegible]

主席　田總經理

紀錄　張君鼎

會報事項

一、職工用電案

重庆电力股份有限公司一九四八年度业务会报纪录（一九四八年） 0219-2-239

決議：下星期二以前監察小組編組完成再由人事股調派職員二人稽核業務兩科各派一人協助填寫錶牌及分組通知單

二、第一廠煤觔虧耗案

決議：由廠務總務兩科會擬改善辦法於下星期二前提出

三、大坪用戶組織用電委員會用電案

決議：催促辦理

四、討論新電價案

決議：由楊主任秘書黃科長陳科長張主任研究由楊主任秘書為召集人

五、竊電戶名呈由市府按旬公佈案

決議：照辦

31

六、匯豐銀行大班宿電案

決議：由電務業務兩科及用電組派員於二十五日上午九時前往南岸處會同該處員工憲警複查

主席 田習之

重庆电力股份有限公司一九四八年度业务会报纪录（一九四八年）　0219-2-239

32

重庆电力公司业务会报纪录

時間：三十七年八月三十一日正午

地點：本公司會議室

出席

四留之　吴錫瀛　趙循伯　李進吉　劉文希　石孟

孫樹清

歐陽銓

劉佩雄

郭民孚

鄭法鉅

張永書

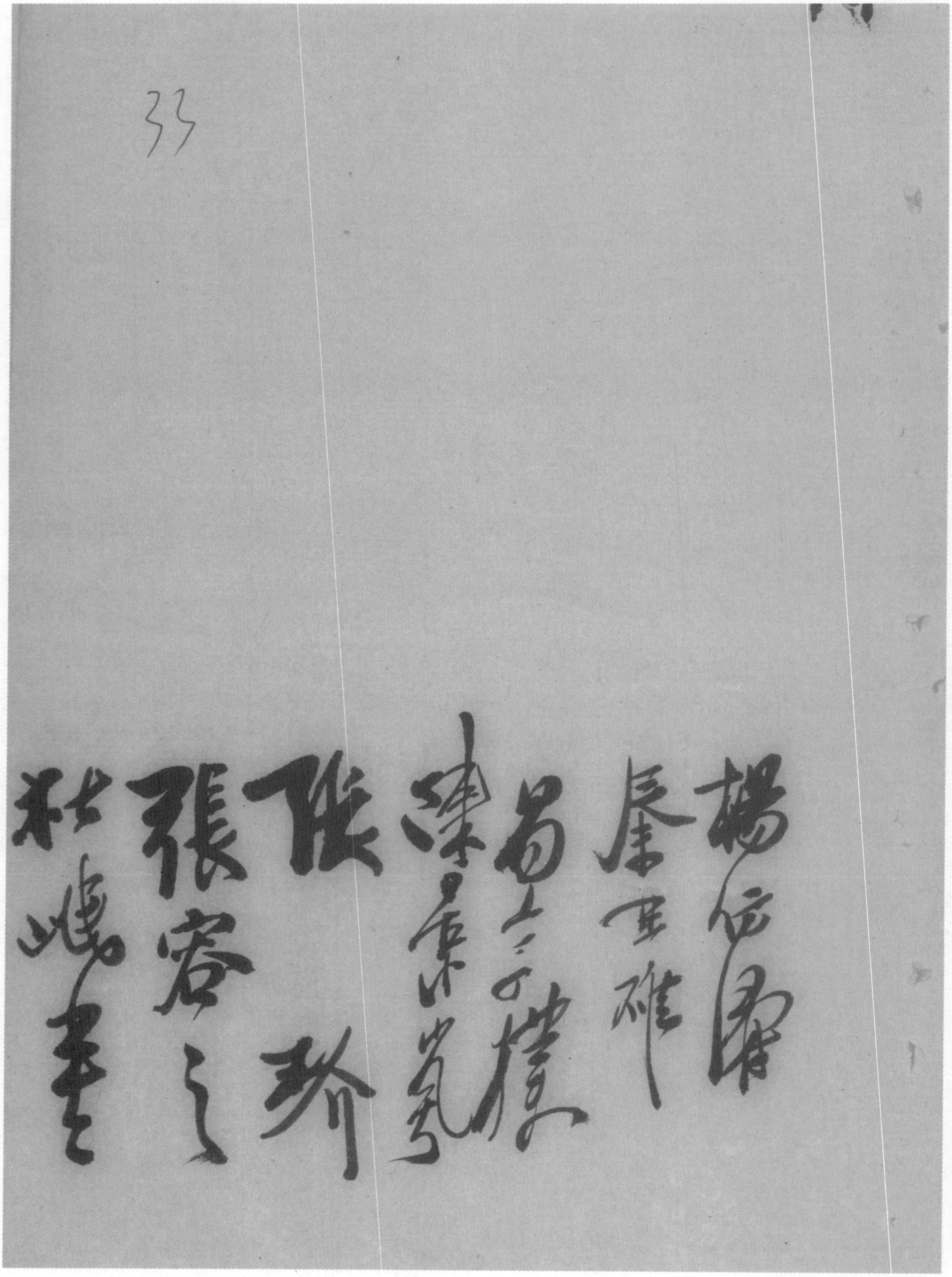
33

重庆电力股份有限公司一九四八年度业务会报纪录（一九四八年） 0219-2-239

主席　田總經理

紀錄　張君鼎

會報事項

一、職工用電釘立號牌案

決議：城區由用電組負責，各廠營業區分由各廠營業負責稽核室派職員二人分任內外勤職務，每星期由核室分區監察，小組組長名單下星期寫錄牌填卡片。

二、總務科擬定管理鍋爐燃煤暫行辦法請審議案

決議：交廠務科先行審核

三、匯豐銀行大班寓電扇查結果僅有插座一只未經電表應如何處理案

決議：由業務科詳查該處用電紀錄再定辦法

四、大坪包燈用電案

決議：由李副主任派員經洽

五、分處抄表員三人住南辦處、二人住沙辦處、一人住江辦處辦事案

決議：通過並另由經理室通知

六、用户遺失過户舊保押金如何辦理案

決議：(一)由主管部門另備登記簿分別登記 (二)函詢全國電氣業公會應如何辦理

七、添購四千五百瓩透平機線圈四十個案

決議：由廠務科簽報雷擊電機經過及今後應注意事項

八、分處編號登記清查漏户案

重庆电力股份有限公司一九四八年度业务会报纪录（一九四八年） 0219-2-239

決議：先在城區指定一區域試辦

九、本公司廠工自行由河邊起卸煤觔案

決議：協理與社會局洽商

十、工商部申仲立君函告 6250 KW 機可撥本公司使用案

決議：由吳總工程師日內飛京接洽並赴日本參加拆運工作

主席　田習之

重庆电力股份有限公司一九四八年度业务会报纪录（一九四八年）　0219-2-239

35

重慶電力公司業務會報紀錄

時間　三十七年九月七日正午

地點　本公司會議廳

出席

田習之

劉笋塍

陳業崑

楊仿濤

秦孟雄

趙循伯
鄭[illegible]鉅
歐陽[illegible]
[illegible]津
劉佩權
張[illegible]
劉壽之

重庆电力股份有限公司一九四八年度业务会报纪录（一九四八年） 0219-2-239

36

主席 楊主任秘書

紀錄 張君鼎

李[illegible]
黄大甫
郭民[illegible]
李[illegible]
張宗[illegible]

會報事項

一、臨江门用户請復電案

決議：該處既派人來洽照大坪裝總表再以復電

二、滙豐銀行大班窃電案

決議：照一棟屋窃罰

三、職工用電號牌卡片何日製就案

決議：十日印就卡片十二日做好號牌

四、本月中需煤款薪津四千五百億渡過中秋案

決議：收費辦法由業會兩科洽商薪津數額及發給方法由總務科向經理室請示

五、空軍司令部宿舍裝表案

重庆电力股份有限公司一九四八年度业务会报纪录（一九四八年） 0219-2-239

37

決議：派員與徐公其段長接待所與三分之一優待

六、寶源天府近日來煤甚少寶源煤八九兩月未議定價錢如何辦理案

決議：仍照合約辦理明日試燒

主席 楊佑清

38

重慶電力公司業務會報紀錄

時間：三十七年九月十四日正午

地點：本公司會議室

出席

張斯 劉佩權 秦旦維

楊仲[illegible]

孫[illegible]

鄭[illegible]鉅

郭民永 吳昌恕代

劉希孟

歐陽[illegible]

李逢[illegible]

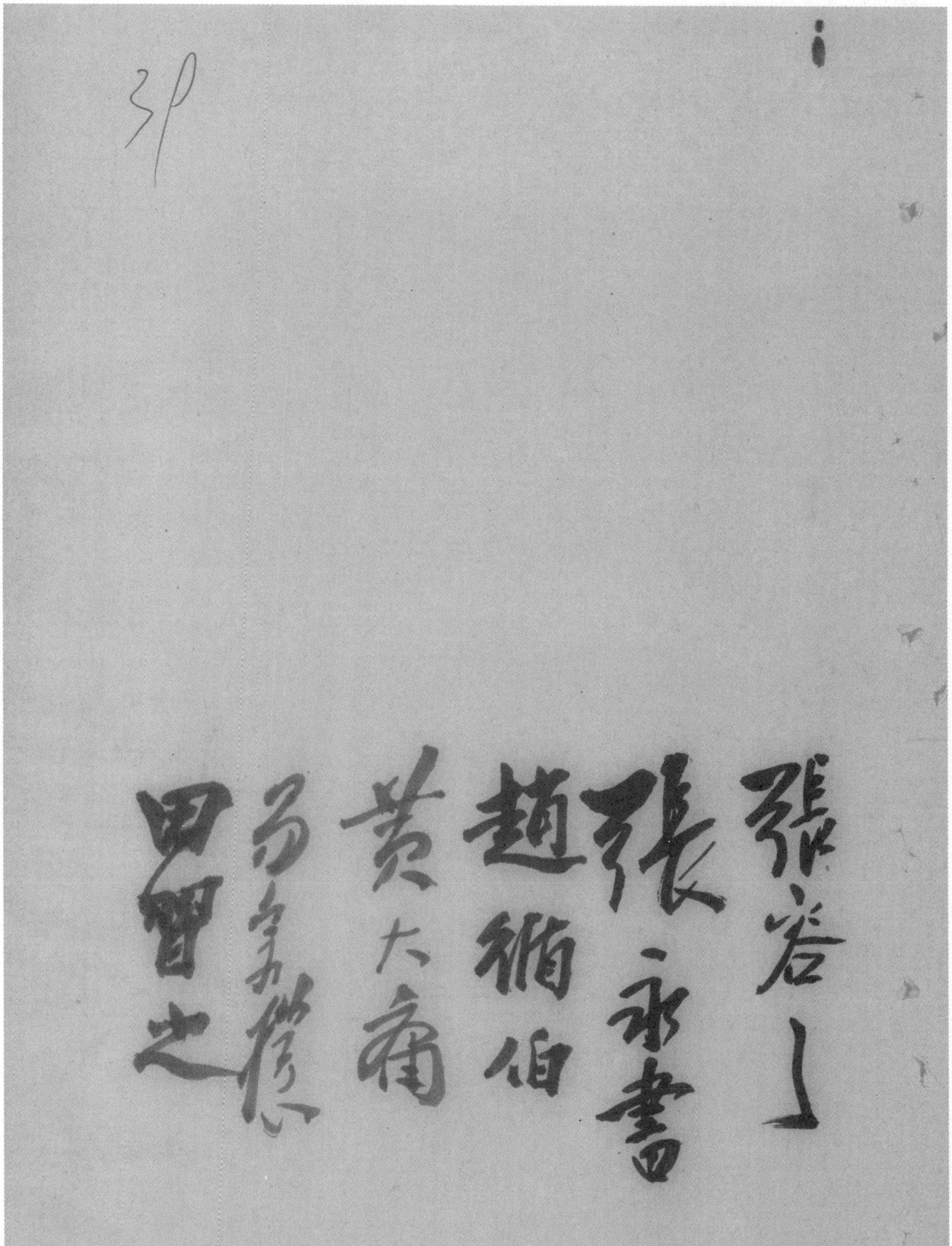
31

張谷丁
張永書
趙循伯
黃大庸
馬昂儕
田習之

重庆电力股份有限公司一九四八年度业务会报纪录（一九四八年）　0219-2-239

主席　田總經理
紀錄　張君鼎

會報事項

一、大坪臨江门兩處植桿放线補貼費案
决議：大坪放线工程採取節省原則補助費儘量核收

二、匯兌電費案
决議：仍照上次會報辦理

三、辦理職工用電由人事股會同用電檢查組辦理案
决議：照辦　臨時調人協助由人事股簽請核定

四、寶源煤試燒案
决議：以後試燒日期書面通知寶源

40

五、雇員臨時工安員照職工用電辦理案

決議：雇員及臨時工名單由各主管簽報核定

六、三十廠亞西亞火油公司函請派員驗換保押金收據案

決議：派員照驗照三百比一折算否則告以申請工商部核辦

七、三廠工友與空軍汽車隊衝突警備部約集双方於本日下午四時協商案

決議：通知工會楊秀蓁屆時前往

八、抽調三科事務員二到公司服務案

決議：照辦

九、電石燈洋油燈菜油燈土洋燭與電燈費用比較研究案

決議：照辦

重庆电力股份有限公司一九四八年度业务会报纪录（一九四八年） 0219-2-239

十、协助取缔窃电之宪警改定出勤津贴案
决议：每次二角自十六日起实行
十一、电气事业月报如期陈报案
决议：照办，会计科妥理账目加紧工作
十二、豫丰申新两厂借用电流案
决议：照中央造纸厂借电予原厂会结办理

主席 田习之

41

重慶電力公司業務會報紀錄

時間：三十七年九月二十一日正午

地點：本公司會議室

出席

張[illegible]

楊[illegible]

吳[illegible]

李逢[illegible]

劉佩[illegible]

重庆电力股份有限公司一九四八年度业务会报纪录（一九四八年） 0219-2-239

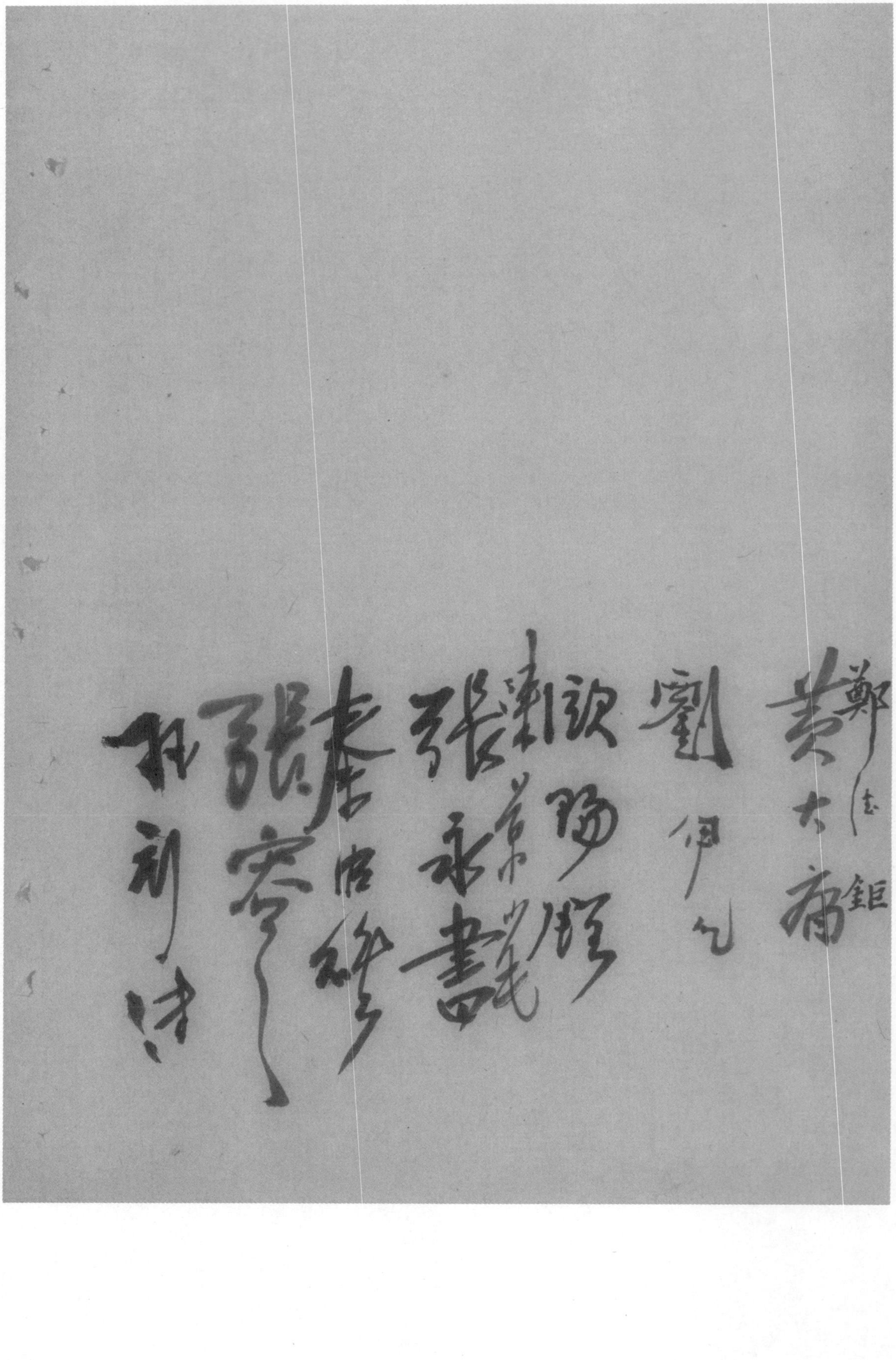

吴昌恕

（42）

主席　杨主任秘书仿涛

纪録　張君鼐

會報事项

一、臨江门用户装用總表案

決議：材料補助費由用户負担

二、如何考核收費員是否到用户處所收取電費案

決議：甲、第一次向收而未收到者請用户在通知单上盖章證明並約定付款時间

乙、用户第一次約定付款期後再按約定時间逐户催收

丙、第二次仍無法收到者由收費股填發催費通知單限期送繳

丁、超逾限期仍未送繳者照章派員剪火剪火時應停收據携去如即允付費可免除剪火

戊、邊遠地區之用户如知其可在城内付費者即在城内向收至如何考核收費員是否到用户處收費可由稽核室隨時派員抽提收費員報告表簿從用户處查詢所報是否屬實

三、調整材料價目案

決議：原則通過

四、職工用電編製監察小組名單及填寫卡片案

43

決議：調人速辦表燈與包燈同時起收費

主席 楊仿濤

重庆电力股份有限公司一九四八年度业务会报纪录（一九四八年） 0219-2-239

444

重慶電力公司業務會報紀錄

時間 三十七年九月二十八日正午

地點 本公司會議室

出席 [illegible]

重庆电力股份有限公司一九四八年度业务会报纪录（一九四八年）　0219-2-239

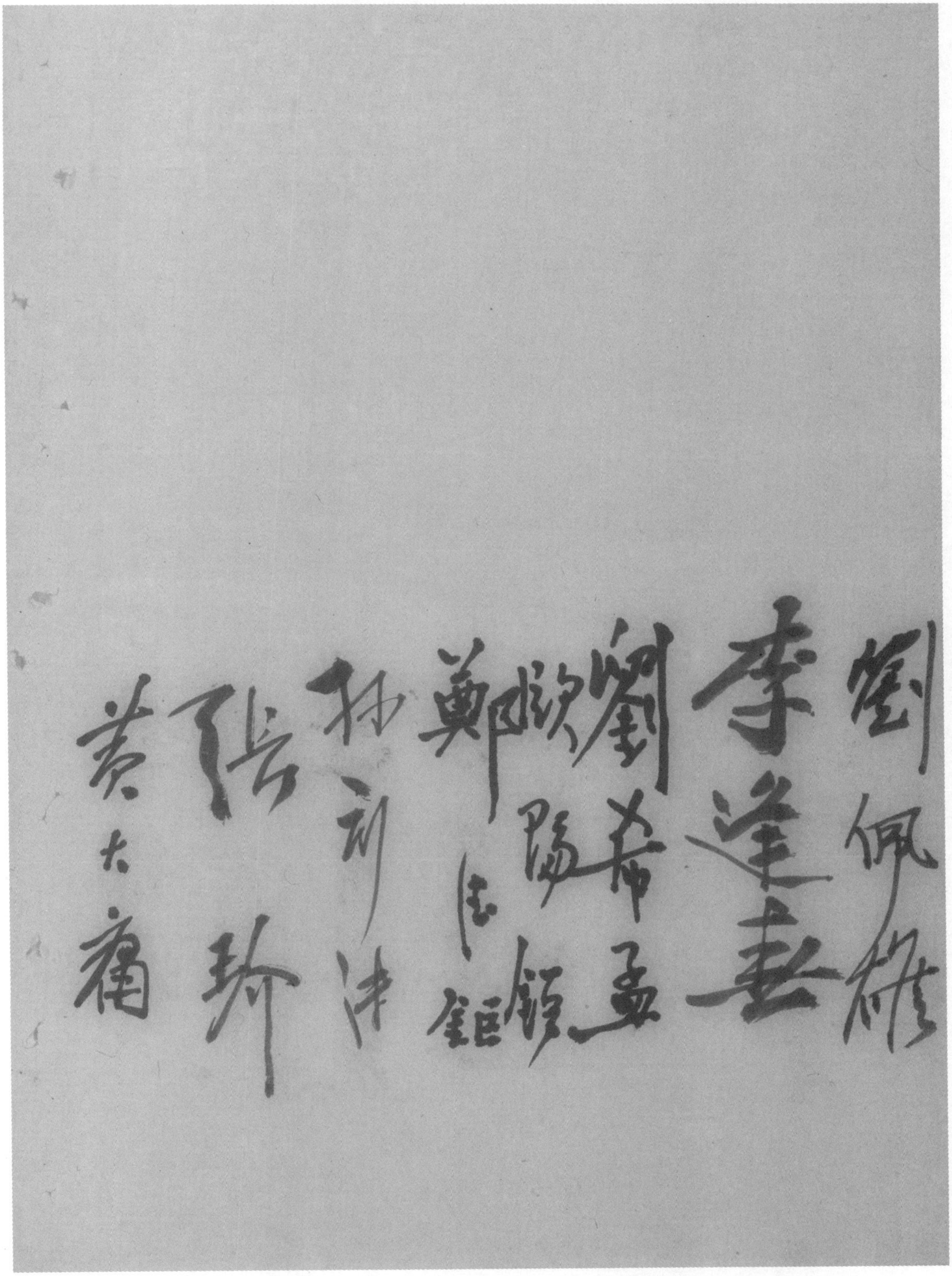

45

趙緝伯
張容[illegible]
陳普[illegible]
[illegible]宗[illegible]
[illegible]告
郭民[illegible]
張永壽

重庆电力股份有限公司一九四八年度业务会报纪录（一九四八年） 0219-2-239

主席 田總經理

紀錄 張君鼎

會報事項

一、桿線材料及接户材料原則上由用户自備其不能自備者由公司代購案

決議：照辦由上海運入材料照滬價加運繳收費

二、江北煉鋼廠桿線補助費案

決議：先報總價如需詳細單價可逕向上海探詢

三、向用户緊急啓事案

決議：電燈部份不提文字由秘書室整理

四、管理鍋爐燃煤暫行辦法案

46

決議：通過盤存一節由總務科修正

五、江北城内陸軍醫院分院無表用電案

決議：報請聯勤總部處理

六、各警報台裝用電表案

決議：查明各台用電情形彙復工務局

七、江北報請裝表驟增如何辦理案

決議：派員查勘所需材料以代購方式為之，代購辦法由業務科擬定

八、大溪溝第十保請補助壯丁安家費壹百餘元案

決議：洽請酌減

九、包燈辦法催請綏署核定案

决议：张组长催办

十、政府机关积欠电费抵补营业税案

决议：会计科查明数字以备抵账并查原案函请市府备查

十一、职工用电编定六十一组即将组长核定装钉号牌案

决议：照办

主席　田习之

重庆电力股份有限公司一九四八年度业务会报纪录（一九四八年） 0219-2-239

47

重慶電力公司業務會報紀錄

時間：三十七年十月五日正午

地點：本公司會議室

出席：劉航琛 李達壽 趙鑄伯 劉希孟

秦思雄

張永書

劉佩權

陳萃光

吳錫汾

黃大庸

張琳

重庆电力股份有限公司一九四八年度业务会报纪录（一九四八年） 0219-2-239

48

主席 吴锡瀛

纪录 董毓庚

报告事项

欧阳[illegible]

张[illegible]

杨[illegible]

萧[illegible]

[illegible]

郭[illegible]

田總經理報告向綏靖公署陳述審議電價應請注意事項1、抗戰時公司每月電費收入在一千五百萬元時政府即補貼壹千萬元2、戰前電價應依標準目最近擬呈之電價係以八元六角七分一噸煤價計算比煤價有波動電價應比例增加外自本年八月份起公司因收不敷支負債過多即出賣材料維持現狀　以上事實為核議電價應請顧慮之點除向綏署面報外并由秘書室函工務局齊局長俾請注意

會報事項

一、関於代辦電表桿線材料及接戶材料如何核定案

決議：一、以用戶自備為原則　係上海材料運到照原價加運繳作為代辦價目　二、桿線補助費接戶材料費採取電信局收費

重庆电力股份有限公司一九四八年度业务会报纪录（一九四八年） 0219-2-239

办法办理

二、陆军医院分院无表用电再作有效办法案

决议：由电务科再派员直接交涉

三、会计科请拨房屋专作存放传票单据案

决议：由总务会计两科与总经理指示办理

四、二十四工厂因缺煤停供电流案

决议：由业务催二十四工厂来函通知再由公司通告用户

总经理交议案

一、用户自备表及撤表修理过去有无积案应查清

决议：由业务科会同电务科清理

二、用户委托公司代购电表办法已签拟妥实行

41

決議：照第一案辦理仍以用户自備為原則如用户無表由公司代購辦法由總務科擬訂呈核

三、關於總務科各事

(A) 顧警茶房之加強訓練

(B) 假期及晚間員工值班辦法

(C) 未住本公司宿舍員工住址有無調查登記

(D) 宿舍管理事項（如清潔水電等）

決議：由總務科擬具辦法呈核福利社並將臨時員工名册送呈經理室查攷

四、管理本公司文具及印刷品暫行辦法

決議：通過由秘書室通知各部門照辦

重庆电力股份有限公司一九四八年度业务会报纪录（一九四八年） 0219-2-239

50

散會

主席 [illegible] 代

重庆电力股份有限公司一九四八年度业务会报纪录（一九四八年） 0219-2-239

51

重庆電力公司業務會報紀錄

時間 三十七年十月十二日正午

地點 本公司會議室

出席

楊依澤

重庆电力股份有限公司一九四八年度业务会报纪录（一九四八年）　0219-2-239

秦亞雄
郭訓伯
曾子樸
黃大庸
劉佩雄
張容之
張永書

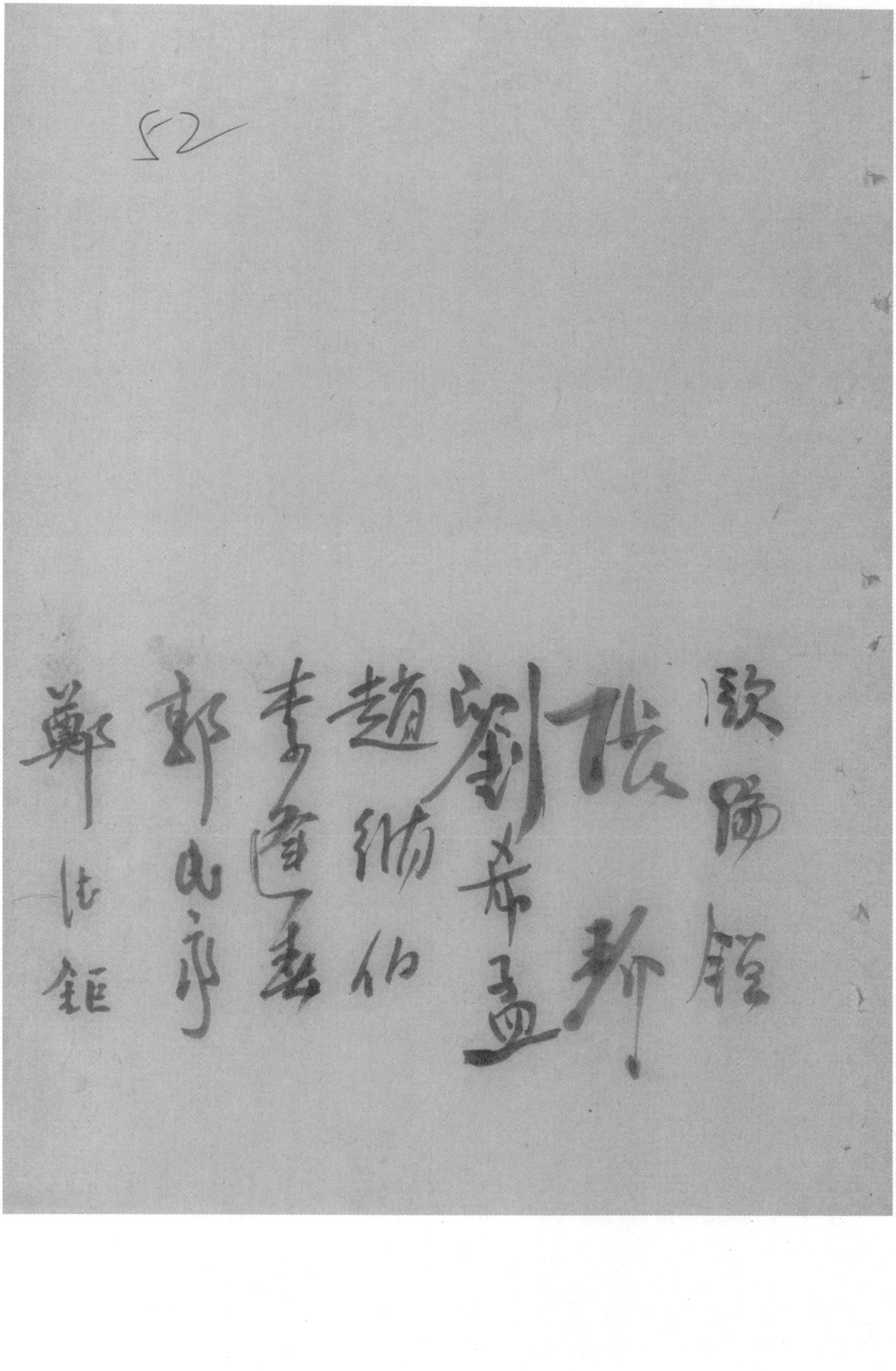

52

歐陽銓
張[illegible]
劉希孟
趙紬伯
李[illegible]豪
郭民亨
鄭法鉅

重庆电力股份有限公司一九四八年度业务会报纪录（一九四八年）　0219-2-239

主席：吳總工程師

紀錄：張善鵬

會報事項

1、總營業股核定之包灯用電辦法不必等待市府核准備查即行辦理案。

決議：照辦并先從總營業股試辦機構着手辦理。

2、江北營業區陳及臨江門憲兵司令部、大中日報竊電報請工務局派員會同取締案。

決議：照辦。

3、十安培以下之電表代收費額定為一元之并由總務科速擬代收條目案。

53

决议：照办。

4、会计科单据移存以前仓库案：

决议：俟以前仓库有空位时再移存。

5、杆线材料照中央电工器材厂价目计算案：

决议：用中电厂询价作为根据。

6、铁道研究所重庆办处安植杆放线案

决议：此项材料计算，公司负担三成，该处负担七成。

7、鹅公岩起煤工人天雨不起煤及迁移住处案

决议：请社会局通知改善移住问题，亦请社会局解决，公司居于协助地位。

8、第一厂煤栈码头倾斜应速修复案：

决议：由总务科库工修理。

9. 电信处依段先将大票收下收票发出，以应急需案

决议：照办。

10. 职工调查表系部令速填报案

决议：照办。

11. 职工用电处理办法申请时不符应报请更正案。

决议：由稽查组将办理情形签报经理室核办。

主席　吴[illegible]

54

重慶電力公司業務會報紀錄

時間：三十七年十月十九日正午

地點：本公司會議室

出席：

[illegible]

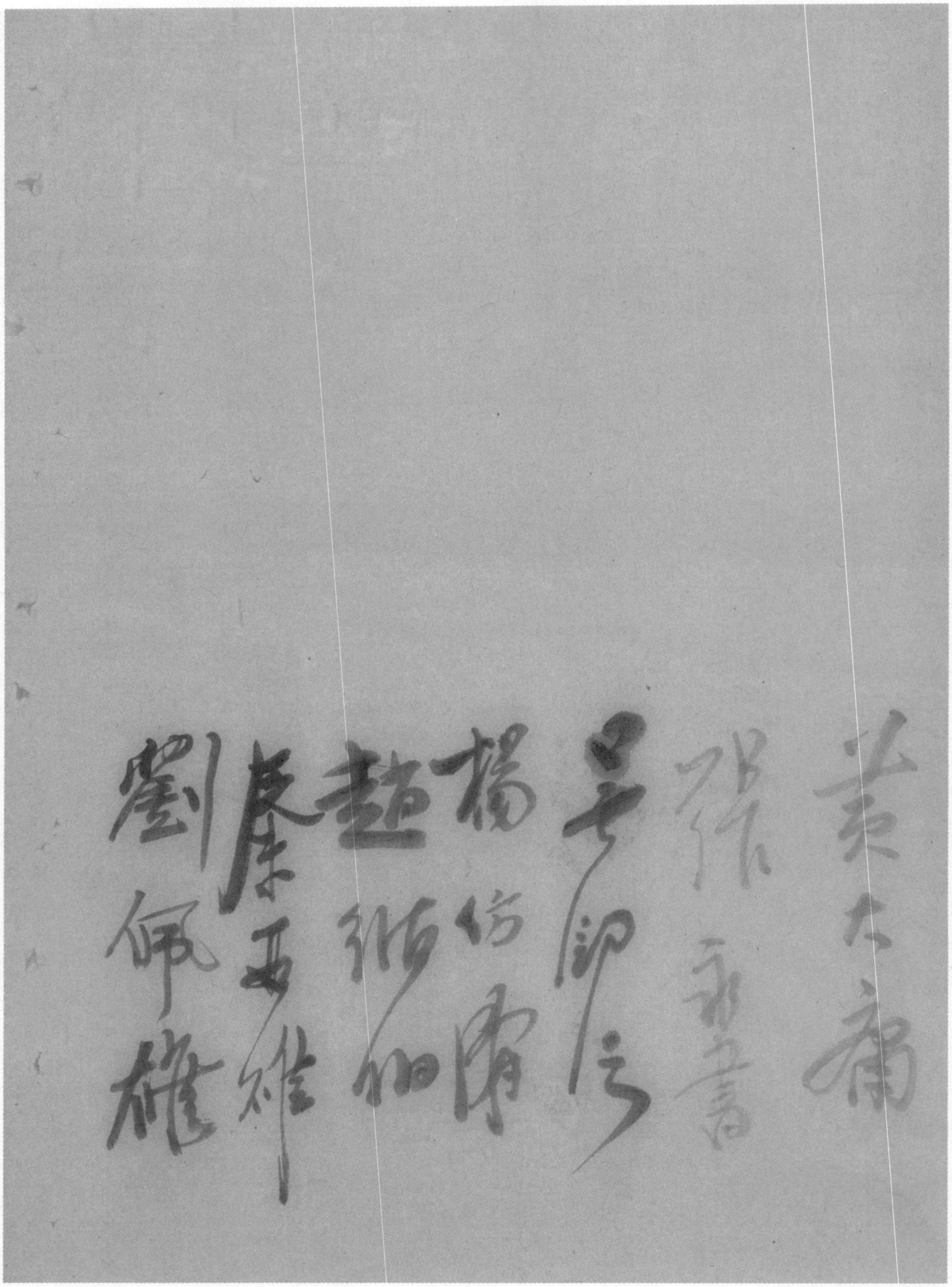

重庆电力股份有限公司一九四八年度业务会报纪录（一九四八年）　0219-2-239

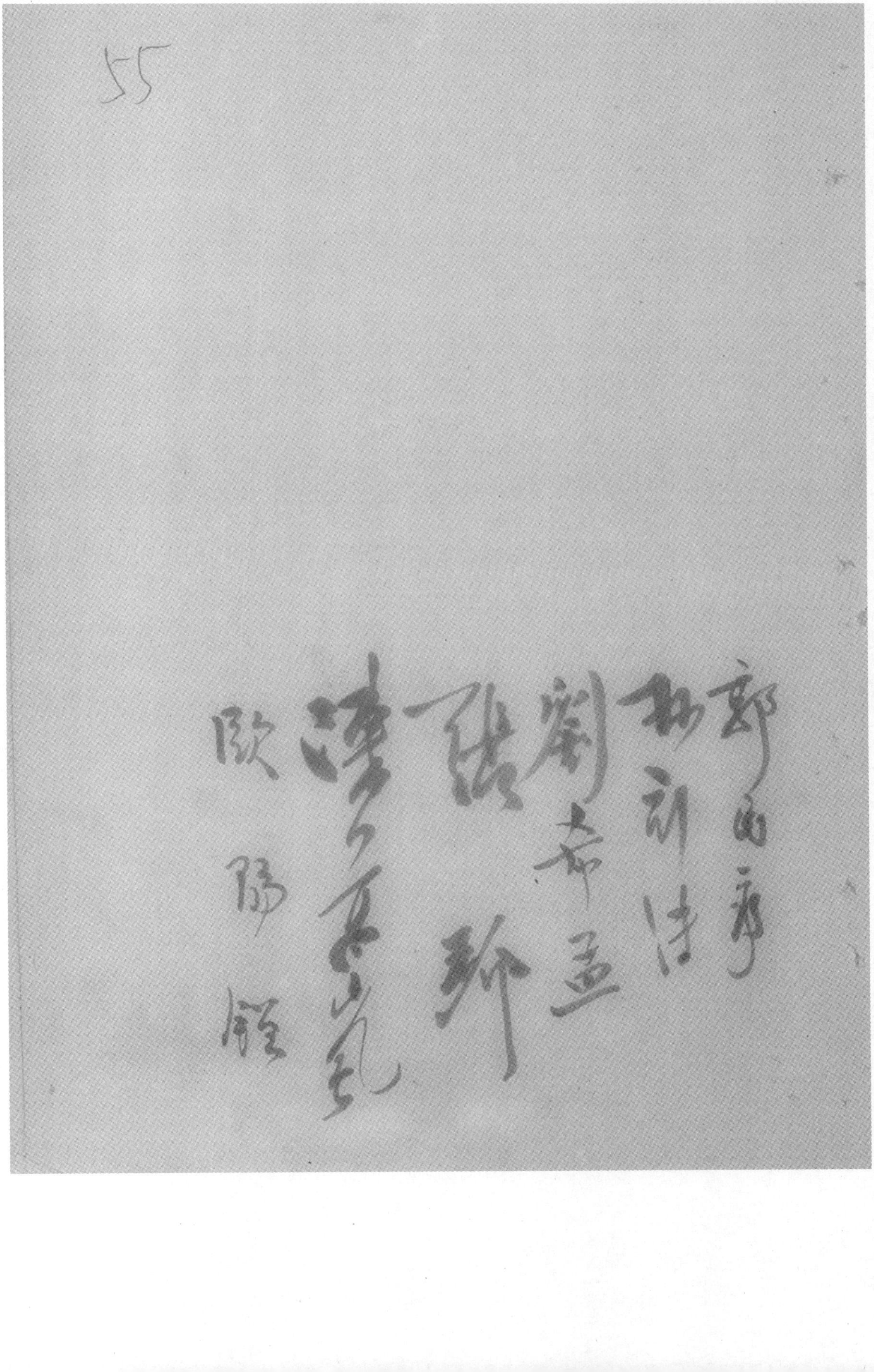
55

重庆电力股份有限公司一九四八年度业务会报纪录（一九四八年） 0219-2-239

主席 吴总工程师锡瀛

纪录 董毓庚 张君鼎

会报事项

一、焊接材料费去年中电厂价单未到以前植放时拟暂垫借用应如何收费案

决议：仍借由业务科同用户接洽总务科决定价格会计科出临时收据

二、杨科长新民报告天府公司来函称欠缴他处煤觔过多拟自本月昔起暂停本公司煤觔供应请各厂注意案

决议：邀请市政府社会局天府公司等共同会商解决办法一面函复及主管科前往交涉

56

三、包燈户降工本費請迅通知以便照收案

決議：總務科迅通知業務科

四、陳科長崇嵐報告 燈光電容器業已運到協用户代表科電容器装置不及擬請自領取之月起不加收電費並請總務科通知訂户催提購餘電容器应否出售請決定案

決議：迅催用户提取裝置購餘電容器俟訂户提清後再商办法

五、劉科長希孟報告 二廠於今晨一時發現來歷不明一人將進入鍋爐房之时被工人發覺將予捕问之时來人突跳入水池後經撈起即送警察第十八分局询加尚未得出來廠目的除另以書面報告外擬請對發覺工人予以獎勵並加强顧警管理案

决议：由二厂将经过情形用书面签报后再由公司报呈主管机关，一面并由各厂注意人事管理以防意外，厂警部份由李副主任办理

六、关于廿四兵工厂来函解释停电原因案

决议：由公司签报向用户解释

七、职工用电户牌已开始编订，二三两厂南岸部份需要派职员，请速派出以利工作案

决议：二三两厂南北需速即派往用检组工作

主席 [signature] 代

重庆电力股份有限公司一九四八年度业务会报纪录（一九四八年） 0219-2-239

87

重慶電力公司業務會報紀錄

時間：三十七年十月二十六日正午

地點：本公司會議室

出席

楊仿濂

劉希孟

張軒

劉伊凡

重庆电力股份有限公司一九四八年度业务会报纪录（一九四八年）　0219-2-239

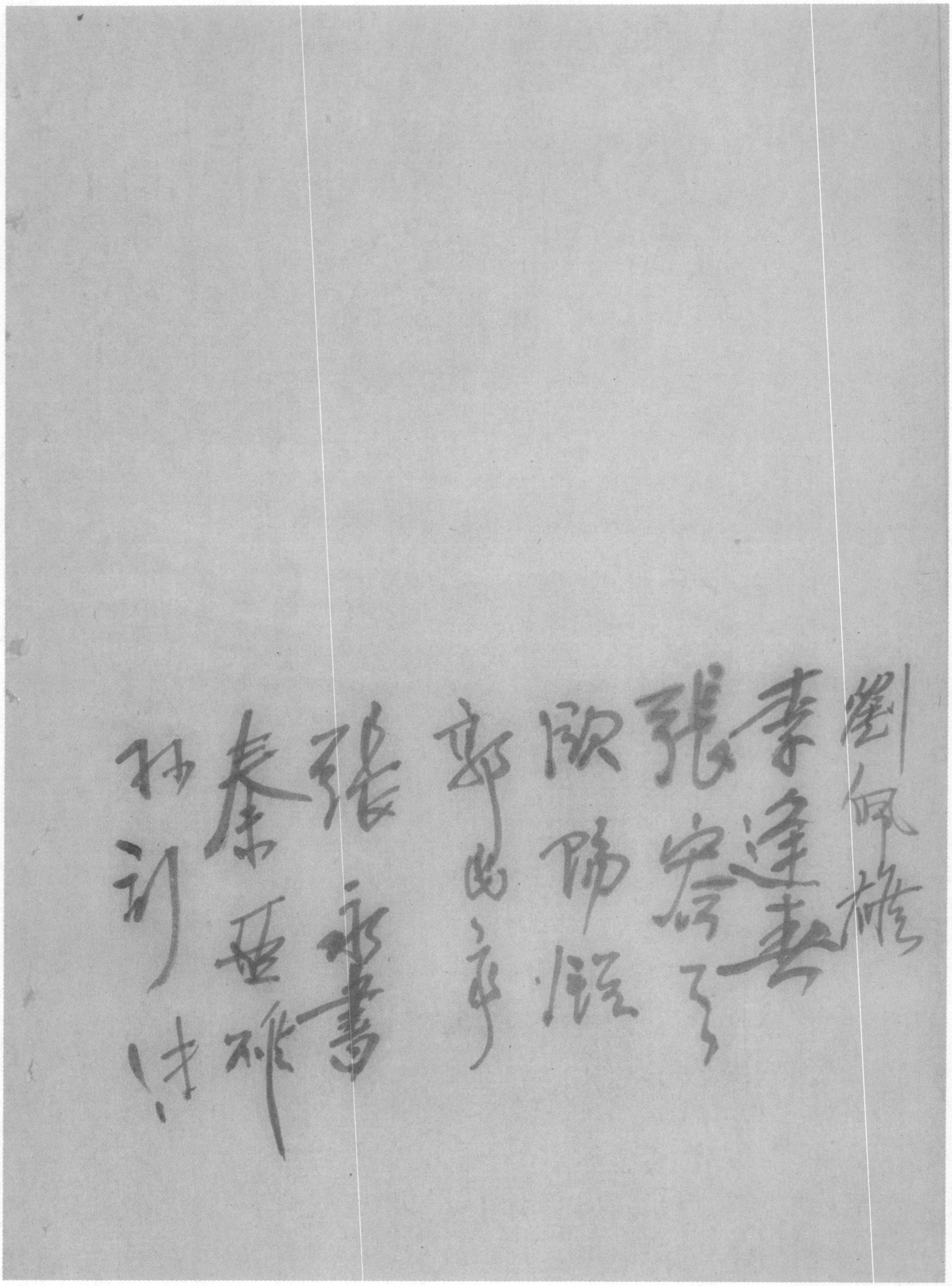
劉佩雄
李逢春
張容之
歐陽[illegible]
郭[illegible]
張禹書
秦亞雄
[illegible]訓[illegible]

1-8

陳京亮
易宗樸
吳錫澤
黃大庸
趙緝伯

主席 吳總工程師

紀錄 張君鼎

會報事項

重庆电力股份有限公司一九四八年度业务会报纪录（一九四八年）　0219-2-239

一、植桿放线由用户自備木桿方棚電線照中電廠價目加油料運繳角鉄磁瓶由总務科詢價案

决議：照辦

二、包燈户之内线检查不合格者除通知本人外并通知其管轄機關轉令改善俾本公司可取得法律根據一面先為接火案

决議：照辦

三、登報通告訂購電容器者限期來取未向公司訂購電容器者及未自備電容器安裝者由工務局通知增加四倍收費案

决議：通過

四、代購電表價目自十月份照現訂價自十一月份起以上海電報價為準案

決議：通過

五、鄭副科長法錐廿五日在江北失蹤由劉主任希孟主持加派周鶴林鄧陽春等沿江尋找並由公司代電水上警察局尋覓案

決議：通過

六、臨工雇員食米一担上半月以一日至十日下半月以十六日至廿五日臨江门上河熟米最高價發給本月份照廿六日米價發給由總務科派員會同調查並取得書面根據之米價為準案

決議：通過

主席 [illegible] 代

重庆电力股份有限公司一九四八年度业务会报纪录（一九四八年） 0219-2-239

6

重慶電力公司業務會報紀錄

時間：三十七年十二月九日正午

地點：本公司會議室

出席 易家樸 秦西維 張幫 章曉紅

重庆电力股份有限公司一九四八年度业务会报纪录（一九四八年） 0219-2-239

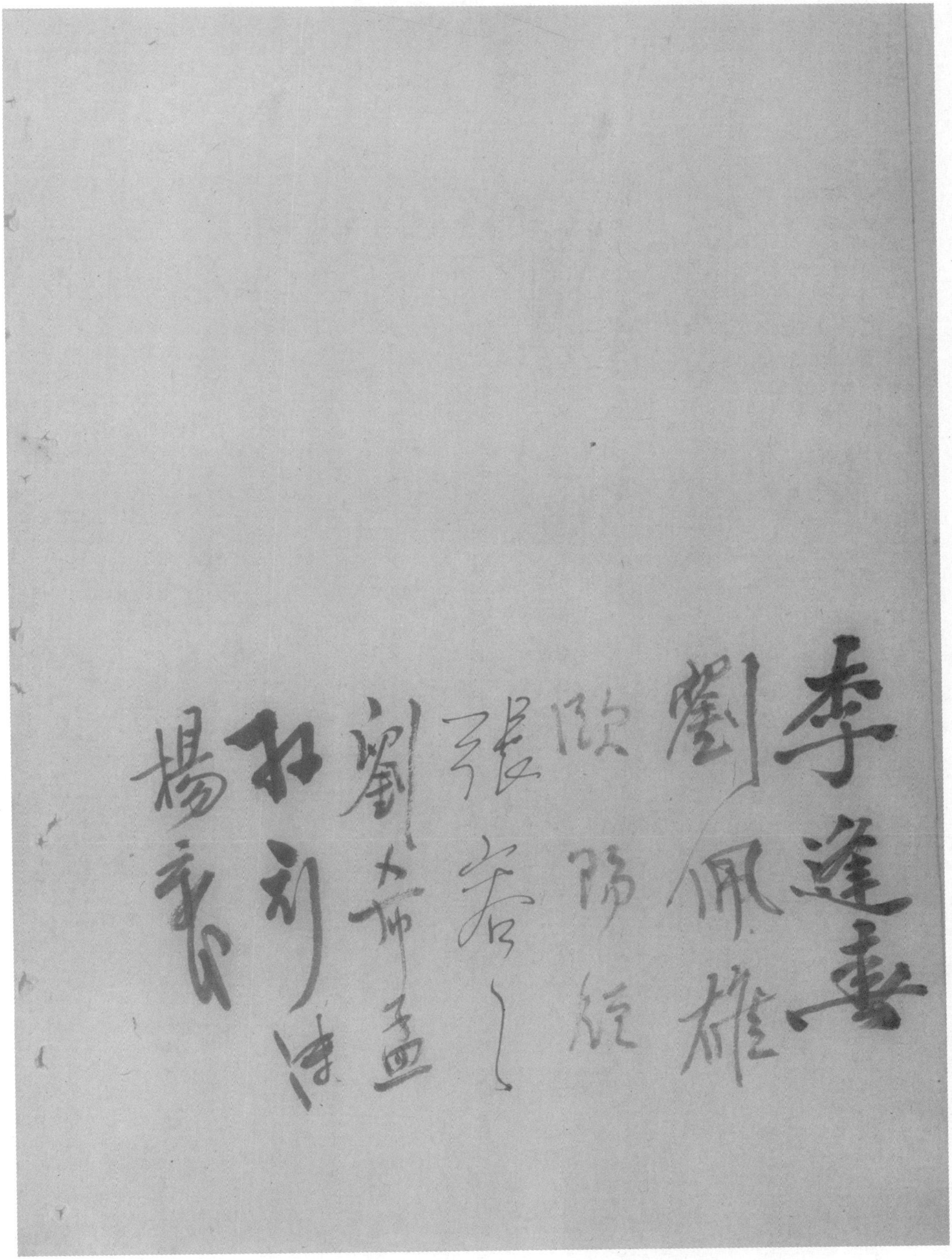

重庆电力股份有限公司一九四八年度业务会报纪录（一九四八年） 0219-2-239

杨儒清

主席 杨主任秘书

纪录 张君鼐

会报事项

一、杨主任秘书报告此次公司商讨职工待遇经过情形对于调查米价办法请加以补充以利实行案

决议：以每月三日临江门米市中熟米价为准，由总务、稽查两科及工人代表各一人共同前往调查，总务科为召集人负责召集。日米价与调查米价如有差别时，于一周内亦可复查或亦可加以工四青音米价折合为米。

2、临工催发十月份分别补发十二之及十三之案

决议：照发

3、电表押金之收取拆后退还仍求办法一案

决议：照办

4、催促包灯用户从速办理包灯手续案

决议：由秘书室拟稿通知未执用户已填表户通知公司先办手续，其未填表者催促办理

5、取消报装后撤户材料如何处置一案

决议：照旧案办理

主席　杨[illegible]

重庆电力股份有限公司一九四八年度业务会报纪录（一九四八年） 0219-2-239

62

重慶電力公司業務會報紀錄

時間：三十七年十一月十六日正午

地點：本公司會議室

出席：

陳[illegible]

李[illegible]

楊[illegible]

重庆电力股份有限公司一九四八年度业务会报纪录（一九四八年）　0219-2-239

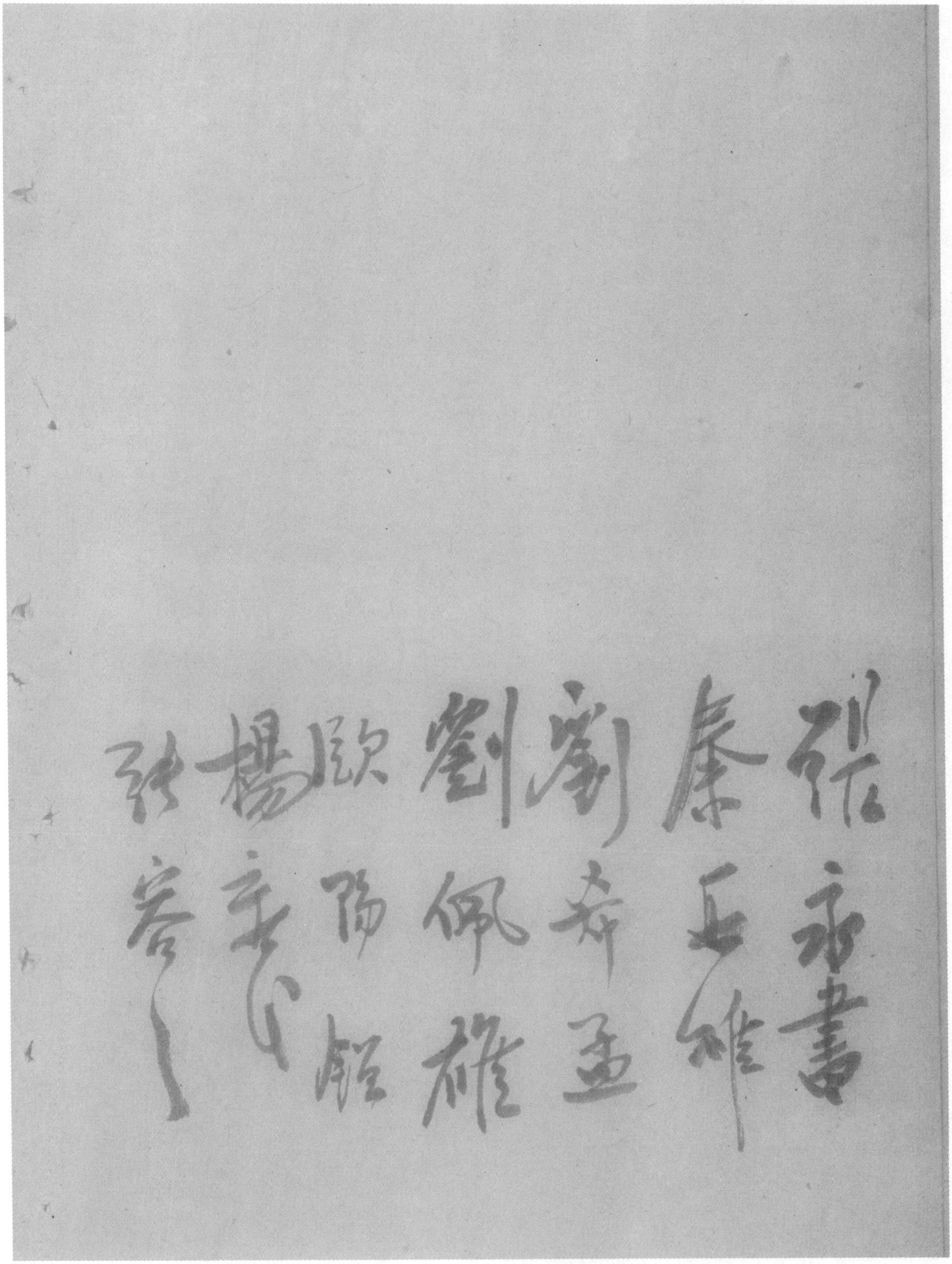

重庆电力股份有限公司一九四八年度业务会报纪录（一九四八年） 0219-2-239

63

吴錫瀛 章曉鐘 劉伊凡

主席 吴總工程師

紀錄 董毓庚

會報事項

一、吴總工程師報告 近日利息過高將影響職工生活十一月份薪工擬在最近期間設法照應領米量發給半數粱決議：由業會購料估計頭寸，交各主管幫助接洽收費，交由總會稽三科先將發放表格擬出，呈由經理室通知各部填造。

二、出勤津貼值班津貼如何支給案

決議：十一月份按原來指數調整後暫行支給。

三、憲軍司令部送來電灯用戶二百餘戶，擬予迅速辦理，爭取時間以收實效案

決議：不分市區郊區，凡公司已有低壓綫路之地，無論裝表自備表電灯均酌予供電，由業電購料會商速辦。

四、電務科請調回原派駐各廠處管理電話小工案

決議：照辦。各廠處電話綫路由各廠處綫路自行負責維護。

五、茴工廠對沙磁區供電自十月份經常臨時停電，引起各方責

重庆电力股份有限公司一九四八年度业务会报纪录（一九四八年） 0219-2-239

64

詢請依員分步案

決議：由張主任歐陽科長分別前往商洽

六、劉科長伊凡報告 本比付出煤款計天府十七萬寶源三萬均係承兑匯票庫存款只五萬餘計付電一廠壹萬五千兑程總經理二萬田總經理一萬弍千其餘作電閘支口後如無特別用款收入電費可集數留作職工薪工之用

七、散會

主席

65

重慶電力公司業務會報紀錄

時間：三十七年十二月廿二日正午

地點：本公司會議廳

出席：[illegible]

重庆电力股份有限公司一九四八年度业务会报纪录（一九四八年）　0219-2-239

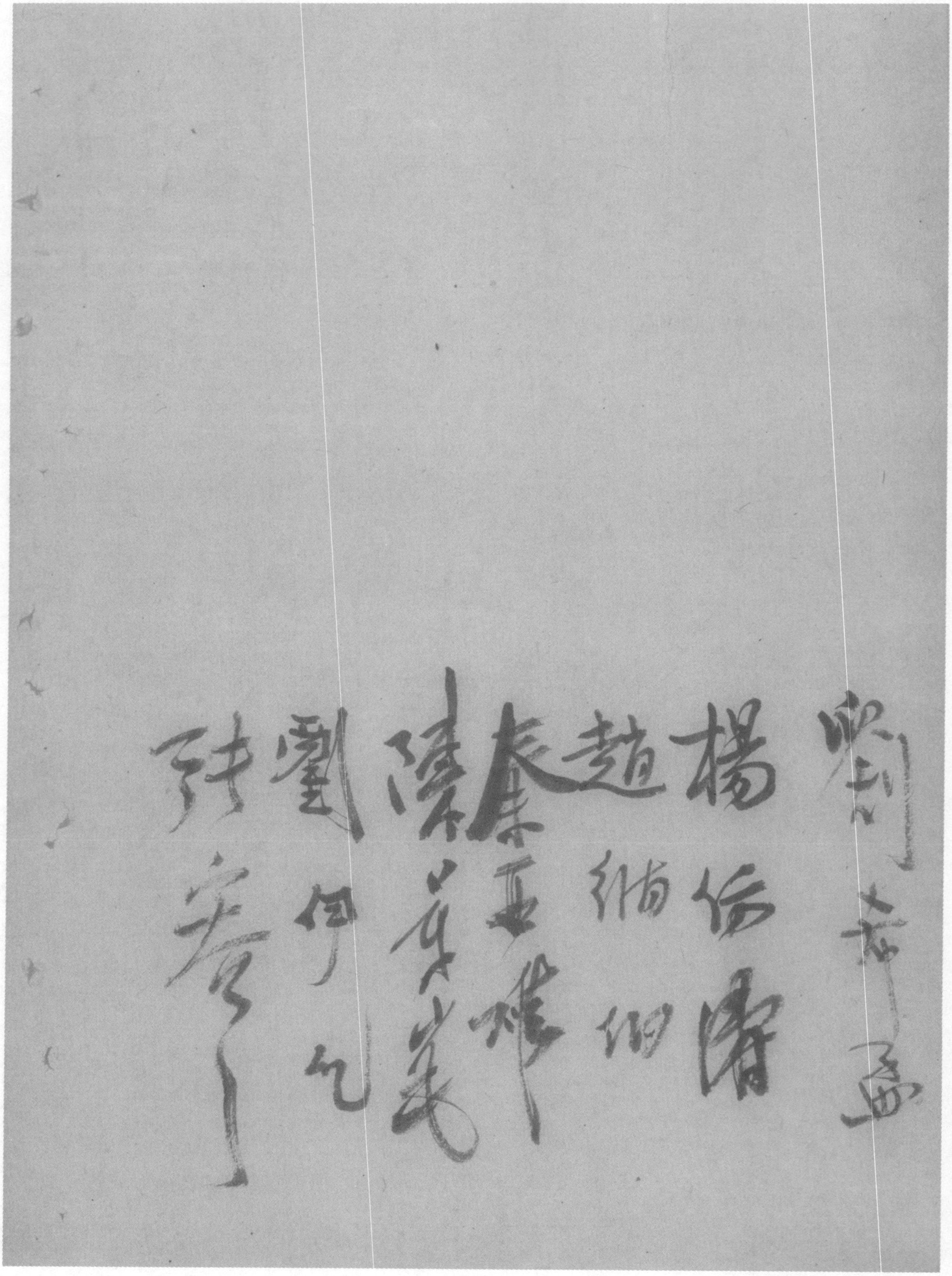

劉

楊

趙

秦

陳

劉

陸

歐陽[illegible]

杜新[illegible]

萬宗[illegible]

章曦[illegible]

劉佩[illegible]

66

主席　吴德工程師

紀錄　董毓庚

會報事項

一、吴總工程師報告：昨天與議會市府工社兩局及各煤礦
公司洽商來煤問題：(1)天府寶源兩公司至月底止來煤三
千噸，本公司自本日起每日付款三萬元；(2)以往所欠煤款俟田
總經理轉渝解決；(3)預付煤款今日已經市參會審查會允許
本公司比照十二月份電價向用戶預收一月電費，將以前所收
之預收一月電費及用電保證金兩項名稱取消，以後照用預收
一月電費一個名稱，以往所收之費折爲金圓，在現在先收之預收一
月電費内扣除，去年所收兩款據會計科查報，大約八億左右。
本人以爲損不大，已經請總照扣，俟提交大會通過即可照。本
公司並訂昨廿五日招待新聞界報告經過情形及預收一月電費

67

乙、說明

二、吳總工程師報告：撥上月底前發放職工房貼部份連同月底煤款和轉江起力等共需款五十萬元，望加緊收費以備支付案

三、陳科長景嵐報告：為年底以前適應公司巨額支出，擬加強收費起見，希望經理室加派收費人員以利收費案

決議：(1)由各單位撥出職員或工友一至二人幫助收費；(2)三科事務所所轄地區之用戶以由事務收費為原則，由業科同事務所洽辦理

四、用戶利用電表燒燬平均計算電度收費機会希圖逃避電費應如何予以制止案

決議：由業科抄表股於發現該表在第二個月抄表時尚未調換仍

重庆电力股份有限公司一九四八年度业务会报纪录（一九四八年） 0219-2-239

以平均度數收費時務必提出書面通知迅即解决

五、關於職工薪工發放技術改進案

決議：仍由總務科統發，在確訂米價後三日内發完，各單位仍輪流發放

六、福利社請求撥給購藥費案

決議：先撥四千元購買

七、江北合同廠家請送停電紀錄案

決議：電務科洽辦

八、關于各廠每月發電度數購電度數及抄見度數統計後之損失電度案

決議：由廠業電三科於每月底列表交換，并通知用電檢查組處理

68

九、散會

主席 [signature]

重庆电力股份有限公司一九四八年度业务会报纪录（一九四八年）　0219-2-239

重慶電力公司業務會報紀錄

時間：三十七年十一月三十日正午

地點：本公司會議室

出席：吳子傑　李崇？　劉佩雄　劉文孟

重庆电力股份有限公司一九四八年度业务会报纪录（一九四八年） 0219-2-239

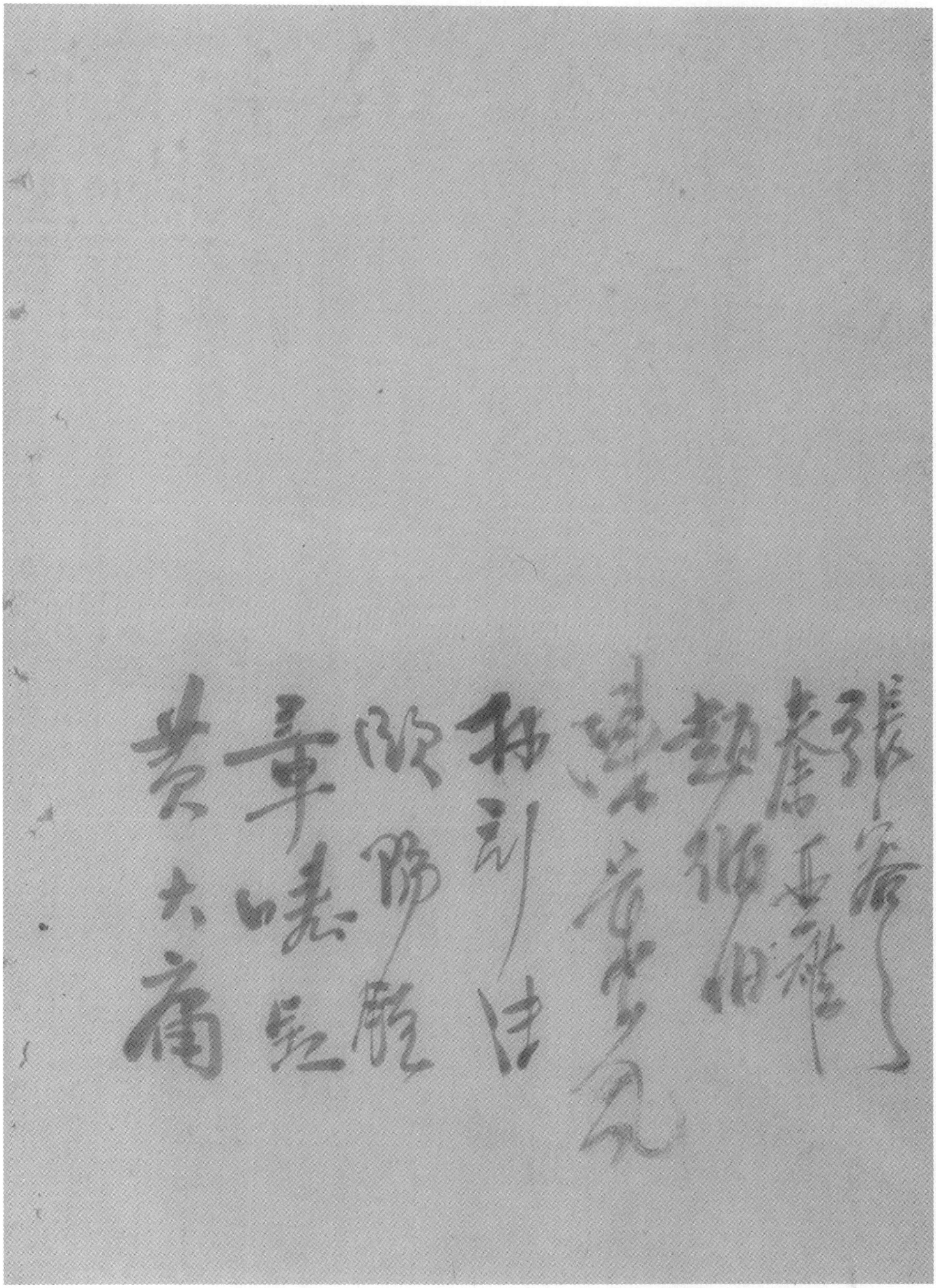

章嘯疆
黄大庸

重庆电力股份有限公司一九四八年度业务会报纪录（一九四八年） 0219-2-239

主席　吳總工程師

紀錄　張君鼎

會報事項

一、吳總工程師報告第一廠發電二百四十度抄見一百五十萬度第二廠發電六十五萬度抄見二十四萬度第三廠發電二百一十萬度抄見一百零五萬度依照上項統計可窺見本公司業務狀

況今後每月二日各廠將發電度數每月十五日抄表股將抄見度數分別送交總工程師室以便統計

二、十月份抽調人員收費以應急需案

決議：(甲)通遠門一帶至觀音岩一帶由用電檢查組派員收取

(乙)十五電區由廠務電務兩科派員收取

(丙)會計科負責收取一個電區之電費

(丁)南岸野貓溪以下由二廠派員收取

(戊)總務科派王祥璋李建芳加入收費股工作其他各科未派定人員者從速派員 收費人員給予膳費

三、遵照田總經理條令不許借支並不得提前借支薪津案

決議：通過

71

四、補發十月份国定出勤津貼案

決議：因牽連加工臨時出勤津貼及值班津貼應不補發

五、包灯用電之外线及内线装置不合格者應如何辦理案

決議：不能辦者先行辦理其不可能者據实報請工務局備查

六、請警備司令部出示禁止駐兵及參觀案

決議：將三廠三辦事處不得駐兵及參觀理由報請警備司令部佈告

七、預領十二月份加班費案

決議：預領之数發薪时扣還以後如必需加班者於工作開始前報由經理室核准工作完畢後再做加班賬（工人加工除外）收費

出納股應於下午六时下班

八、十一月份福利費發放日期案

決議：下期一調查米價是日下午開始發放星期三發完

九、第六區第十保（大溪溝）請捐冬防費案

決議：捐助壹百元

十、沙坪壩辦事處請勻電供應案

決議：二廠供給二十廠三廠供給沙坪壩輪流日期由電務科排定

主席　[signature]

重庆电力股份有限公司一九四八年度业务会报纪录（一九四八年） 0219-2-239

72

重慶電力公司業務會報紀錄

時間 三十七年十一月七日正午

地點 本公司會議室

出席

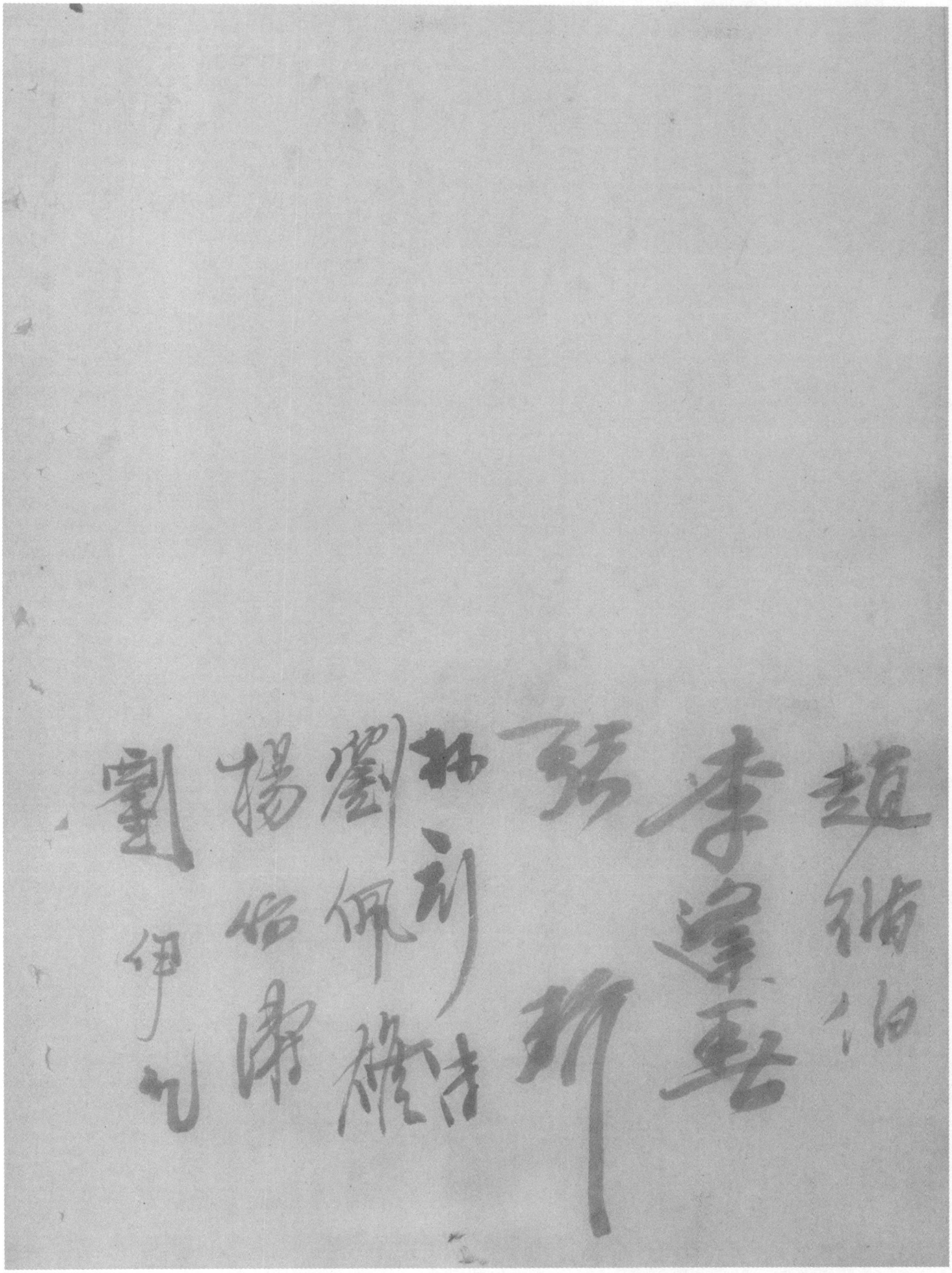

重庆电力股份有限公司一九四八年度业务会报纪录（一九四八年） 0219-2-239

重庆电力股份有限公司一九四八年度业务会报纪录（一九四八年）　0219-2-239

73

主席　田總經理

呂宗傑
章曉臣
歐陽駿
張永壽
黄大庸
陳舜光

紀錄 張君鼎

會報事項

一、由總經理報告在京滬接洽運機及貸款壹百萬元情形，新機運入後無把握，今後應注意事項（一）努力收費（二）加强取締竊電並約集收費抄表兩股負責人出席商討詳細辦法

決議：由業務科定期召集三科專家、稽核室、電務科、總工程師、用電檢查組草擬辦法呈由總經理決定

二、沙坪壩用戶以停電過多拒付底度費案

決議：由業務科通知沙區分別與洽

三、華新街總表內有公司職工二人及學校一所其電費如何

74

計算案

決議：(A)職工照繳電費由公司照章發給應得電度之電費(B)學校已裝有電表其電度在總表內扣除由公司向學校收費

四、大坪裝總表需要木桿以便放綫案

決議：購買木桿植放

主席 田習之

75

重慶電力公司業務會報紀錄

時間：三十七年十二月十四日正午

地點：本公司會議室

出席

楊佑儕

陳中熙

田習之

康世維

重庆电力股份有限公司一九四八年度业务会报纪录（一九四八年）　0219-2-239

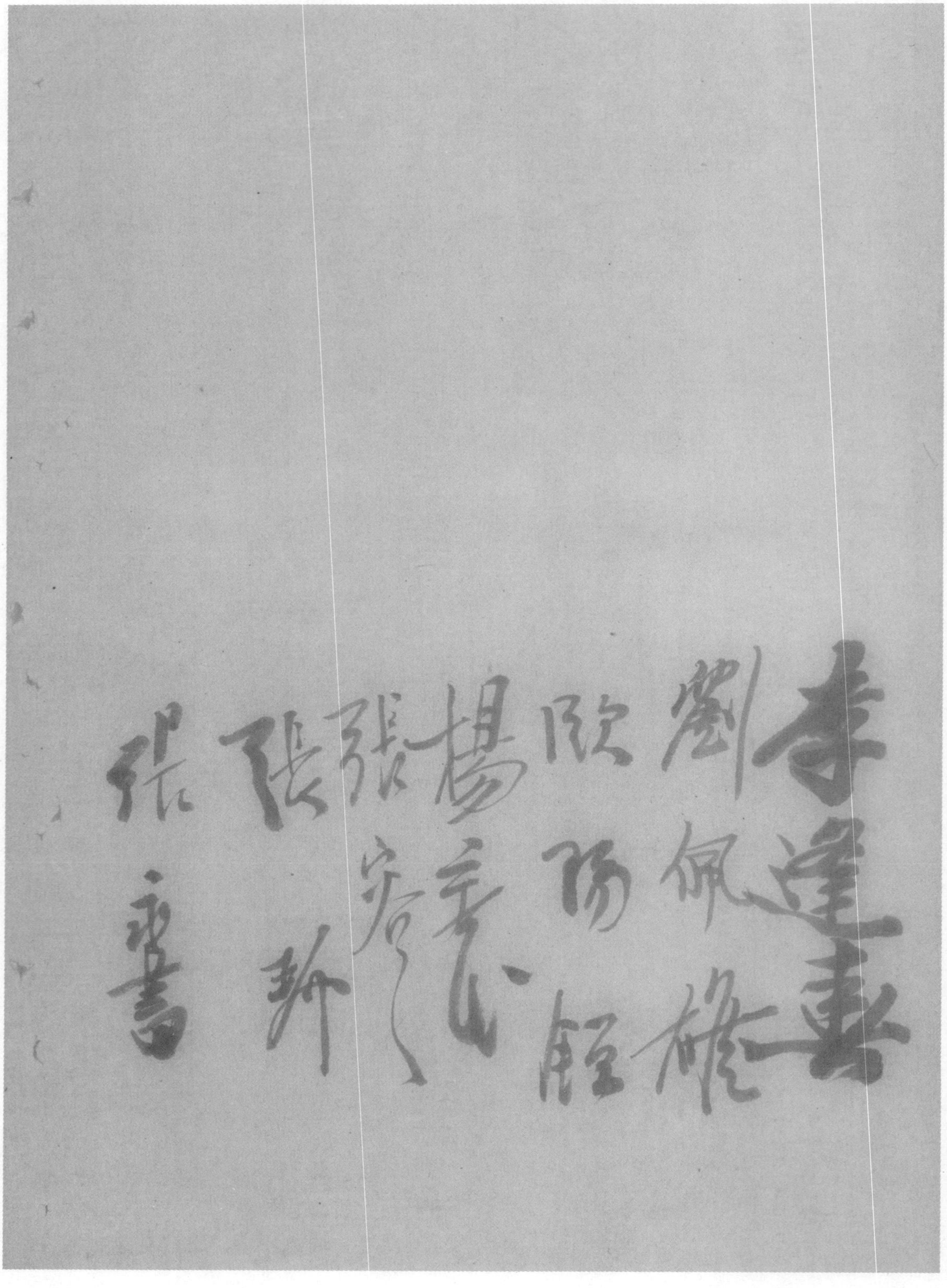

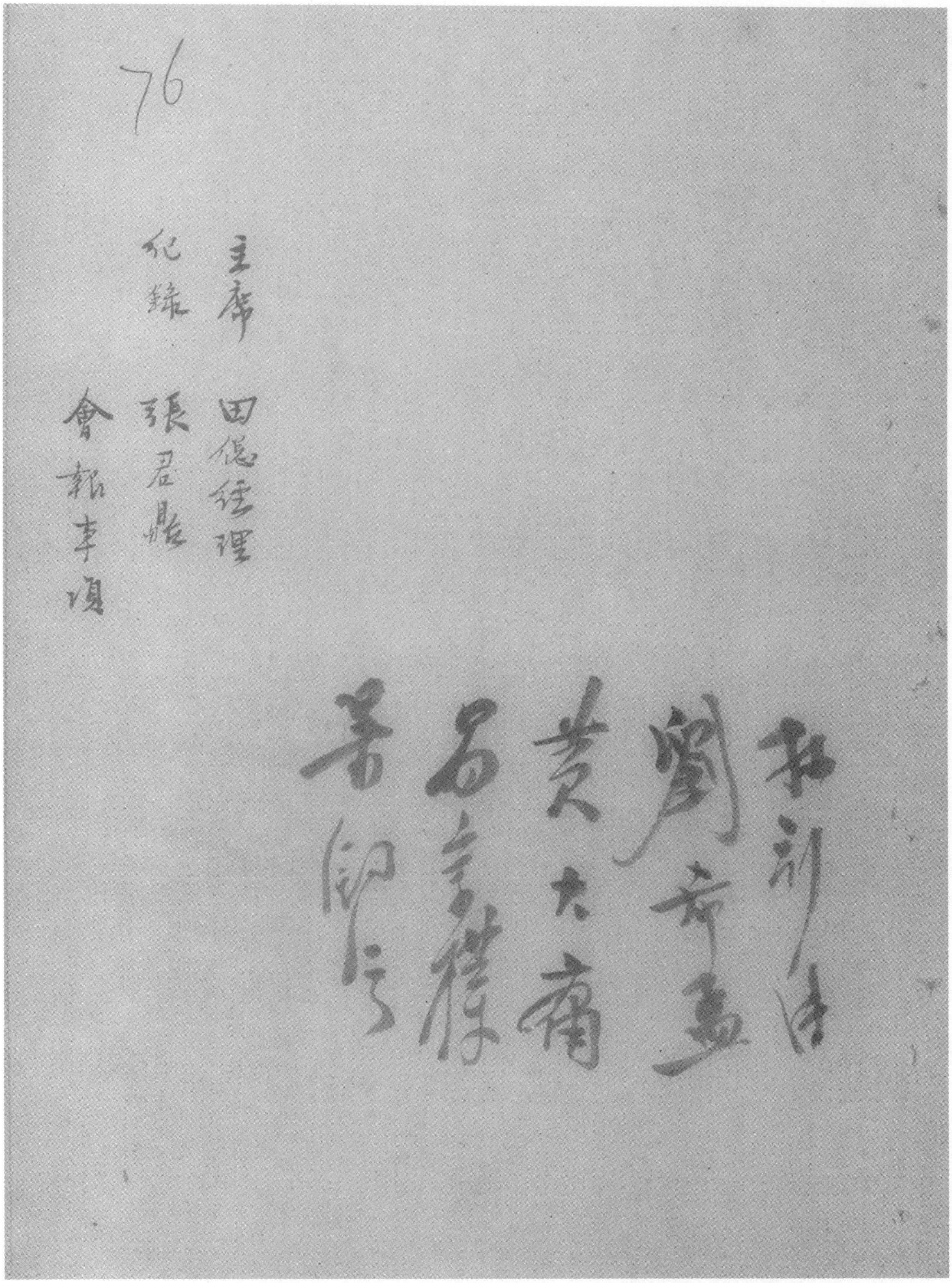

76

出列席 劉希孟 黃大庸 呂季穆 吳卿之

主席 田總經理

紀錄 張君鼎

會報事項

重庆电力股份有限公司一九四八年度业务会报纪录（一九四八年） 0219-2-239

一、楊公橋聯勤總部所屬某工廠拒付底度費案

決議：由沙坪壩辦事處派員洽辦大表改換小表並換函件保證將來恢復用電量時改為大表

二、申紡廠加放綫路避免輪流停電材料補助費二萬四千元洽請照付並約劉廠長到公司一談案

決議：由沙坪壩辦事處派員洽商並說明預收煤款情形

三、派朱致先赴江北督運竟成煤廠派李逵赴洽購東林煤廠接濟第三廠派員收購二岩煤補充一二兩廠燒煤案

決議：無異議

四、新機爐旬日內可起運函福協理商請民生公司直運重慶並考慮派員赴宜協助運輸案

77

決議：無異議

五、中央醫院方棚提為修漏由公司派員前往防止漏裝後禁止偷電辦法案

決議：無異議

六、張組長報告取締竊電經過情形及損失統計並建議今後取締方法案

決議：採用集中檢查方法對於竊電甚劇區域鼓勵人民自動檢舉各辦事處負責轄區損益一事加以考慮

七、二廠冬防費南岸辦事處自衛隊服裝費各捐一百元案

決議：通過

八、吳總工程師報告十一月份發電及抄表度數第一廠發電二

重庆电力股份有限公司一九四八年度业务会报纪录（一九四八年） 0219-2-239

百六十六萬度第二廠發電六十三萬度第三廠發電二百六十三萬度共計五百五十一萬度購電度數為中央紙廠二十六萬度二十四廠十五萬度五十廠三十七萬度共計八十萬度自行發電與購電度數總和為六百三十一萬度抄見度數為三百七十五萬度損失二百五十六萬度計為百分之四十點六電燈之城區一百二十六萬度南岸二十二萬度江北六萬度沙坪壩十四萬度共計一百六十五萬度電力之城區六十六萬度南岸四十三萬度江北六十八萬度沙坪壩三十一萬度共計二百零九萬度電熱為二千七百八十六度

主席 田習之

78

重庆电力公司业务会报纪录

时间：三十七年十二月二十一日正午

地点：本公司会议室

出席

黄大庸

李伦（？）春

张斯

重庆电力股份有限公司一九四八年度业务会报纪录（一九四八年） 0219-2-239

劉仲九
劉航琛
胡子昂
劉佩雄
楊培澤
張宗之
趙仲伯

71

存副件

主席 吴總工程師
紀錄 張君鼎

會報事項

一、公司煤源多半来自天府，对天府付款尺度应放寬案
決議：照辦，唯欠電費未核定前無款購煤，只有被迫停電
二、山洞每日下午四点復電晚十二点停電案
決議：照辦
三、何紹明調檢查組工作案

决议：照办

四、三厂职员薪俸请发现钞或不划线支票案

决议：发薪时孫主任与黄科长商洽办理

五、现有汽船一只待售本公司可购入拖运第三厂煤觔案

决议：由总经理核定

六、十四区公所函请自行在本公司线路上安装电灯案

决议：复请径向路灯管理所洽办

七、散会

主席

重庆电力股份有限公司一九四八年度业务会报纪录（一九四八年）　0219-2-239

重庆电力股份有限公司一九四八年度业务会报纪录（一九四八年）　0219-2-239

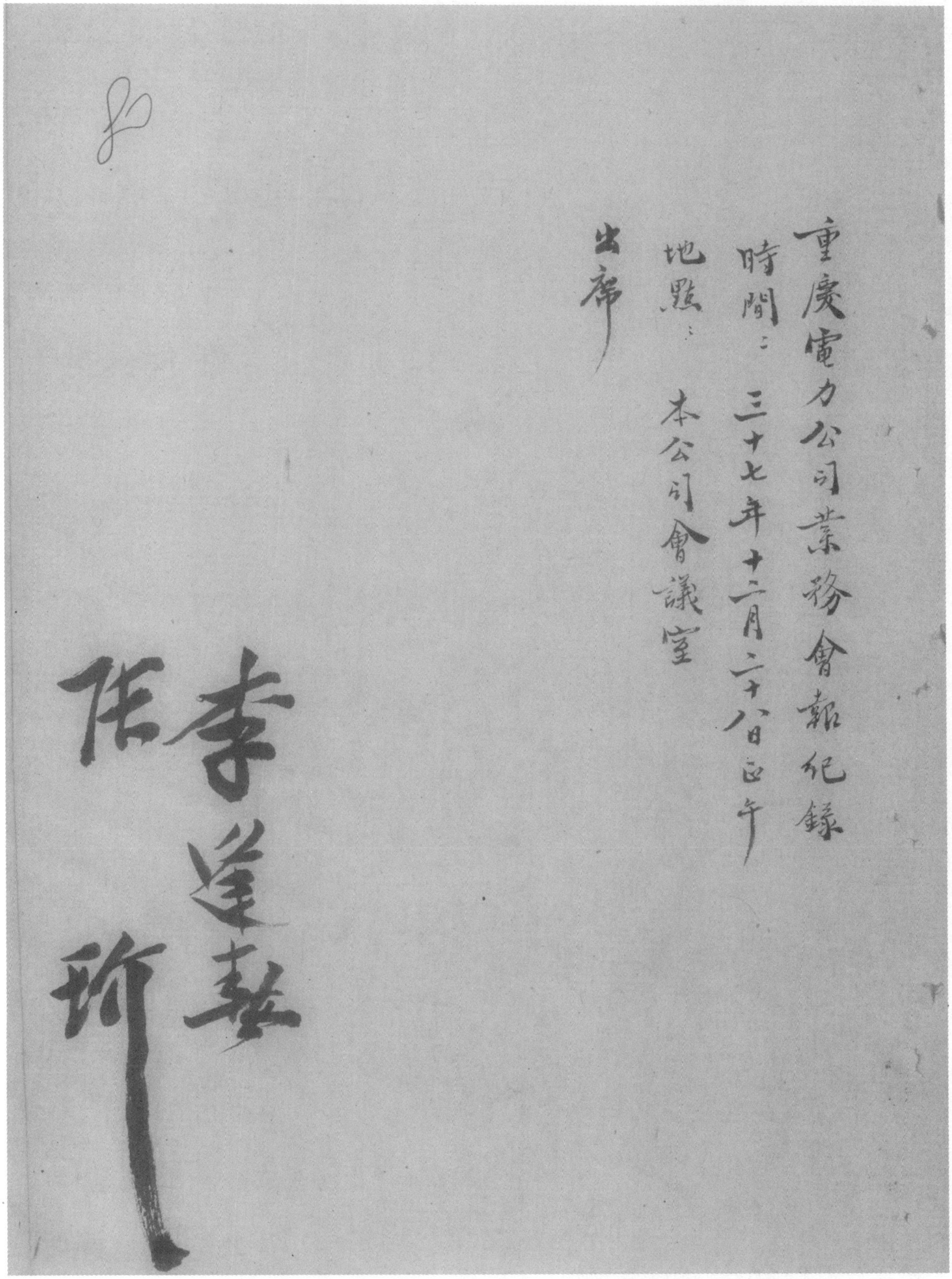

重慶電力公司業務會報紀錄

時間：三十七年十二月二十八日正午

地點：本公司會議室

出席

李逢藝

張珩

重庆电力股份有限公司一九四八年度业务会报纪录（一九四八年） 0219-2-239

稅西恒

張[illegible]

章[illegible]

黃大庸

陳[illegible]

劉[illegible]

劉佩權

重庆电力股份有限公司一九四八年度业务会报纪录（一九四八年） 0219-2-239

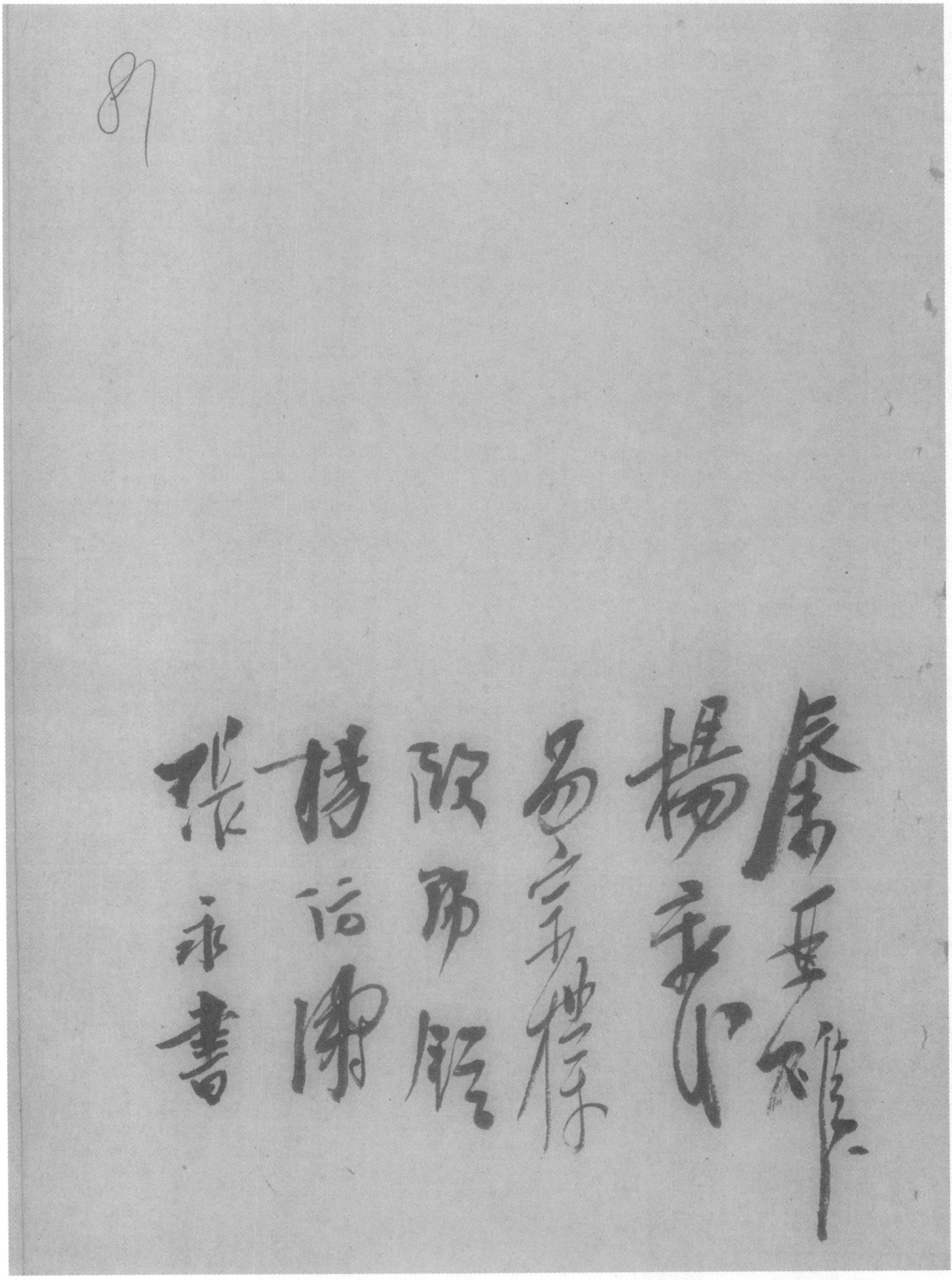

重庆电力股份有限公司一九四八年度业务会报纪录（一九四八年） 0219-2-239

主席 田总经理

纪录 张君鼎

一、会报事项

自即日起旧曆腊月十六日止除经常煤外一三两厂应多储煤二千吨二厂一千吨以何筹划策

决议：（一）指定李副主任遂、萧张组长容之、杨科长钧民、曾股长昭元四人负责购存

（二）现钱现货

（三）不限于天府宝源两公司煤觔

（四）煤价照官价计算

（五）宝源煤烧不起磅不应照精选煤计算

82

二、舊曆年前需伍百萬元始可勉敷開支案

決議：由業科加緊收費先與兵工廠接洽提前付款

三、臨時工應否發給獎賞金案

決議：照發

四、舊曆年前照十二月份薪給所得發給獎賞金一月事應由職工代表將劉董事長當日談話書面陳報經理室俾有根據案

決議：無異議

五、加強各單位取締竊電工作案

決議：（一）各單位於每星期會報時報告一週內工作情形

（二）遇有困難不能執行工作時將竊電情形調查確實

俟報請取締組集中力量前往執行

六、散會

主席 田習之

重庆电力股份有限公司一九四八年度业务会报纪录（一九四八年） 0219-2-239

重庆电力股份有限公司一九四九年度业务会报纪录（一九四九年） 0219-2-239

83

重慶電力公司業務會報紀錄

時間：三十八年元月四日正午

地點：本公司會議室

出席

歐陽鯉

劉佩雄

劉伊凡

楊新民

吴大甫

重庆电力股份有限公司一九四九年度业务会报纪录（一九四九年）

0219-2-239

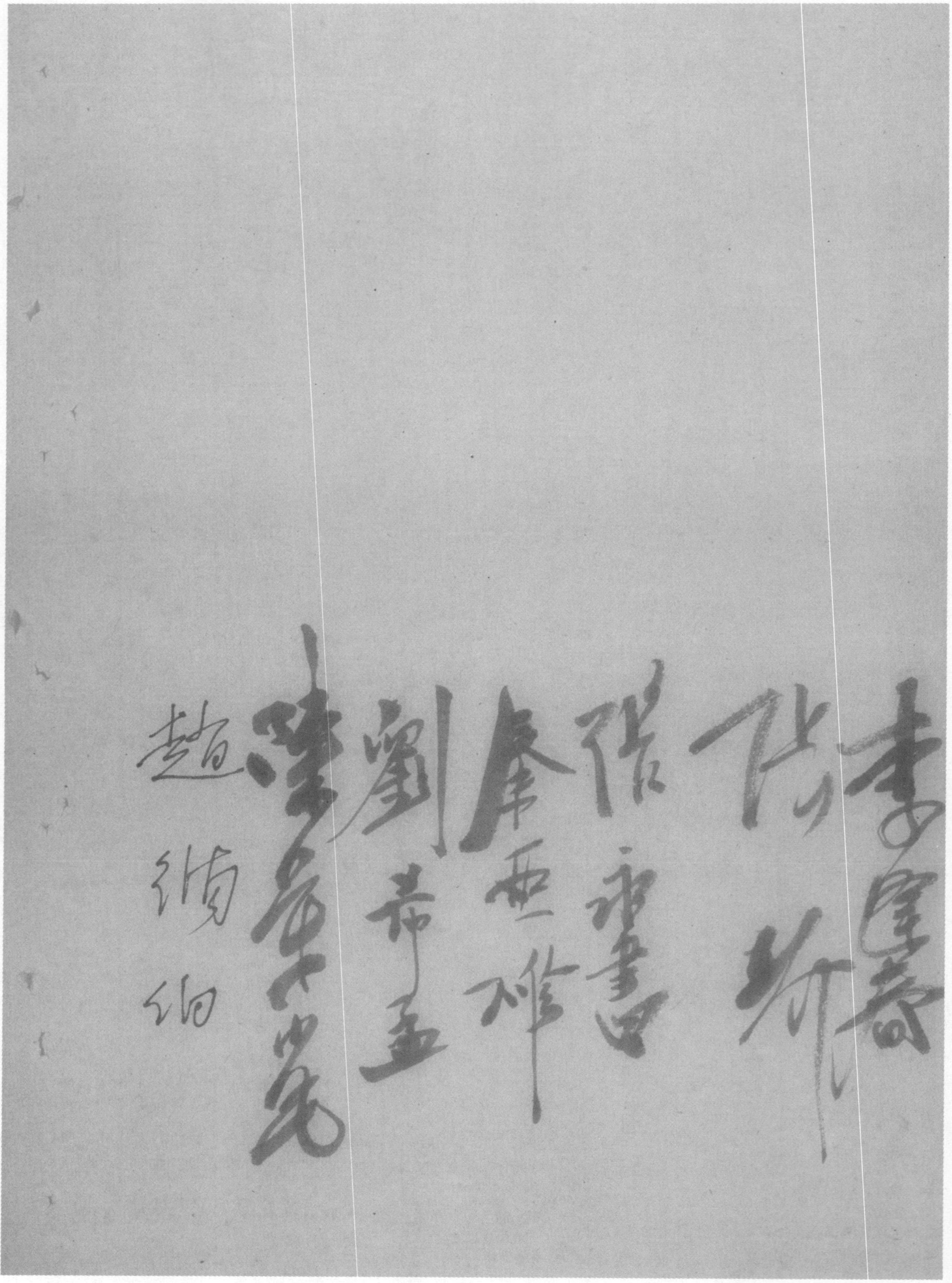

84

主席　田總經理

紀錄　張君鼎

會報事項

一、楊科長報告擬定三十八年春節儲煤五千噸計劃天府三千

重庆电力股份有限公司一九四九年度业务会报纪录（一九四九年） 0219-2-239

嗣即付款訂煤和平煤試燒成績尚佳請其繼續運上

二、劉主任布孟報告二廠工人與自衛隊衝突經過

三、張主任永書報告中紡廠二日傍晚百餘工人到沙坪壩滋事要挾擾情形

決議：（一）由沙處函報詳情轉報治安機關

（二）對中紡廠來函據實答復

（三）切囑値電話人員對於用戶詢問停斷電流情形務須詳細確實答復

四、為應付舊曆新年需款加緊收取電費案

決議：南廠南岸星四領票江北岸星六領票一廠用電檢查組會計料領票日期即派員與業務科洽辦預收煤款票日內上街各

工廠付給十二月份電費收費情形由業務科向總經理提出報告

五、新機運輸安裝各費應另立賬目案

決議：由會計科規劃指定專人辦理程協理經付各款從速清查

核对

六、加緊取締竊電案

決議：(一)指撥卡車施行突擊九龍坡至大坪及新橋至大坪兩路沿線注意檢查(二)一廠增加一分組共為兩分組(三)海棠溪羅家堪向家坡等四方棚裝置高壓表以便核計竊電損失

七、上半夜禁用馬達案

決議：再登報公告

八、植桿放線時裝表同時辦理以免脫節案

重庆电力股份有限公司一九四九年度业务会报纪录（一九四九年）　0219-2-239

決議：照辦

九、電請警備司令部發給通行證案

決議：一廠九十份二廠六十份三廠一百份

十、十月份補收電費一角以後製票案

決議：俟元月份新電價核定後再請工務局核准與元月份電價合併製票

十一、天府寶源煤混合燃燒時在放入煤斗前加以拌合案

決議：照辦

十二、散會

主席　田習之

86

重慶電力公司業務會報紀錄

時間：三十八年元月十一日正午

地點：本公司會議室

出席：

田習之　陳斯　李[illegible]

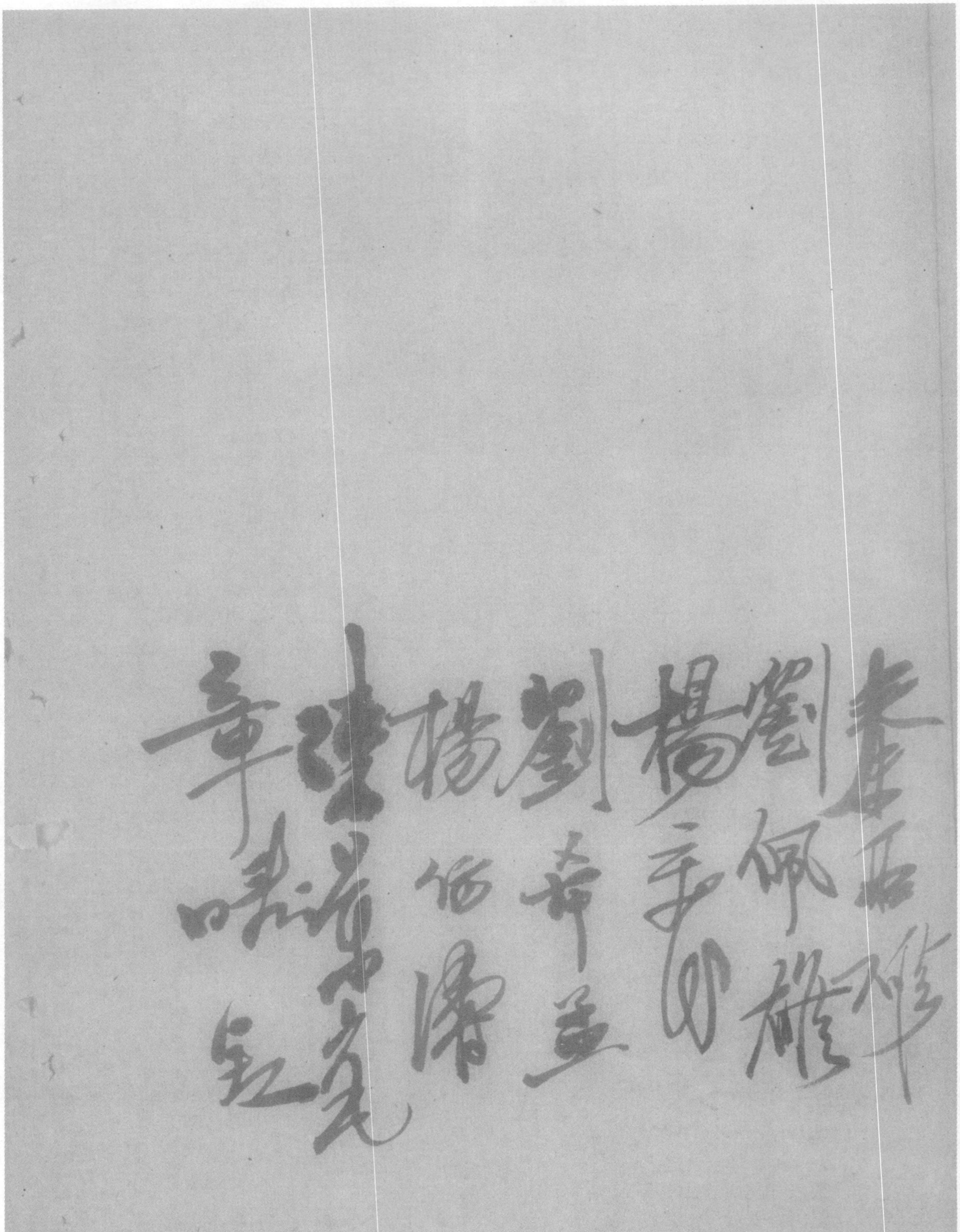

重庆电力股份有限公司一九四九年度业务会报纪录（一九四九年） 0219-2-239

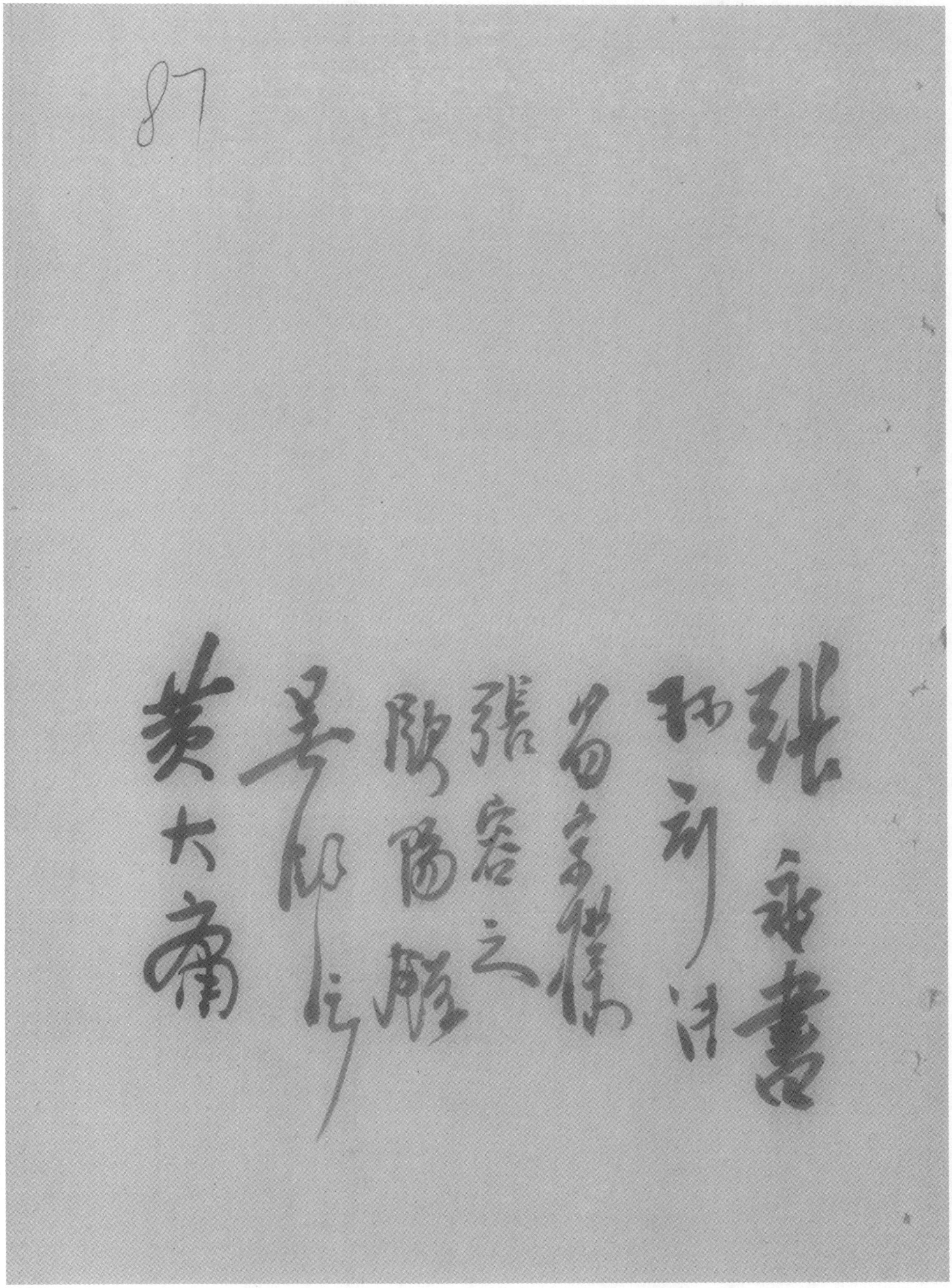
87

張永書
楊新沛
[illegible]家[illegible]
張容之
陳陽[illegible]
吴郎[illegible]
黄大庸

重庆电力股份有限公司一九四九年度业务会报纪录（一九四九年） 0219-2-239

主席 田總經理
紀錄 張君鼎

會報事項

一、田總經理指示各同事自應勤慎職守，對于不良份子尤應檢舉，互相勸勉，至副總經理對于職工行動毫無所知，善惡是非不辨，獎懲莫由，公司整個前途殆屬無望也

二、楊科長報告在舊曆年關前天府允上煤五千噸，燧川五百噸，和平五百噸，竟成一千噸，實際煤尚未決定數量，應如何辦理案

決議：實際經常煤外訂一千噸單獨試燒，如達一百五十磅為準

三、各廠委托組代業務科收取電費分票時係以區域為標準，並未以好收不好收為標準案

88

決議：無異議

四、與市府接洽在每月電價未核定前公司先照計算公式製票收費以應急需，俟核定之電價發生差額時於次月補收或補扣案

決議：由會業務科會擬妥法呈核

五、政府宣佈戒嚴後本廠上下班時間得斟酌情形自行改訂爲十一時六時三時案

決議：照辦

六、新撥到廠由易科長負責向民生公司等妥接洽由范工程師志高負責工料賬由廠協科負責案

決議：通過

七、旧年十五日公司接卡車一部交用電檢查組使用下鄉檢查竊電案

決議：通過

八、本月十六日召招待各燈用户之各機關代表茶會案

決議：由總務科籌備電業股科及用電檢查組負責人屆時出席說明

九、香國寺住宅花園包灯事逾延數月尚未辦妥手續先行停電催辦案

決議：由江北辦事處負責處理

十、公司職工於職務無關之受處事項公司決不置理案

決議：通過

重庆电力股份有限公司一九四九年度业务会报纪录（一九四九年）　0219-2-239

81

六、散會

主席　田習之

重庆电力股份有限公司一九四九年度业务会报纪录（一九四九年）　0219-2-239

80

重慶電力公司業務會報紀錄

時間：三十八年元月十八日正午

地點：本公司會議室

出席：胥家驥　章曉鄂　楊倍傳

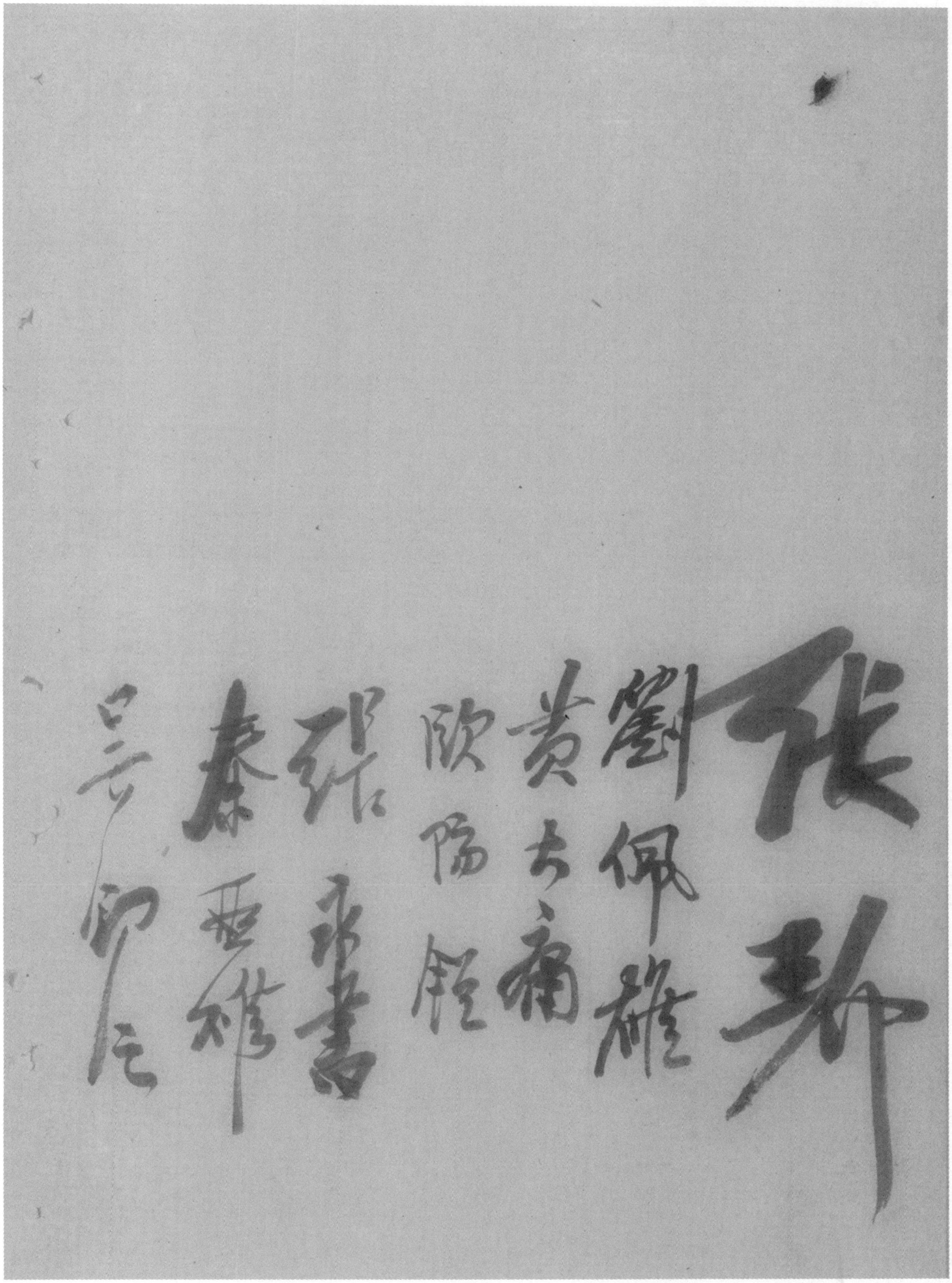
劉佩雄
黃大庸
歐陽鏗

主席　田總經理

紀錄　張君鼎

會報事項

一、代電警備司令部請轉飭大溪溝彈子石鵝公岩等地警衛機關每晚十一時至一時之間三廠員工上下班時准憑公司證章通行案

決議：通過

二、新機起卸工人不敷請增臨時工二十名案

決議：通過

三、寶源煤起時如下面部份多夾石應即停收案

決議：通過

p1

四、先行製票收費俟政府核定電價後溯月電價增減案

決議：再研究

五、新機裝置委員會組織辦法案

決議：推楊主任紀書昌科長張科長審查下週成立

六、加班工作如何審核案

決議：（甲）應否加班由主管人決定

（乙）是否實際工作由總經理指定專人考核

七、舊曆年前趕製票據案

決議：調子弟學校教職員辦理酌給津貼

八、一月份先發福利費案

決議：照辦

P2

九、本月份土建工部份重算案

决议：由总务科调人协助总科办理

十、预收煤费案

决议：准收照收

十一、散会

主席 刘航琛（签章）

重慶電力公司業務會報紀錄

時間：三十八年元月廿五日正午

地點：本公司會議室

出席：

李[illegible]

張[illegible]

重庆电力股份有限公司一九四九年度业务会报纪录（一九四九年） 0219-2-239

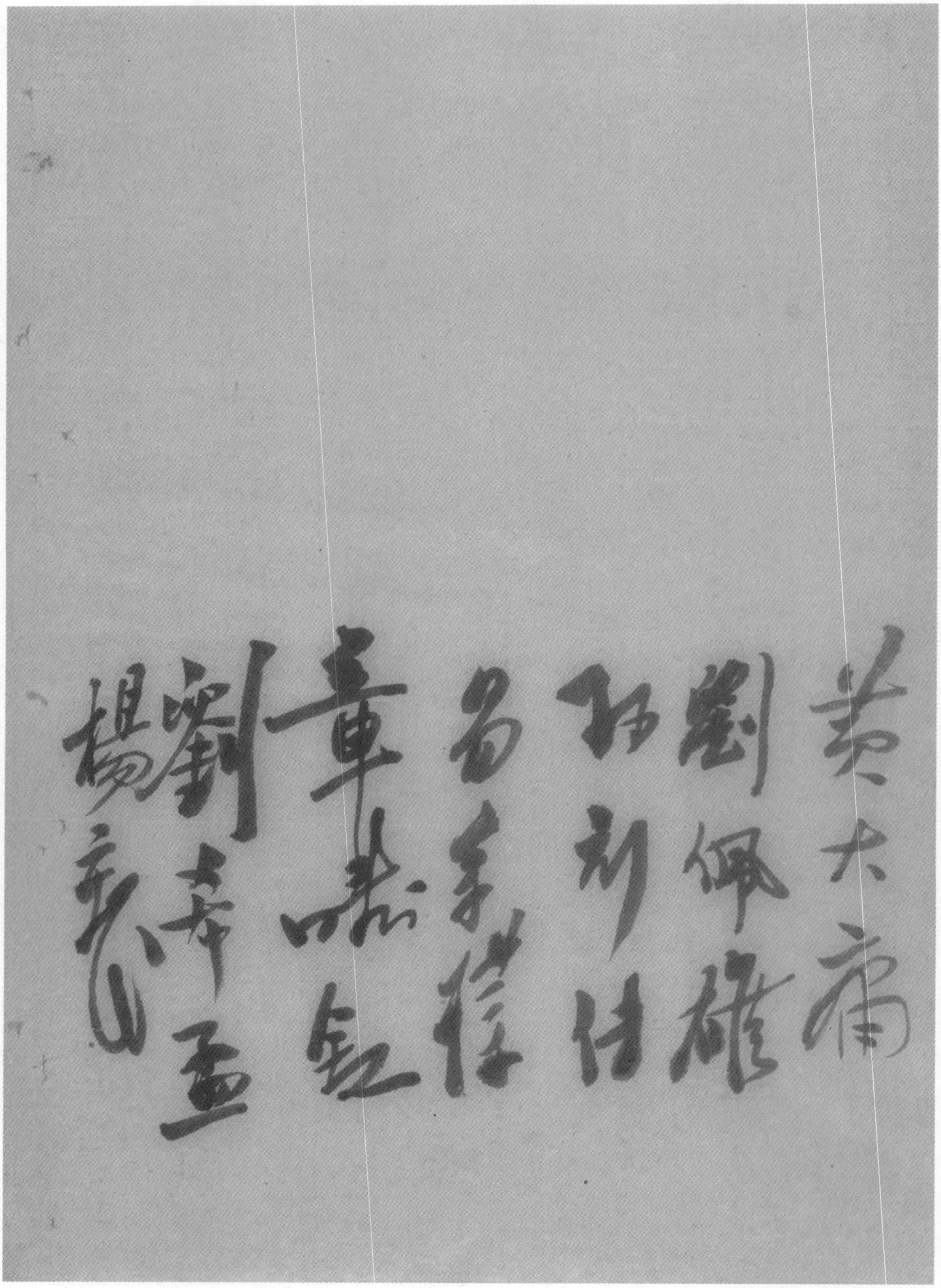

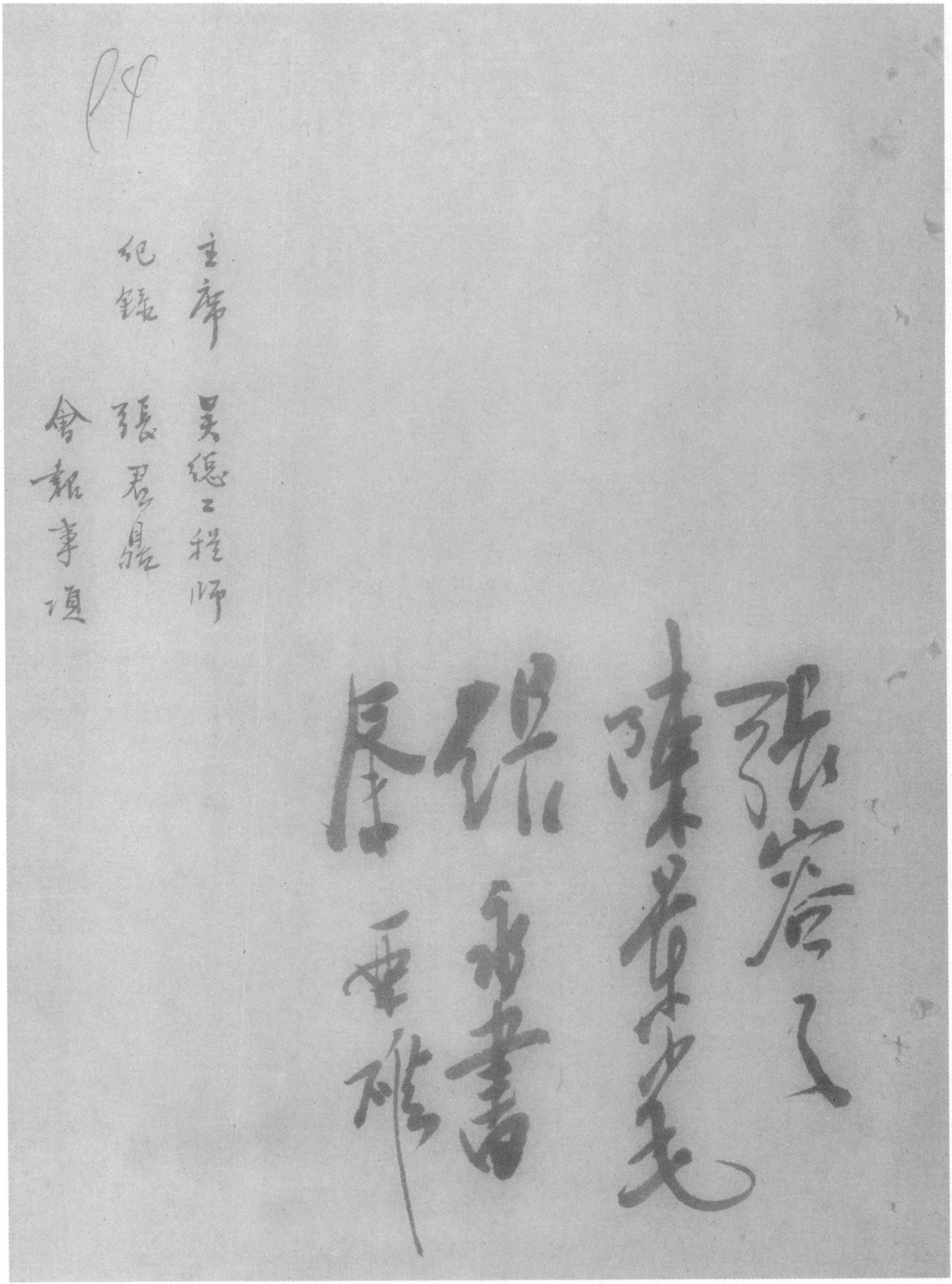

張容之
陳業美
張書
馬雁

主席　吳總工程師
紀錄　張君鼎

會報事項

一、電信局函請改善供電案

決議：由總工程師會同主管人員商定辦理

二、年關前加緊起卸大溪溝煤觔案

決議：推李主任達夫、歐陽副科長鑑前往社會局商談起煤力資

三、新機運輸安裝棧租等費預為估計請資委會協助貸款案

決議：函電業處陳處長請予協助，原函由程協理封致

四、新機建設委員會組織大綱案

決議：照原案通過

五、春假期中各部應派值班人員案

重庆电力股份有限公司一九四九年度业务会报纪录（一九四九年）　0219-2-239

決議：由主管派定

六、大溪溝廠請捐助自衛隊經費案

決議：酌量捐助

七、電表燒壞應先換表再收賠表費案

決議：通過

八、勁路、新村及學田灣和居程協理名義電表戶頭辦理過戶案

決議：照辦其他職工電表澈底清查更正

九、電料行有於夜間擅換線路電表倒走應設法防止案

決議：由電務科辦理

十、吳總工程師報告十一月份裝電掛表情形查十一月份

發電度數共六百一十萬度內計第一廠二百七十萬度第二廠
六十七萬度第三廠二百六十萬度購電共六十九萬度內計中
央紙廠十二萬度五十廠三十七萬度二十四廠一十九萬度自行
發電及購入電度合計六百七十九萬度
抄見度數共三百五十五萬度內計第一廠一百五十九萬度
第二廠三十四萬度第三廠一百四十萬度
損失度數佔百分之四十七點七四包灯三千九百度

十六、散会

主席 田習之

重慶電力公司業務會報紀錄

時間：三十八年二月八日正午

地點：本公司會議室

出席：

[illegible]

李[illegible]

楊[illegible]

重庆电力股份有限公司一九四九年度业务会报纪录（一九四九年） 0219-2-291

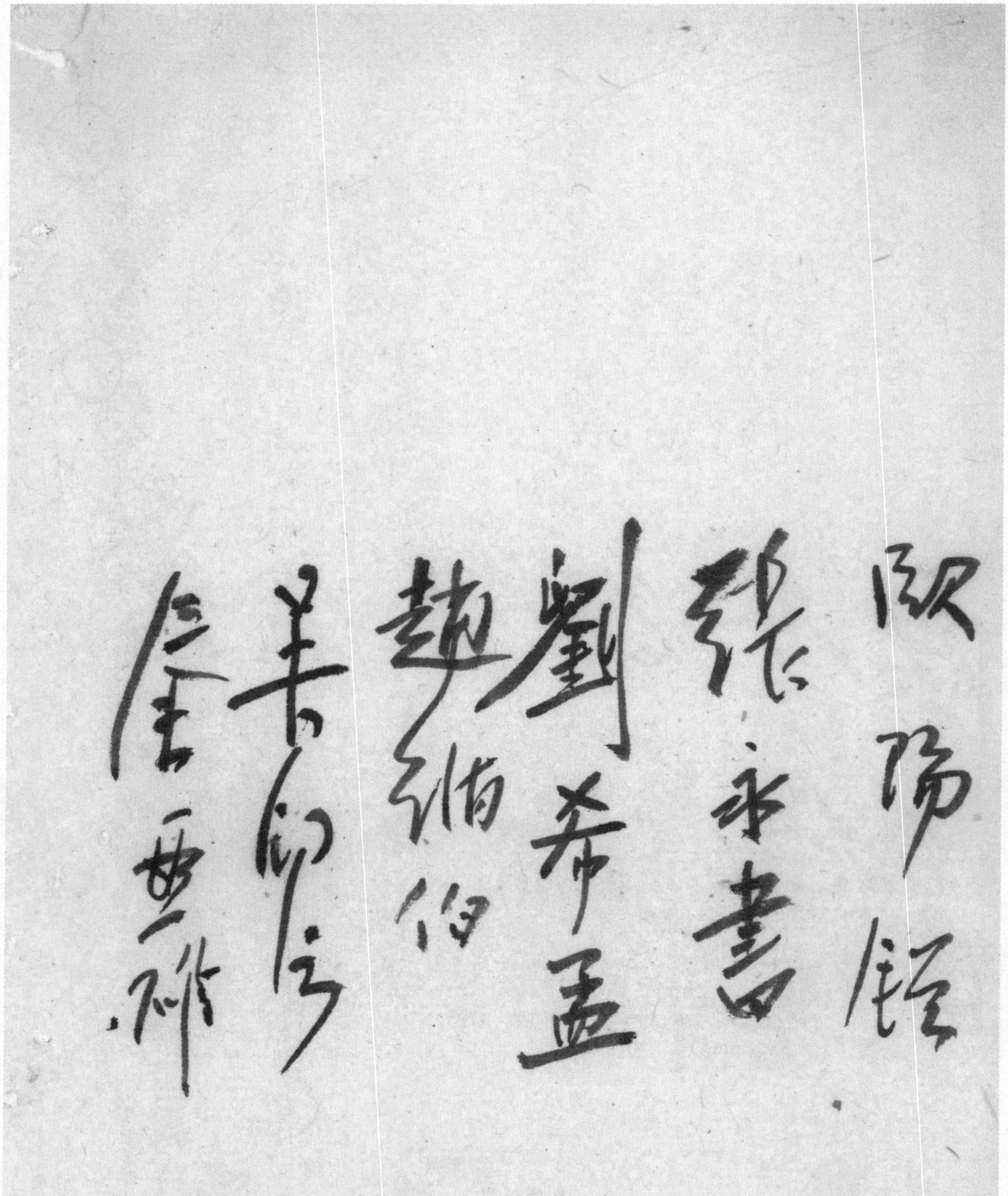
張永書
劉希孟
趙循伯

章味孟
黄大庸

主席 田總經理
紀錄 張君鼎

會報事項

一、催運存滬五千瓩鍋爐器材並準備安裝案

決議：照辦

二、依照電價計算公式先行製票收費案

2

重庆电力股份有限公司一九四九年度业务会报纪录（一九四九年） 0219-2-291

決議：會計科嚴密審核各項數字計核電價製表呈
　　總經理室
三、預收煤費即日停收已收者分別退還案
決議：通知業務科遵照
四、改善製電收費擬呈報請市府參會備查案
決議：由秘書室擬稿
五、申新紗廠由南岸移裝至土灣案
決議：照辦
六、鐵道研究所自備變壓器申請復火案
決議：付清以前所欠電度後再行復火
七、散會

三、会议纪录

重庆电力股份有限公司一九四九年度业务会报纪录（一九四九年）0219-2-291

主席 田[?]

4

重慶電力公司業務會報紀錄

時間：三十八年二月十五日正午

地點：本公司會議室

出席　田習之　楊信澤　黃大庸　李奎　張容之

重庆电力股份有限公司一九四九年度业务会报纪录（一九四九年）　0219-2-291

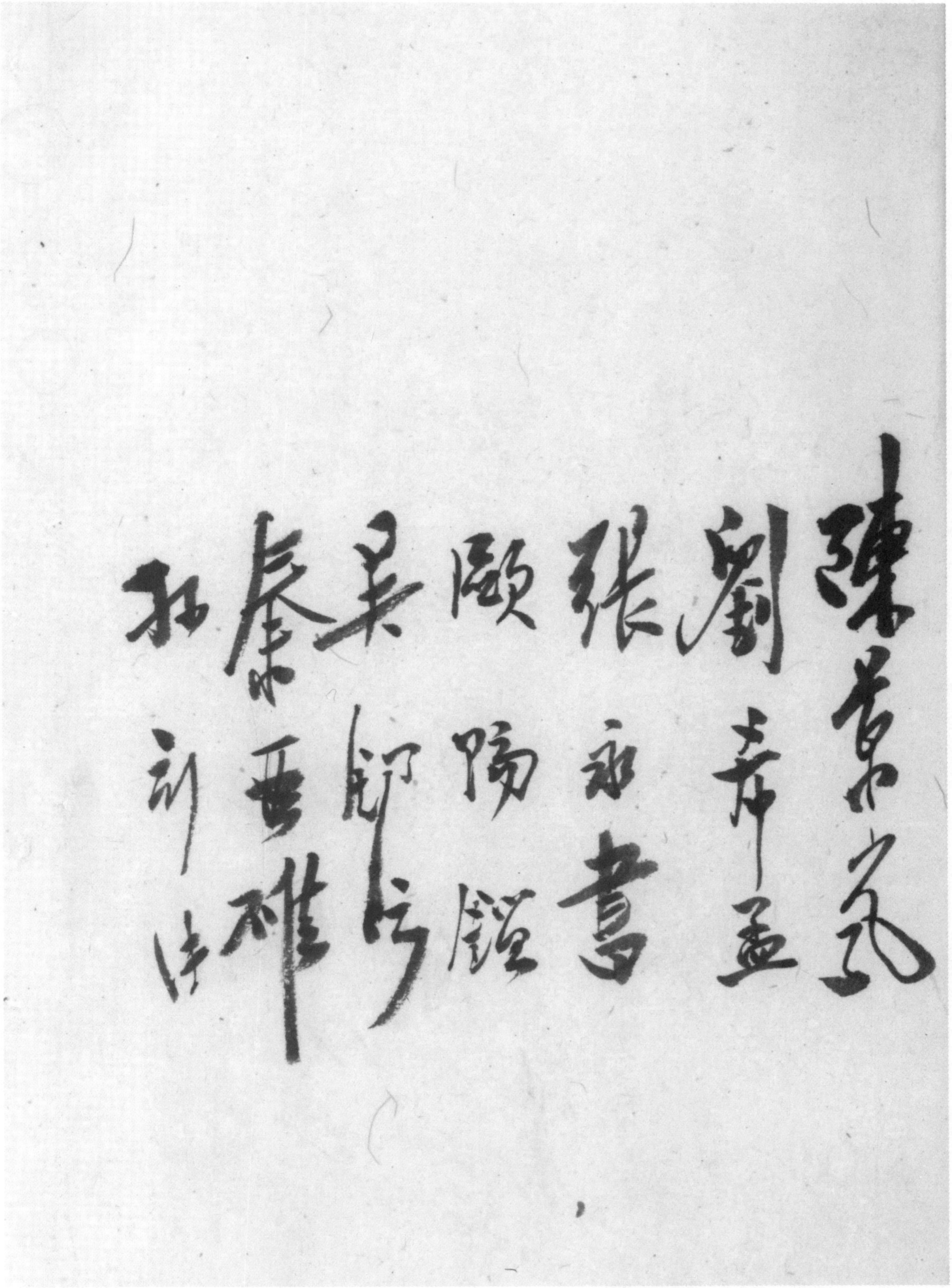
陳[illegible]
劉希孟
張永書
顧陽鑑
吳[illegible]
秦西雄
[illegible]新法

重庆电力股份有限公司一九四九年度业务会报纪录（一九四九年） 0219-2-291

向家樑
章曉鈞
劉佩雄

主席 田總經理

紀錄 張君鼎

會報事項

一、改善收費辦法案

決議：抄表股於星期內抄完大戶於每月十五及月底各

抄一次製電股應設法將抄表工作配合收費股接獲電費收據後三天內掃解逾期剪火稽核室派員逐日考核

十六日上午十時三辦事處電業兩科會商詳細辦法

抄表時將所抄電度告知用户（通知單由業科趕就付印）。

二、天府寶源兩公司自願借給燃煤案

決議：照辦連同改訂收費辦法一併呈報市府

三、民生公司起重費與道門口設壓躉補助費抵補其差額付現案

決議：照辦

四、渝江紗廠併線案

6

决议：由李副主任会同沙汇派员前往解决

主席 田习之

7

重慶電力公司業務會報紀錄

時間：三十八年二月二十二日正午

地點：本公司會議室

出席

楊仿濤

趙循伯

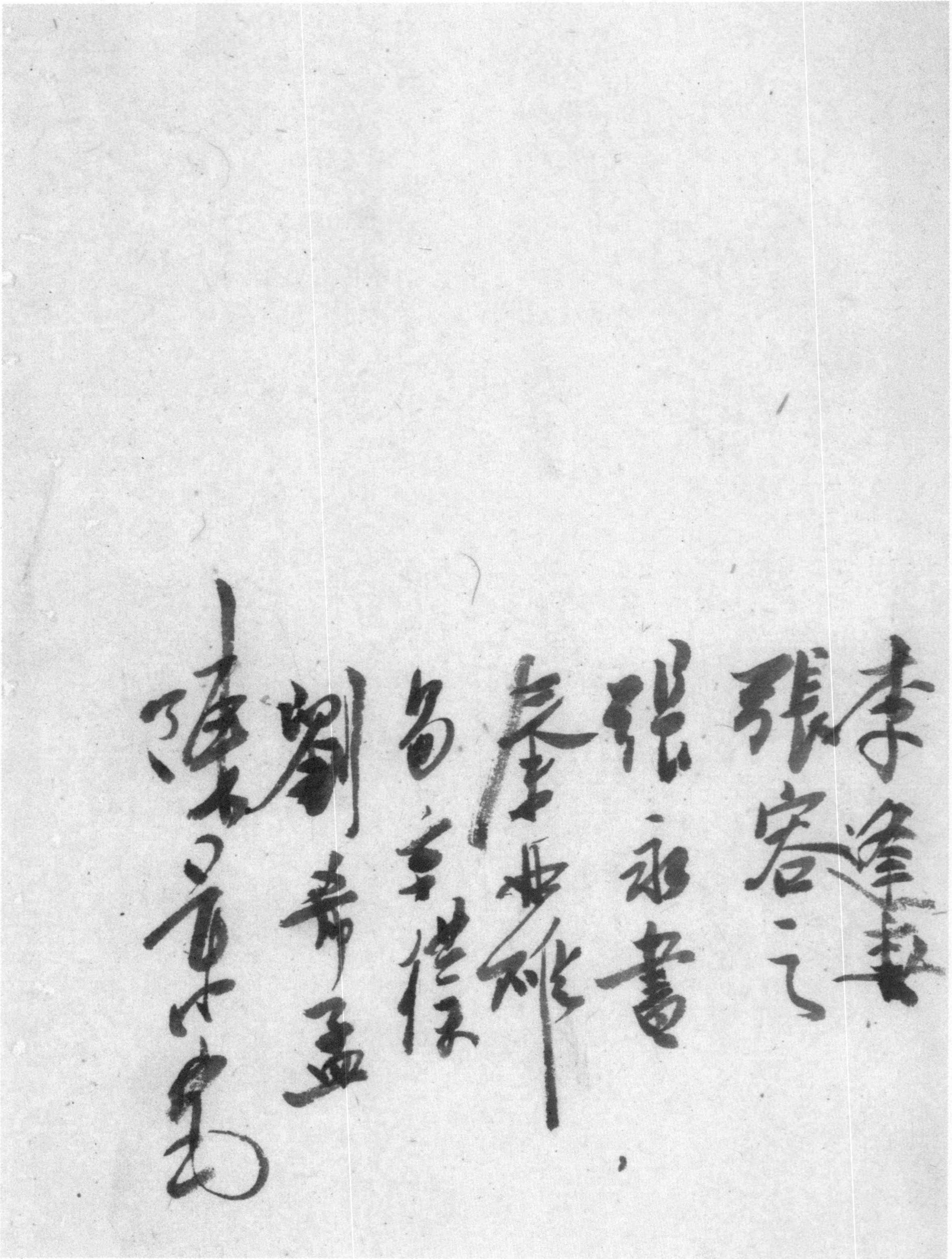

重庆电力股份有限公司一九四九年度业务会报纪录（一九四九年） 0219-2-291

8

劉佩雄
黃大庸
胡新洋
章晴光
歐陽經

主席　吳總工程師
紀錄　張君鼎

會報事項

重庆电力股份有限公司一九四九年度业务会报纪录（一九四九年） 0219-2-291

一、何謂大户案
決議：由業務科擬具意見報經理室核定電價暫仍照
　　每月調整一次
二、公司每日付天府煤款三千萬元天府每日撥交煤弍百噸
　　噸至三百噸寶源煤質改良交款辦法商妥再行決定
　　煤量竟成交煤四百噸催其交運案
決議：總務科負責辦理並多加努力俾有存儲
三、總經理交議成立新械委員會以袁玉麟（財務組）田習
　　之吳錫瀛（設計組）易宗樸（工程組）劉佩雄（事務組）
　　楊仿濤歐陽鑑張進人秦西焜等九人為委員案
決議：通過由田總經理為召集人

四、公司应将窃电罚款百分之五十提出百分之五十发给宪警奖金案

决议：照办，现在照小工津贴七折办理改照小工津贴直接给与执行任务之宪警

五、一三两厂负荷不能应增加停电次数案

决议：全部供电区域改为三天轮流一次，在三月份轮流停电表上详细规定登报公布时特别申明二厂如有好煤不致停电

六、商请南岸各工厂每月初以天府煤运交二厂抵付电费公司保证用电正常案

决议：由南办处与各厂洽商并设法改善线路灯力分用

重庆电力股份有限公司一九四九年度业务会报纪录（一九四九年） 0219-2-291

主席

10

重慶電力公司業務會報紀錄

時間：三十八年三月一日正午

地點：本公司會議室

出席：

田習之

李逢春

黄大庸
韋嘯鈺
張永書
劉佩權
秦世維
張容之

重庆电力股份有限公司一九四九年度业务会报纪录（一九四九年） 0219-2-291

11

楊信清
劉希孟
蕭宗祥
趙循伯

主席　田總經理
紀錄　張君鼎
報告事項

一、上次會報紀錄第四項「公司應將竊電罰款百分之五十提出百分之二十移作憲警獎金」一案係提出百分之十請更正

會報事項

一、大户每半月抄表一次自三月份起執行案

決議：無異議並由業務科切實辦理

二、員工緩役由公司統一辦理案

決議：通過

三、抄表收費人員配撥辦事處即由辦事處主任管理及該處供給住所案

決議：由辦事處斟酌辦理

四、高灘岩裝總表案

重庆电力股份有限公司一九四九年度业务会报纪录（一九四九年） 0219-2-291

12

決議：(一)原有電表之計度方法在總表裝置後於總表電度內扣除

(二)原有電表由公司備價收回或介紹轉讓於其他用户

(三)原有電表准其在市內移裝於公司指定區域由沙坪壩辦事處根據上項原則與前途洽商

五、新橋陸軍醫院請免繳桿綫補助費十餘萬元案

決議：洽請該院在新橋總表內用電

主席 田習之

13

重慶電力公司業務會報紀錄

時間：三十八年三月八日正午

地點：本公司會議室

出席：

趙循伯

楊［illegible］

吳［illegible］

張家[illegible]

吳大甫

陳[illegible][illegible]民

李逢春

張永書

劉希孟

唐西維

18

主席　吴德工程师

纪録　張君鼎

會報事項

歐陽銓

章曉鐘

張博文

程本臧

重庆电力股份有限公司一九四九年度业务会报纪录（一九四九年）　0219-2-291

一、不論電力電灯每月用電度數超過一千度者均為大户每半月抄表製票一次案

決議：通過

二、江沙兩辦事處經收電費均存當地川康銀行南辦處及會計科沙辦處請購保險箱即日發字各辦事處開始收費案

決議 通過

三、業務科請增加抄表人員六人經理室調出四人報到者僅一人籲請主管調人協助案

決議：由經理室撥出沙辦處學徒一人可暫任抄表工作

四、包灯電費即日開收電務科將包灯户清冊（户名地址盞數）抄交取締組以便隨時抽查案

重庆电力股份有限公司一九四九年度业务会报纪录（一九四九年） 0219-2-291

15

决议：照办

五、宪警出勤津贴现为五十元请酌加案

决议：照职工出勤津贴规则办理

六、职工出勤津贴原为每月按指数调整一次现市府每半月发表指数一次出勤津贴亦应改为每半月调整一次案

决议：经理室核办

七、办事处增加抄表收费工作后内勤人员加班津贴如何支给案

决议：照营股办理由办事处将应领津贴人员事由签请经理室核定

八、接户材料及沙安所需木料杆如何办理案

决议：木杆在大溪沟选用

主席 吴[illegible] 代

重庆电力股份有限公司一九四九年度业务会报纪录（一九四九年） 0219-2-291

16

重慶電力公司業務會報紀錄

時間：三十八年三月十五日正午

地點：本公司會議室

出席：

陳[illegible]

楊[illegible]

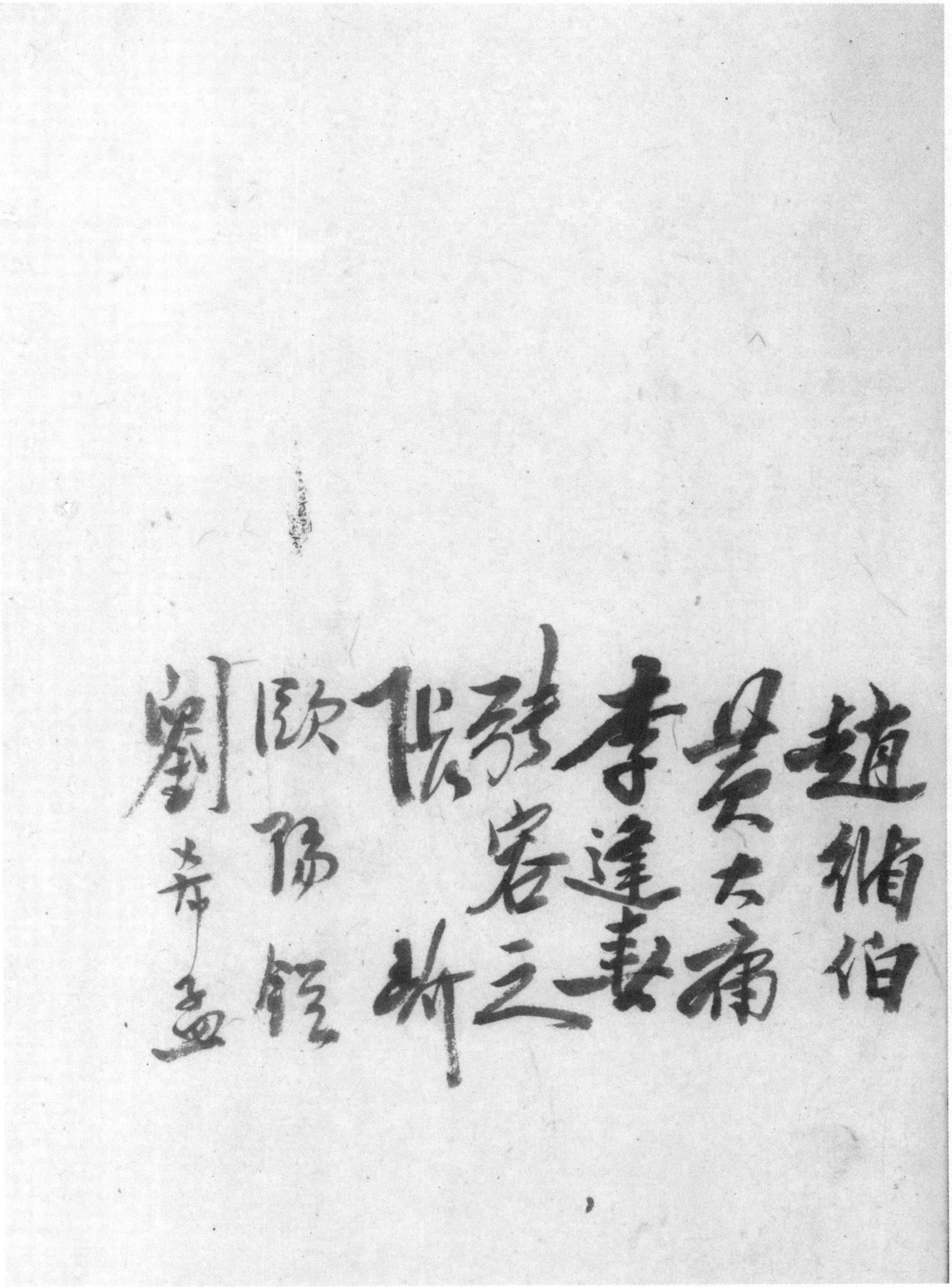

趙緝伯
吳大鏞
李逢泰
張容之
張昕
歐陽鋆
劉希孟

重庆电力股份有限公司一九四九年度业务会报纪录（一九四九年）0219-2-291

17

張永壽

章[illegible][illegible]

林[illegible][illegible]

主席　楊主任秘書

吳總工程師

紀錄　張君鼎

會報事項

一、社會局派員組訓工友案

決議：通知工友逕與社會局洽商

二、改訂材料管理規則案

決議：由總務科會同有關單位研究呈經理室核定

三、關于收受本票支票及現鈔處理辦法案

決議：(一)收受支本票時請付款人背書或於當時註明付款人姓名住址

(二)繳交出納股時經收人須背書否則出納股得拒絕收受

(三)經收現鈔無論多少繳交出納股時不得以支本票私行掉換

18

（四）稽核室邀同職工代表及有關部門隨時考察電費收繳狀況及現鈔收入並隨時分別向經理室及業務科提供意見

四、抄表通知單應嚴格實行案

決議：（一）主管部門督飭抄表員必需將抄表通知單交與用戶

（二）廣播詞中告知用戶向抄表員索取抄表通知單

五、集中力量先收新票案

決議：通過

六、吳總工程師報告本日上午與市府及工務局洽商電價經過

七、黃科長報告負債數額及墊付新機費用

主席 [illegible] [illegible]

重庆电力股份有限公司一九四九年度业务会报纪录（一九四九年） 0219-2-291

19

重慶電力公司業務會報紀錄

時間：三十八年四月五日正午

地點：本公司會議室

出席：

田習之

楊[illegible][illegible]

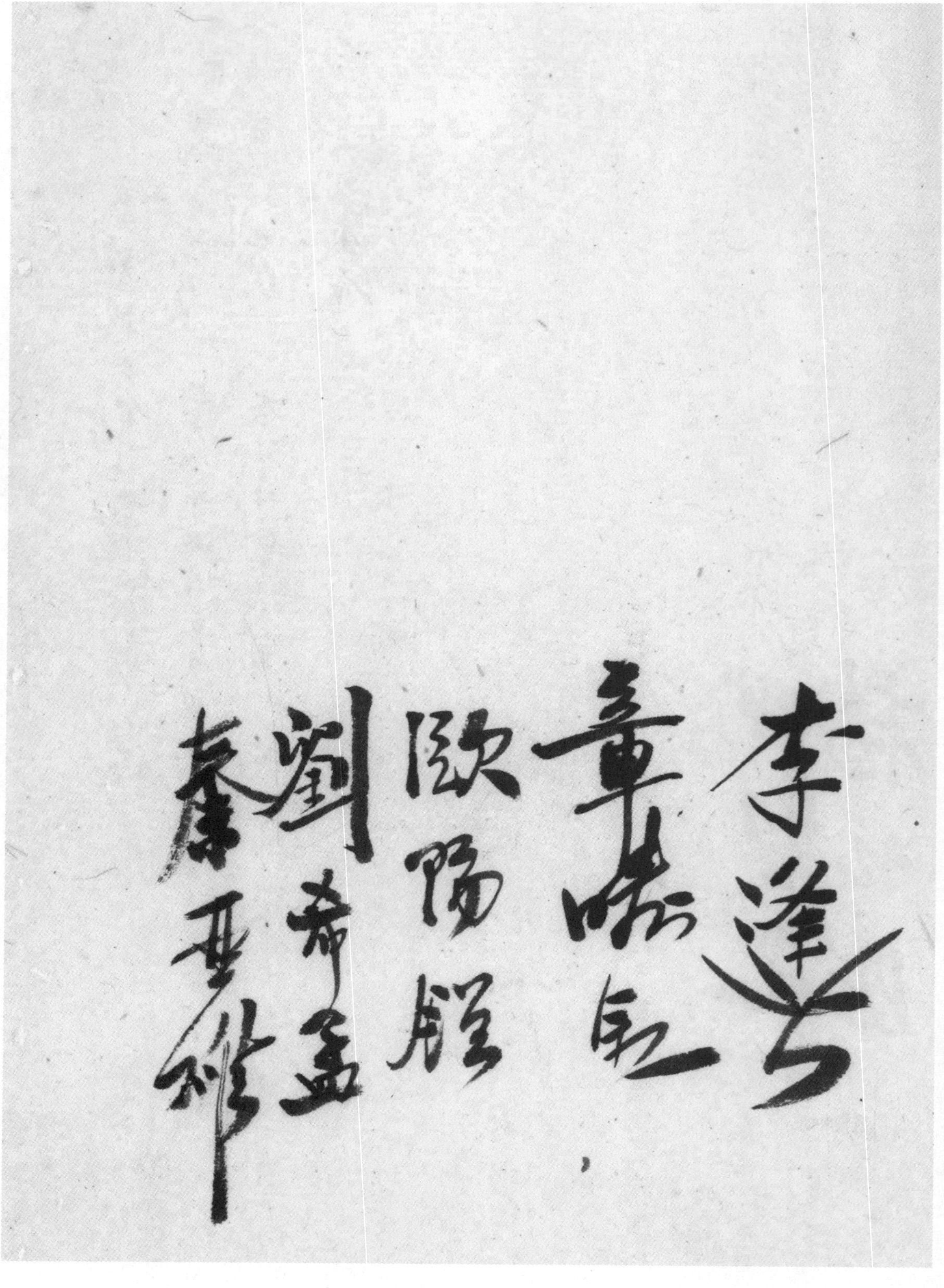

重庆电力股份有限公司一九四九年度业务会报纪录（一九四九年） 0219-2-291

20

主席 田總經理

紀錄 張君鼎

會報事項

張博之

甘劍津

張永書

張容之

黃大庸

重庆电力股份有限公司一九四九年度业务会报纪录（一九四九年） 0219-2-291

一、田總經理報告 本日為止欠付五千噸煤款萬工食米二千八百担國家銀行貸款肆億元

二、沙坪壩收費在一百萬元以上者洽請用戶開付城內銀行支票案

決議：照辦江辦處收款逐日送繳會計科沙辦處所收票據如係沙磁區銀行者仍存川康

三、調整電價辦法案

決議：本月上半月仍照舊辦法辦理下半月推行新辦法

四、物品工具以舊換新案

決議：通過

五、加班辦法流弊滋多予以廢止案

21

决议：通过。如有加班必要时事先呈请核定，并由总经理指定人员届时前往监督，核给奖金。

主席 田习之

重庆电力股份有限公司一九四九年度业务会报纪录（一九四九年） 0219-2-291

22

重庆电力公司业务会报纪录

時間：三十八年四月十二日下午

地點：本公司會議室

出席

楊□□

□□□

重庆电力股份有限公司一九四九年度业务会报纪录（一九四九年）0219-2-291

张珩

欧阳鍇

刘希孟

康西雄

杨训田

赵缵伯

张永善

重庆电力股份有限公司一九四九年度业务会报纪录（一九四九年） 0219-2-291

23

李隆[illegible]
張容之
黄大庸
陳[illegible][illegible][illegible]先

主席　田總經理
　　　楊主任秘書
紀錄　張君懸

會報事項

一、田總經理報告　經派員調查鐵路壩河邊各米廠用電不受輪流停電影響，應切實改正業

二、業務科報告　此次加緊抄表製票工作，城區一萬四千戶已抄一萬一千戶，南岸三千戶已抄一千六百戶，江北處一千戶已抄四百戶，沙北處二千戶尚未抄。業製好票據今晨上街收費者一千五百戶，昨晨上街者二千五百戶，約共五億元。秘書室總務科動員協助製票，預定由會計科稽核室協助電費計算等工作，於昨日送請會計科辦理計算電費，稽核室辦理過賬工作

三、會計科報告　本日與煤商洽妥積欠煤炭款六千噸，應付八億元，分向行莊暫借，此期前所收電費除補發三月份欠薪外，悉用以還債，兩週內請各主管不開請購單

重庆电力股份有限公司一九四九年度业务会报纪录（一九四九年） 0219-2-291

24

四、吳工廠裝設電機請二後將以餘電售由本公司轉供市需案

決議：由電務科詳細調查如有可能取消輪流停電先由城區做起

五、在变壓器上裝置總表計算電費案

決議：先由三相事務仿總表例先与當地人士洽設試辦

六、江北區有關技術工務工作現由電務科辦理應改由江北處直接管理以專責成所需人手由電務科酌調案

決議：由南办處調工人五名到江北處紅砂磧貓兒石寶水沱線路由電務科管理紅砂磧以下線路由江北辦處管理

七、電力用户抄表權歸電務科以便考核各用户實用電度是否准確案

決議：原隸科事務之電力用户仍由處抄表原隸業務科者由業

務料指定電務料派去協助抄表之人辦理

八、總務科提 公司電表及一切關於用戶材料補助費改為逐日調整案

決議：外洋材料以美金為基數照中央銀行外滙轉移證價逐日掛牌調整國產材料以逐日調整為原則業務手續費亦改為逐日調整其基數及計算方法由業電兩科會簽經理室核定

九、總務科提 公司材料處理規則不合實用已予修改提請互加研究案

決議：由總務科將原規則及修正部份送有關部門研究再綜合各方意見製定修正案呈報經理室核定

25

十、大溪沟厂房楼上住宿职员工友等请主管通知即日迁出以利管理案

决议：照办

十一、总务科提 一厂煤栈盘亏195吨请核销案

决议：请协理派查明有无其他原因另案报请经理室核定

十二、总务科提 各厂主管人请对于收发煤职工多加监督案

决议：各厂主管人对于其他科室派驻人员有权监督考核，如有调动时各科室应通知当地主管人

十三、总务科提 应拟具发放薪工办法二项以解除发放困难案

说明：近因公司对于薪工月发数次，人员不敷分配工作发生困难，拟（1）请原制表册人员于发放薪工时来公司捐扣福利等

重庆电力股份有限公司一九四九年度业务会报纪录（一九四九年） 0219-2-291

費並領薪工全額轉發(2)各處原造薪工表人員有二人以上者請推一人來處協助繕製工資表並協同發放薪工加工表冊仍由各單位自造

決議：通過

十四、三科專案辦理抄表製票收費工作實行日期案

決議：自五月一日起實行

十五、工人夜班津貼膳費請發現鈔並以領款之日指數計核案

決議：請示總經理決定

十六、加班費如何支給案

決議：由秘書室徵詢各方意見擬定支給辦法

重庆电力股份有限公司一九四九年度业务会报纪录（一九四九年） 0219-2-291

26

主席
田習之
楊[illegible]

重庆电力股份有限公司一九四九年度业务会报纪录（一九四九年） 0219-2-291

27

重慶電力公司業務會報紀錄

時間：三十八年四月十九日正午

地點：本公司會議室

出席

田習之

重庆电力股份有限公司一九四九年度业务会报纪录（一九四九年） 0219-2-291

李逵安
劉希孟
張斯
張容之
張博
趙循伯

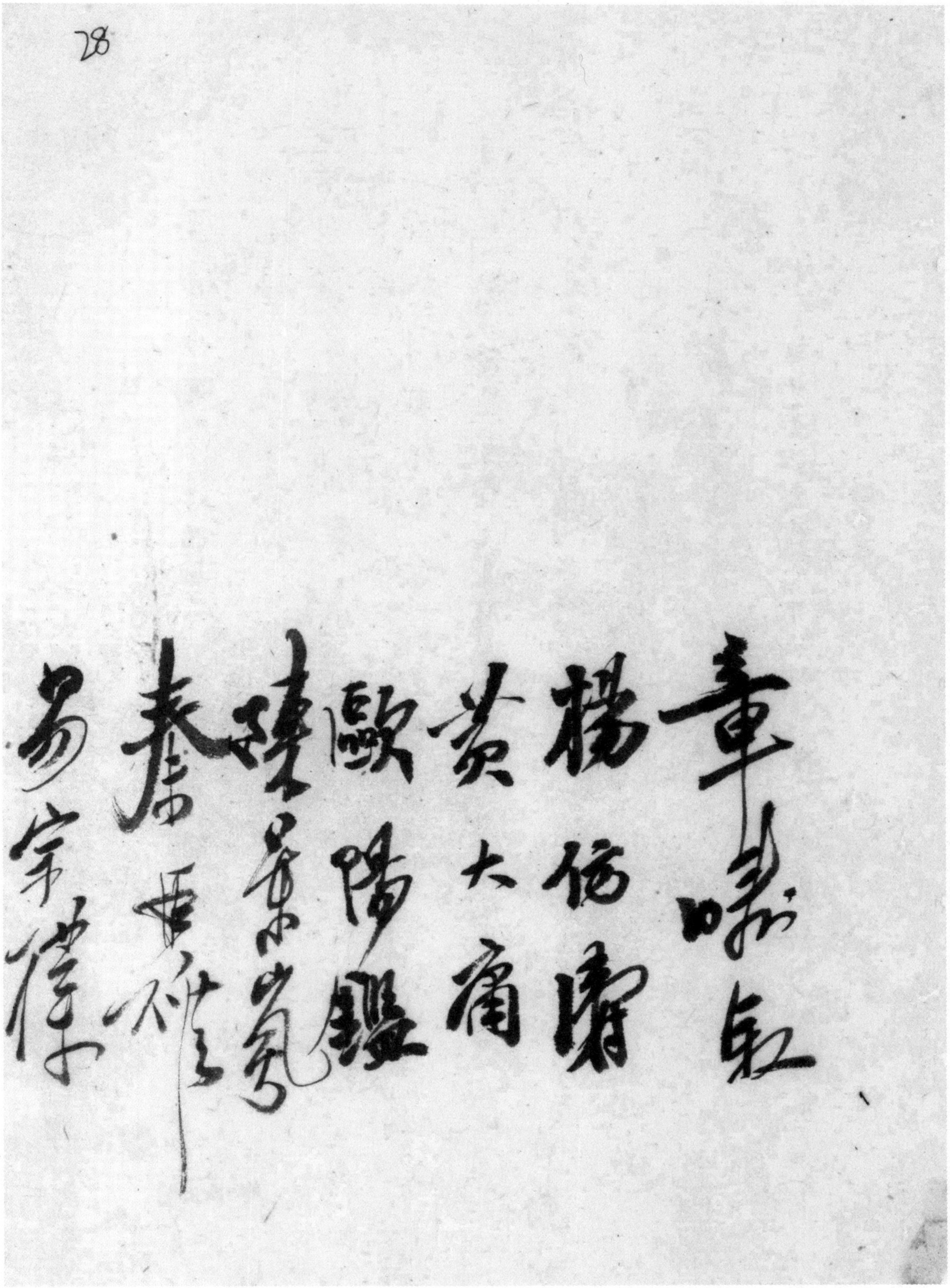

28

章嘯虹
楊倫爵
黄大庸
歐陽鑑
陳業勳
秦西樵
易宗倬

重庆电力股份有限公司一九四九年度业务会报纪录（一九四九年） 0219-2-291

楊引伴

主席　田總經理

紀錄　張君鼎

會報事項

一、秦科長報告　二十一廠新機五月底發電晚間可輸出三百瓩白天發電自給停用本公司電流八百瓩二十廠新機七月底發電晚間可輸出五百瓩該廠擬借用五百瓩維爾方棚一具作為輸電轉供市需條件

六、調整各項津貼案

決議：以工作效率配合津貼數目由張科長張主任匯人張主任

29

博文秦科長會擬辦法呈核

三、擬定電價基數案

決議：以煤為基數由營業股長喻整理各項方案明晨隨總經理赴市府面陳請示，得有結果先由總經理手令照收，一面正式報公式定案。

關於新電價執行細則由楊主任秘書、張主任、業科三辦事處人員於明晨詳細擬定。

四、職員加班辦法案

決議：重行研究，收費出納兩股延長辦公時間，實用獎金辦法，以工作效率為原則，由黃科長、陳科長會擬呈核。

五、私人寄存廠房煤斤限期提出，伙食團用煤逕向煤商洽購案

決議：通過並由易科長通知三廠主管人

六、有人假借公司名義招搖應如何辦理案

決議：由電台廣播請用戶注意

主席 田習之

重庆电力股份有限公司一九四九年度业务会报纪录（一九四九年） 0219-2-291

30

重慶電力公司業務會報紀錄

時間：三十八年四月二十六日正午

地點：本公司會議室

出席

田習之

趙循伯

張翀

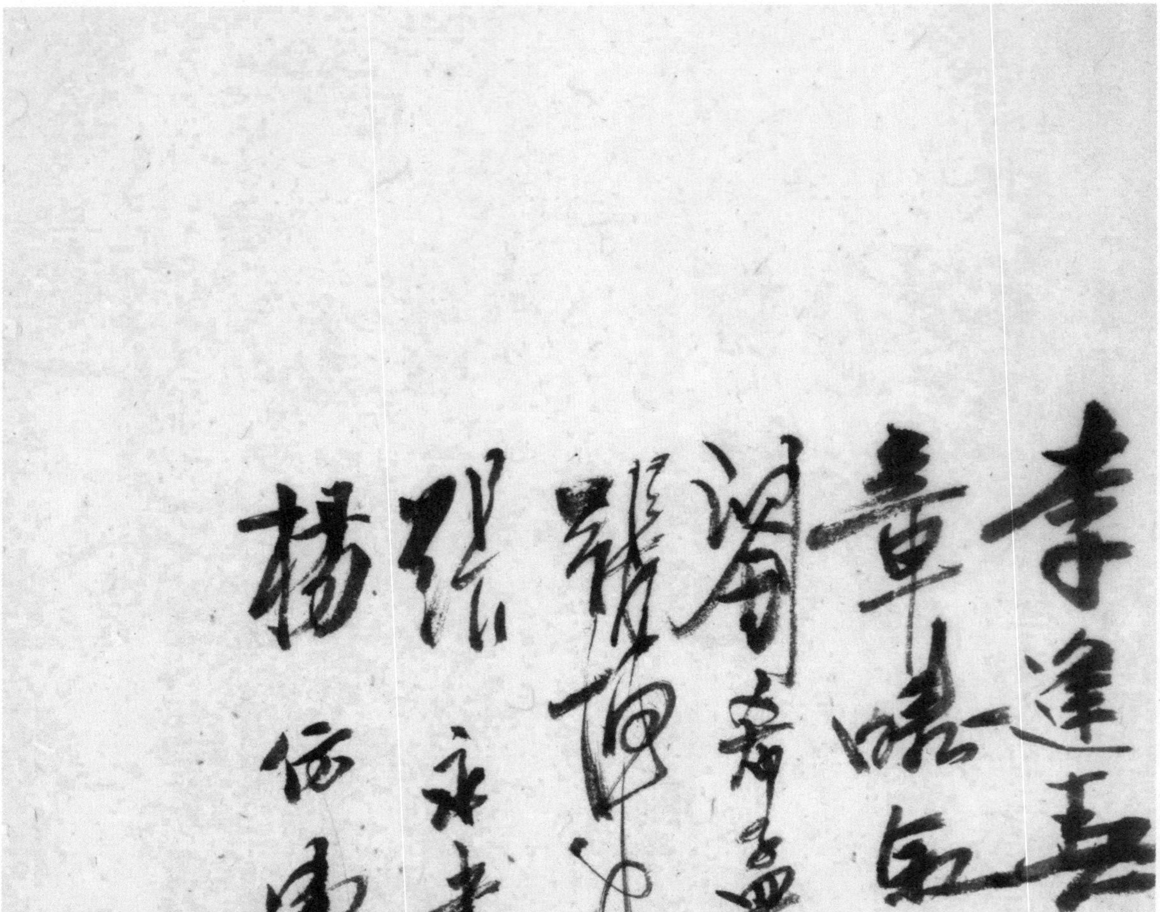

重庆电力股份有限公司一九四九年度业务会报纪录（一九四九年） 0219-2-291

31

[illegible]

[illegible]

[illegible]

[illegible]

主席 田總經理

吳總工程師

紀錄 張君鼎

重庆电力股份有限公司一九四九年度业务会报纪录（一九四九年） 0219-2-291

會報事項

一、擬定用電須知案

決議：由總工程師易科長張科長楊主任擬定

二、出勤津貼案

決議：出勤津貼與臨時出勤津貼原則再研究實施辦法呈核

三、職員加班辦法案

決議：修正通過

四、四月份以前未收電費業務處經理室處理案

決議：通過

五、桿綫電表補助費單價一律改以銀元為基数案

決議：通過

一

二

32

六、各單位需要統計事項應經理室彙計決定統計項目統計股請求各單位供給統計資料時儘量供給案

決議：通過

七、業務科不適於現行收費辦法之收費員二十人由業務科自行配用另請新增十人廿辦事處二人南辦事處一人由經理室調派案

決議：通過

主席 田習之

重庆电力股份有限公司一九四九年度业务会报纪录（一九四九年） 0219-2-291

33

重庆电力公司业务会报纪录

时间：三十八年五月三日正午

地点：本公司会议室

出席

吴锡瀛

赵稚伯

李逢春

張軒

章疇鈍

胡參傑

歐陽鑑

張永書

重庆电力股份有限公司一九四九年度业务会报纪录（一九四九年） 0219-2-291

34

主席

田總經理

吳總工程師

張博和

劉孝孟

楊仿濂

陳康維

程本臧

紀錄 張君鼎

會報事項

一、業務科尚需收費員九人請調派案

決議、即日調派限明日上午八時到業務科報到

二、當日抄表即到公司繳費者應憑用戶所持抄表通知箋先行收費定期補辦手續案

決議：應先行收費內部手續由業務科詳密研究以免錯帳

三、電務科與業務股擬換辦公室案

決議：通過

四、都郵街業務科櫃台上收費應即分組便利用戶繳款案

決議：通過各組所管電區及街道名稱應分別張貼並將辦

重庆电力股份有限公司一九四九年度业务会报纪录（一九四九年） 0219-2-291

35

公時間牌告

五、天府公司預購電度四萬餘度約合煤觔五百餘噸以償日電價煤價折合由會計科出臨時收據案

決議：通過

六、改訂職員外勤交通費膳費津貼辦法案

決議：原則通過出勤津貼之膳費比照以前分級辦法分為四級科員級以電力兩度為準其他級數比例增減

七、由會計科派員一人協助稽核室副主任考核業務科現鈔收入案

決議：通過

八、由總工程師督導業務案

決議：通過

九、各科事務自抄表之日起另立帳目以往帳目由務處業務科結算處理案

決議：通過

十、江北擬推行總表制因電價隨煤價每日調整總表管理委員會繳納電費頗有困難並要求優待案

決議：

(1) 給予百分之五配電損失

(2) 正式通知本公司所有總表管理委員會每日電價以作該會對用戶收費之根據

(3) 管理委員會應每日將所收電費付與公司（必要時可延長至翌日正午十二時止）照當日電價扣除電度

重庆电力股份有限公司一九四九年度业务会报纪录（一九四九年） 0219-2-291

36

主席

37

重慶電力公司業務會報紀錄

時間：三十八年五月十日正午

地點：本公司會議室

出席：

胡子昂 程本臧

重庆电力股份有限公司一九四九年度业务会报纪录（一九四九年） 0219-2-291

張若之
趙循伯
李逢春
胡子昂
易家樑
張博文
張永書

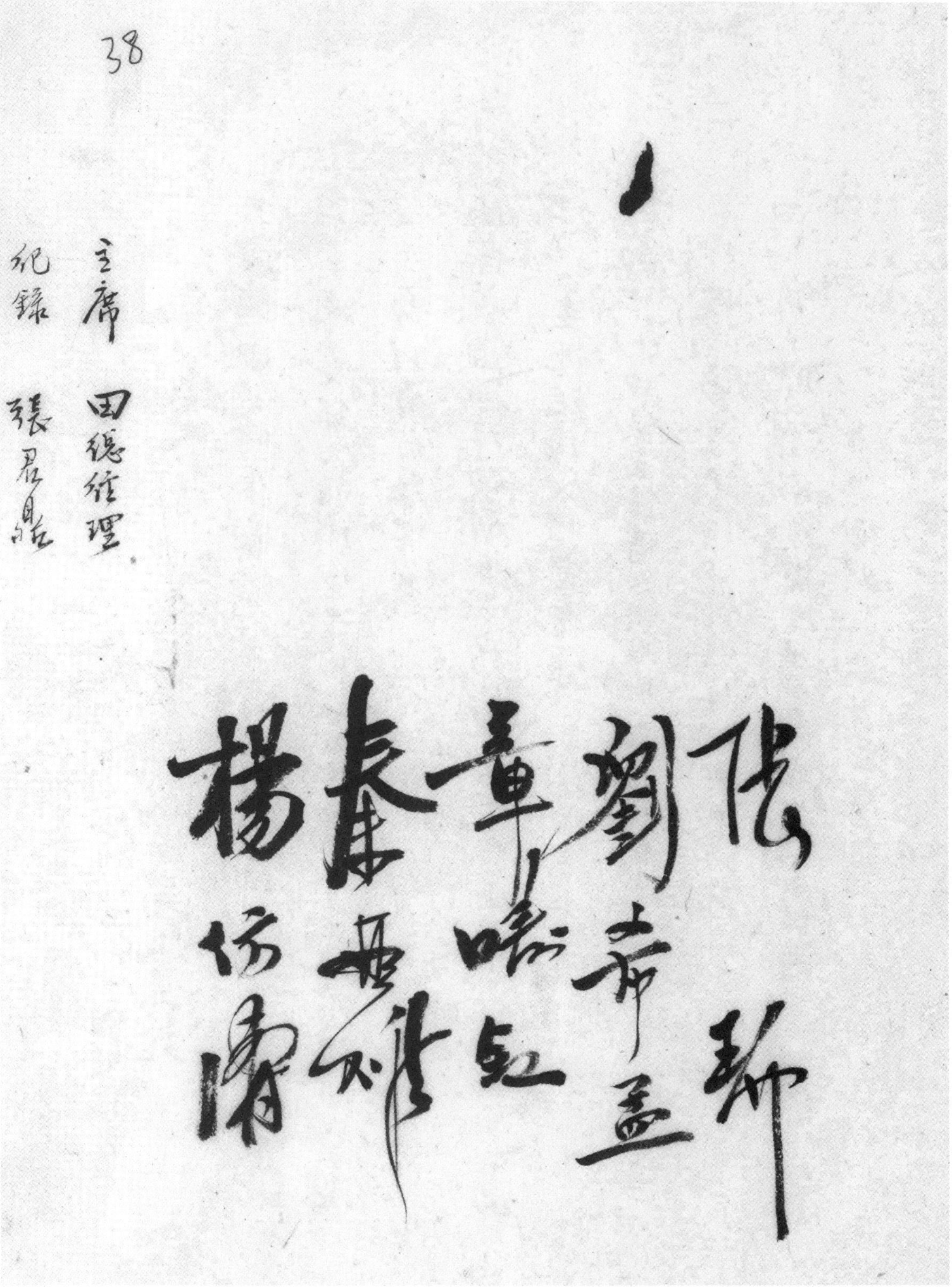
38

主席　田總經理

紀錄　張君[illegible]

重庆电力股份有限公司一九四九年度业务会报纪录（一九四九年） 0219-2-291

會報事項

一、三科事务收入鉅額電費時即以電話通知出納股設法於當日進帳案

決議：由三科事务臨时以電話通知出納股派小汽車提取

二、用户以銀元折繳電费时銀元牌價每日照郵局價由各主管部门自行懸牌案

決議：通過詳細科目另由経理室規定通知

三、委託銀行代收電费案

決議：(一)由張主任博文擬改抄表通知單

(二)由魯秉清与銀行接洽明日具報

四、用户以支票繳费發生退票时应如何處理案

39

決議：在具體辦法未決定前由業務科及三科事務暫時斟酌辦理

五、值班津貼應仍規定案

決議：值班辦法仍舊津貼數目由秘書室根據外勤津貼標準擬定後通報

六、庶務股對於各廠處薪工之發放前曾由會報通過由各廠處派員領回轉發惟昨日發薪時秩序頗亂請決定以後辦法案

決議：由各單位派員向庶務股暫批領回分發

七、材料管理規則曾由総務科函請有關單位研究茲僅第三廠對於第十四條提出意見擬即照修正呈核公佈案

決議：通過

重庆电力股份有限公司一九四九年度业务会报纪录（一九四九年） 0219-2-291

八、各兵工廠以電價逐日調整預結困難洽請改善收費辦法案

決議：(一)函請以煤抵付電費並請總工程師分別接洽

(二)各大工廠有類此情形者由三科事務及業務科分別洽商以煤抵付電費

九、本公司各宿舍及子弟校用水頗多請管理案

決議：(一)總務科查各宿舍去年六月最高用水量規定每家用水標準呈報經理室核定超出限度者由職工自行負擔

(二)檢查子弟校水費有無漏水情事

主席 田習之

40

重慶電力公司業務會報紀錄

時間：三十八年五月十七日正午

地點：本公司會議室

出席

田習之　張斯　李逢春　趙循伯

重庆电力股份有限公司一九四九年度业务会报纪录（一九四九年） 0219-2-291

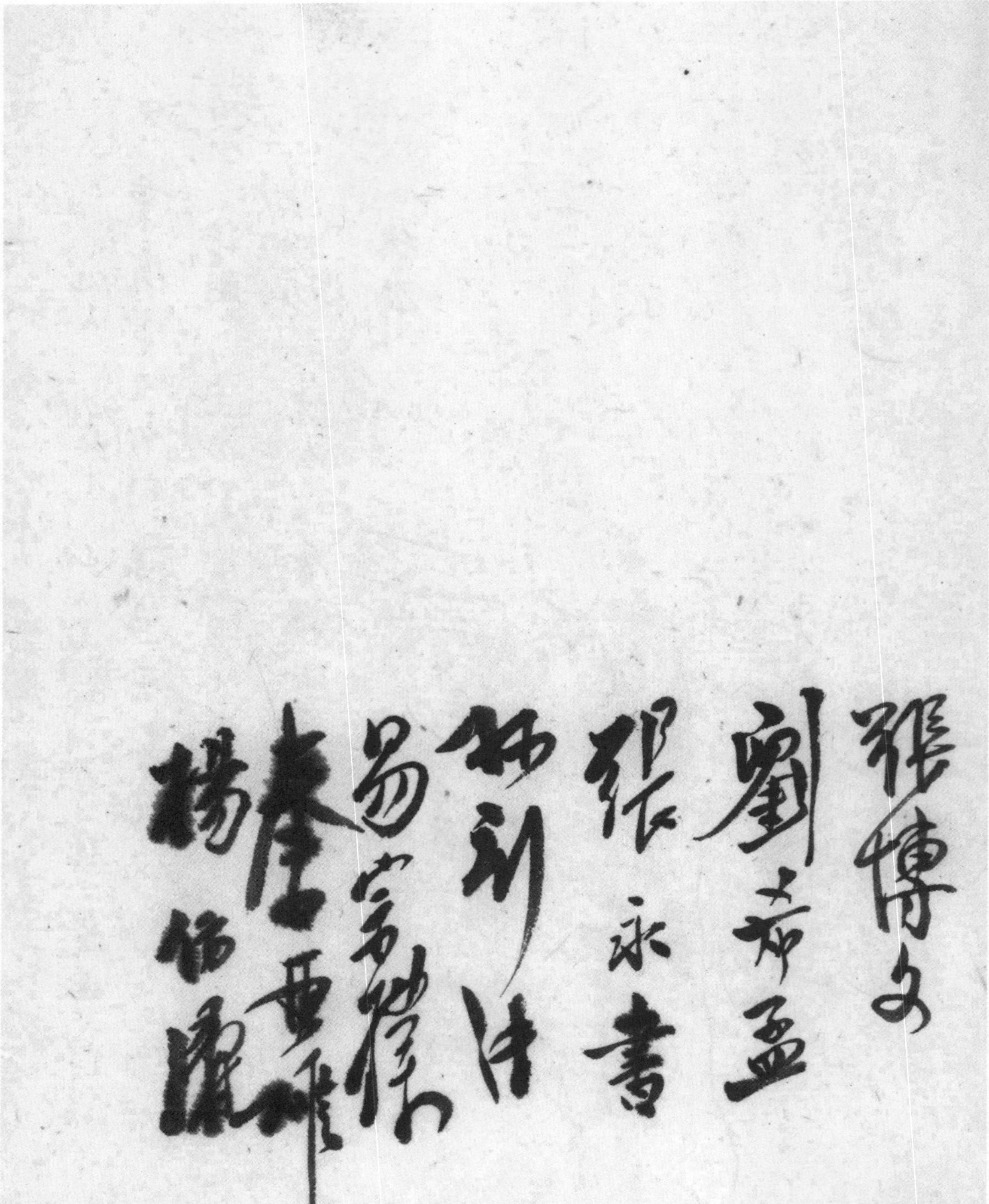

41

黄大庸

吳卿良

主席 田總經理

吳總工程師

紀錄 趙循伯

會報事項

一、三科事務收入雜類電費送款辦法案

決議：三科事務送鈔時直接用電話通知總務科派小汽車往接

重庆电力股份有限公司一九四九年度业务会报纪录（一九四九年） 0219-2-291

二、大户缴费办法如何改善案

决议：大户送缴电费时如一时所缴不足应将送到金额酌情先收照电度折合以免增加用户负担

三、各厂废料及退料问题案

决议：(一)废料由各厂随时通知总务科发卖

(二)各厂如有材料退回材料股时总务科应通知材料股照收不得拒绝

四、修正职员加班暂行办法案

决议：通过由秘书室通知。

五、办事处职员值夜班津贴如何规定案

决议：由总务科与三办事处会商办法呈核。

42

六、用戶繳費發生重複應如何處理案

決議：(一)作為預收電費(二)力求改善內部手續避免錯誤

(三)或照當日電價退費(四)秘書室即日登報公告請用

戶自動送繳電費

七、用戶預繳電費現係由會計科辦理近來戶數逐日增加

人手不敷請決定辦法案

決議：預購電度辦法大綱如下

(一)預購分以煤商棧單及現鈔二種煤商棧單最多可以預

購三個月現鈔最多可以預購一個月(二)由本公司印製記

名預售電度券憑券抵付電費(三)總公司另設預售

電度專組辦理對業務科負責三辦事處另立專賬(四)

重庆电力股份有限公司一九四九年度业务会报纪录（一九四九年） 0219-2-291

詳細辦法由會計科業務科秘書室會商於最短期中呈核實施並以會計科為召集人

八、委託銀行代收案

決議：（一）除復華銀行已決定於本月十九日代收外儘量接洽銀行代收手續由會計科與委託銀行詳為規定後呈經理室備查

（二）鈔水平息時由秘書室登報公告請用戶用現鈔或抬頭本票繳費

九、退票問題案

決議：照當日電價收費

十、四月份之薪工尾數如何發放案

決議：仍照煤礦業當日通知米價發放

十一、各廠急需材料請指撥專款購置案

決議：(一)除電費收入以外一切補助費收入作為購置材料專款

(二)防止幣制降低起見收入各費撥給銀行折合為銀元存款以便保值支付

十二、電力表底度減少問題案

決議：原則贊同減少底度由電務科負責研究並由秘書室發佈新聞目前工業不景本公司正考慮減少底度

十三、大渡口兵工廠擬自為敷設綫路由本公司供給總錶及全售電一千五百瓩案

決議：在原則上同意購電詳細辦法請總工程師負責洽商

重庆电力股份有限公司一九四九年度业务会报纪录（一九四九年） 0219-2-291

十四、五月份以前欠费另组机构催收案

决议：通过

主席 田习之

46

重慶電力公司業務會報紀錄

時間：三十八年五月二十四日正午

地點：本公司會議室

出席 穆子臧 吕印衍 陳世實 趙緒侗

重庆电力股份有限公司一九四九年度业务会报纪录（一九四九年） 0219-2-291

張博文
楊信庸
歐陽鑑
李[illegible]
張永書
陳[illegible]

重庆电力股份有限公司一九四九年度业务会报纪录（一九四九年） 0219-2-291

45

主席 吴總工程師

紀錄 趙循伯

會報事項

唐西懷

劉壽孟

易家樑

章嘯鈺

黃大庸

重庆电力股份有限公司一九四九年度业务会报纪录（一九四九年） 0219-2-291

一、請田總經理早日銷假視事案

決議：除由會報同人推楊主任秘書伯濤、易科長宗樸、張主任穆樁琦、黃科長大庸、張科長容之五人於明日上午面請早日銷假

二、電力表底度減少辦法案

決議：(一)底度減少百分之五十

(二)改小電表

(三)停工之工廠仍行撤表，在六個月內用户如申請再原地復裝，除照章收取復火費外，不再收任何費用，以示體恤

應照章收取各項業務費用

以上原則由業務科與三科事實酌情個別解決

重庆电力股份有限公司一九四九年度业务会报纪录（一九四九年） 0219-2-291

46

三、預收煤費如何折還案

決議：照用户實際繳款日之電價折合電度扣還並另由秘書室通知業務科會計科稽核室及各辦事處

四、四月廿日以前欠繳電費如何辦法案

決議：由各單位相機辦理如發生爭執時可照工務局規定辦法先臨時收據暫收並聲明保留以後補收權利

五、天府寶源催索煤款如何應付案

決議：(一)天府前一日到煤應設法在次日付清以前欠款亦應酌量陸續償付

(二)寶源煤款及一切煤款之支付應憑總務科付款憑單會計科方得照付並由經理室通知總會總務科照辦

六、修正各單位繳款及會計科處理繳款辦法案

重庆电力股份有限公司一九四九年度业务会报纪录（一九四九年） 0219-2-291

决议：通过公布

七、员工当值办法（厂务科除外）案

决议：再由有关单位研究后下次提会

八、福利社提议举办职工兑换银币角票办法案

决议：保留

九、出勤人员请领雨伞及各部门请领小洋刀头为靡费拟请规定案

决议：从本月份起一律停发并通告

十、每日收支总额应送经理室核查案

决议：由业务科会计科逐日戳核

十一、散会

67

主席

[illegible]

重庆电力股份有限公司一九四九年度业务会报纪录（一九四九年） 0219-2-291

68

重慶電力公司業務會報紀錄

時間：三十八年五月三十一日正午

地點：本公司會議室

出席

程本臧 易宗樸 趙循伯

楊詒清
劉希孟
吴印侯
歐陽鑑
章曉鈞
張博文
[illegible]

重庆电力股份有限公司一九四九年度业务会报纪录（一九四九年） 0219-2-291

黄大庸

主席 程協理
吴總工程師
紀錄 張君鼎

會報事項

一、再推人請求回總經理銷假視事案

決議：推黄科長大庸易科長宇樸陳科長學嵐歐陽科長鑑章主任疇敘等於會后前往

二、預購電度專款購儲燃煤案

決議：先向燧川購煤一千噸和平一千噸其他煤礦六家酌購原則以低

49

於天府煤價為標準

三、大廠電費由各主管先行洽收案

決議：通過

四、醫務室提案 （甲）各廠及公司醫務室內外科藥物早已用罄是否購添 （乙）今年防疫藥品是否購備施用 （丙）關于職工今後用藥究取何種方式請明確規定並通報各單位 （丁）關于住院補品亦請同時規定通報各單位

決議：（甲）暫不配藥棉花紗布紅藥水油膏酌量添配 （乙）函請衛生局派員注射防疫針 （丙）醫生處方職工自行配藥 （丁）除因公受傷外由公司送院醫治外其餘公司不負責任

五、南岸審續租地段案

重庆电力股份有限公司一九四九年度业务会报纪录（一九四九年） 0219-2-291

50

决议：请章主任就近接洽

六、购备木桿案

决议：由总务科洽购

七、散会

主席 程本臧

重庆电力股份有限公司一九四九年度业务会报纪录（一九四九年） 0219-2-291

51

重慶電力公司業務會報紀錄

時間：三十八年六月七日正午

地點：本公司會議室

出席：

程本臧

楊佑濤

重庆电力股份有限公司一九四九年度业务会报纪录（一九四九年） 0219-2-291

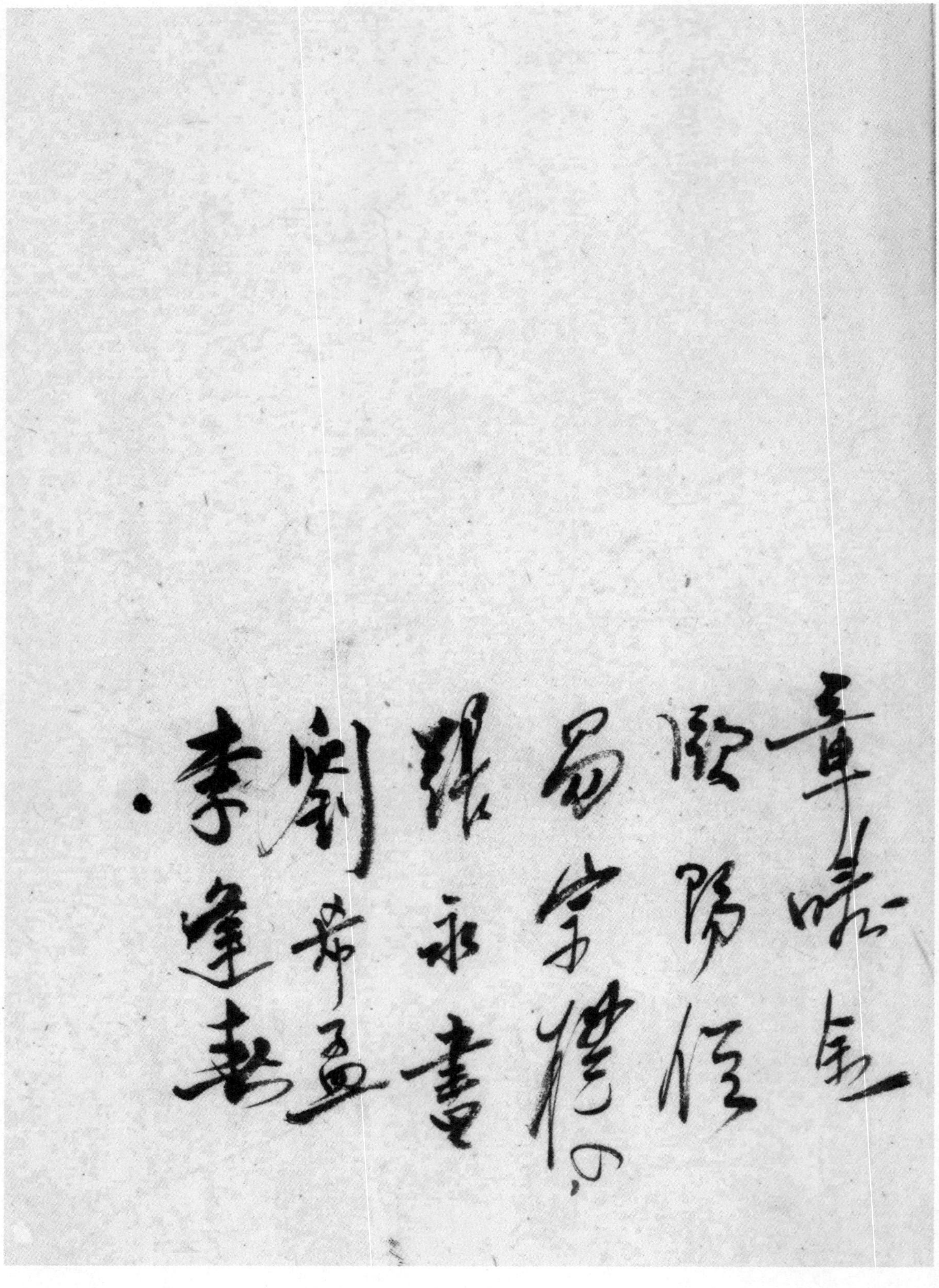

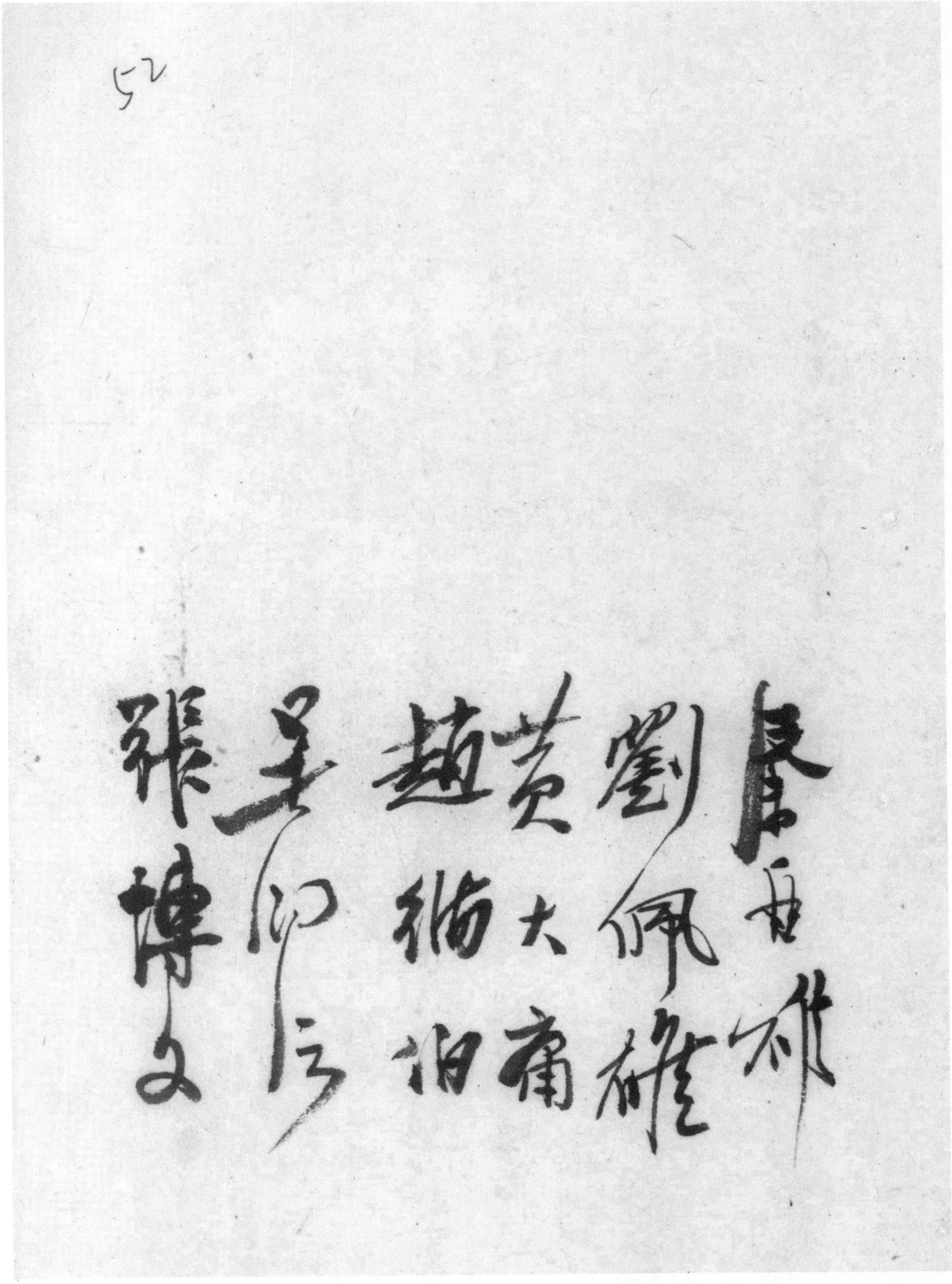
52

[illegible][illegible]林

刘佩雄

黄大庸

赵循伯

吴[illegible][illegible]

张博文

重庆电力股份有限公司一九四九年度业务会报纪录（一九四九年） 0219-2-291

主席：程協理
吴協理
紀錄 張君鼎

會報事項

一、民生廠以起重貨抵付電費應照肩份電價計算由本公司將民生公司所欠電費加以清算函告該廠請即付清電費否則停電一面函請五十兵工廠立即停供唐家沱電流案

決議：通過

二、水泥廠欠費停電案

決議、由南桐豪立分電站斷電

53

三、盐溪分厰欠費案

決議：由沙北處簽報轉呈工務局核辦

四、卅八年度發電統計由電務科彙辦案

決議：每半月統計一次

五、委託銀行代收案

決議：俟改為銀元計值後再議

主席

重庆电力股份有限公司一九四九年度业务会报纪录（一九四九年） 0219-2-291

54

重庆电力公司业务会报纪录

时间、三十八年六月十四日正午

地点、本公司会议室

出席

穆家诚

李逢春

章晓红

张梅千

张玉山

张容三

康[illegible]雄

張[illegible]

石[illegible]

吳晉航

楊[illegible]濤

張永書

陳隆鏗
趙循伯
何建伯
黃大庸
劉壽孟

55

主席　楊協理
　　　吳協理
紀錄　張君鼎

會報事項

一、業務上暫收款由業務科或有關單位出收據（收據為三聯式）以前由會計科收款辦法廢止案

決議：通過

二、大戶電費集中辦理案

決議：由業務科與三有關單位會商解決簽報經理室各大戶須立分戶帳應在下期會報前辦妥（以每月用電五千度以上者為大戶）

三、水泥廠供電案

決議：（一）水泥廠現在用電每日約七百度折合十噸煤

（二）本公司所存水泥先行撥回應用

重庆电力股份有限公司一九四九年度业务会报纪录（一九四九年） 0219-2-291

56

以上兩項一併分函朱世通及康振鈺

四、銀行代收電費案

決議：以前代收賬目即行結算

五、自來水公司欠付五十萬度電度案

決議：由業務科派專人坐收，如其不付，報請工務局准予停電

六、中興公司以電桿、檢角鐵、元鐵、火泥抵付電費案

決議：照扣其差額，由本公司補付二百元

七、第一廠燃煤盤虧案

決議：由總務科簽報經理室

八、天水電廠電表五十餘個，應由本公司接收案

決議：如其價低可照購

九、暫停自備電表案

決議：登報公佈

十、鼓勵職工取締竊電案

決議：通過

十一、散會

主席 [illegible]

重庆电力股份有限公司一九四九年度业务会报纪录（一九四九年） 0219-2-291

57

重慶電力公司業務會報紀錄

時間、三十八年六月二十一日正午

地點 本公司會議室

出席

吴印侯
李達書
楊治清

重庆电力股份有限公司一九四九年度业务会报纪录（一九四九年） 0219-2-291

重庆电力股份有限公司一九四九年度业务会报纪录（一九四九年） 0219-2-291

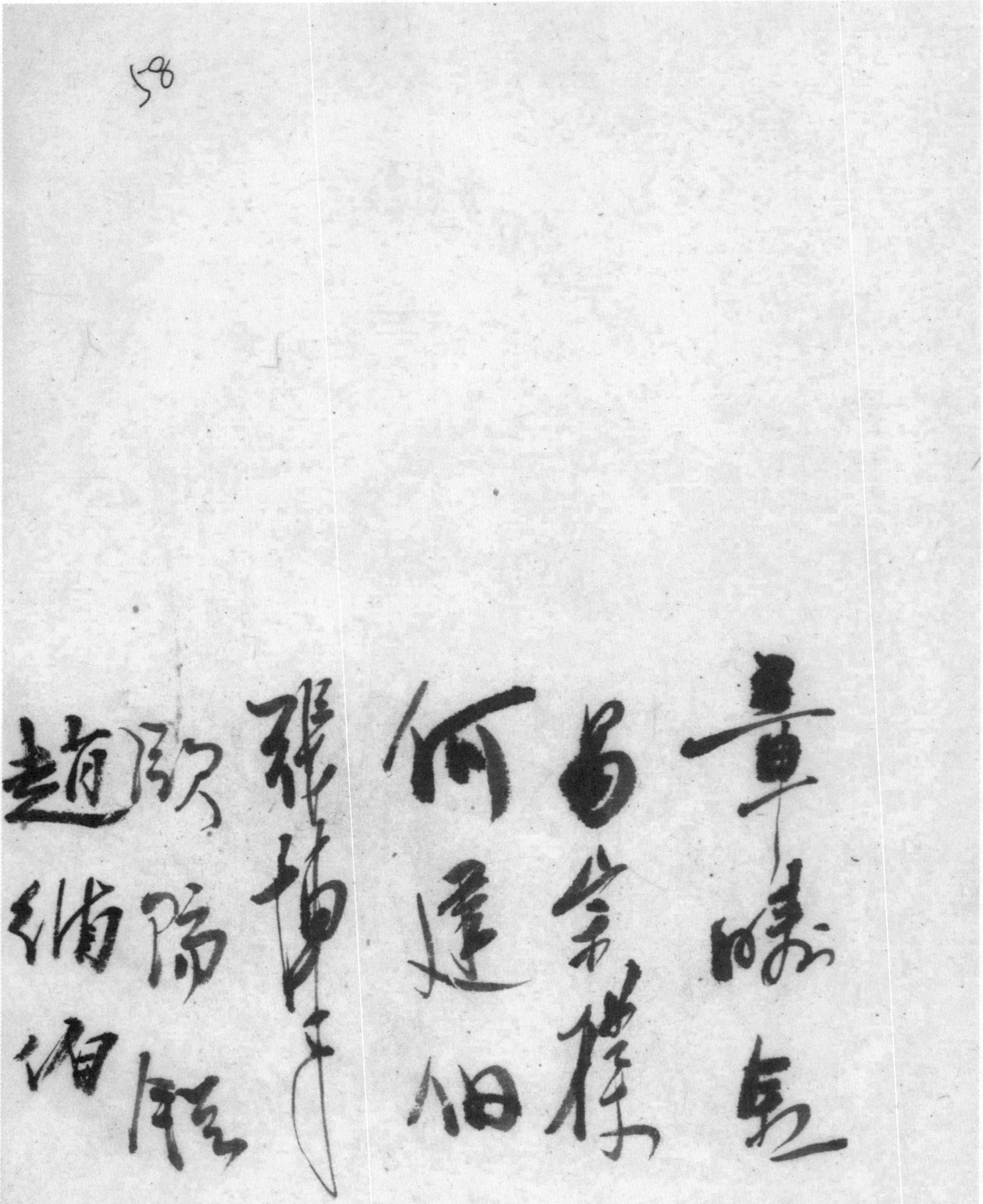

主席 吳協理

紀錄 張君鼎

會報事項

一、水泥廠案

決議：（一）本公司所存水泥一千八百餘桶向職工生存會接洽陸續借出以八十桶交三十廠做過江鐵塔其餘存放二廠

（二）積欠電費隨時派員洽取

（三）今後供電每日仍有六百度供所交一百五十噸煤抵降電度後再議繼續供電問題

二、職工代表會請參與公司事務案

59

決議、在不干涉公司行政及着眼本人職務兩項原則下容納職工會建議

三、公司發行薪工卷案

決議：由會計科詳細規劃并估計印刷費用印刷時間再議

四、明日發福利費暫照四元一角米價發給如政府核准四元七角再補足差額案

決議：通過多發一月公費扣回

五、和平福利煤價暫照天府煤價增給百分之十案

決議：通過

六、移借都江宜賓兩廠五千瓩機器拼湊安裝案

決議、先設法探詢運到機件是否與本公司機器相合再商談

府建議

七、電表賠費應予減低案

決議：酌予減低

八、自備電表遷移地址案

決議：照一般電表遷移辦法辦理

九、檢表費退費案

決議：照當日牌價折合金圓券

十、工程人員逾時晚間值班津貼案

決議：由總務部門研討簽報經理室核定

十一、散會

60

主席 [illegible]

重庆电力股份有限公司一九四九年度业务会报纪录（一九四九年） 0219-2-291

61

重慶電力公司業務會報紀錄

時間：三十八年六月二十八日正午

地點：本公司會議室

出席：

劉伊凡 楊谷濤

重庆电力股份有限公司一九四九年度业务会报纪录（一九四九年） 0219-2-291

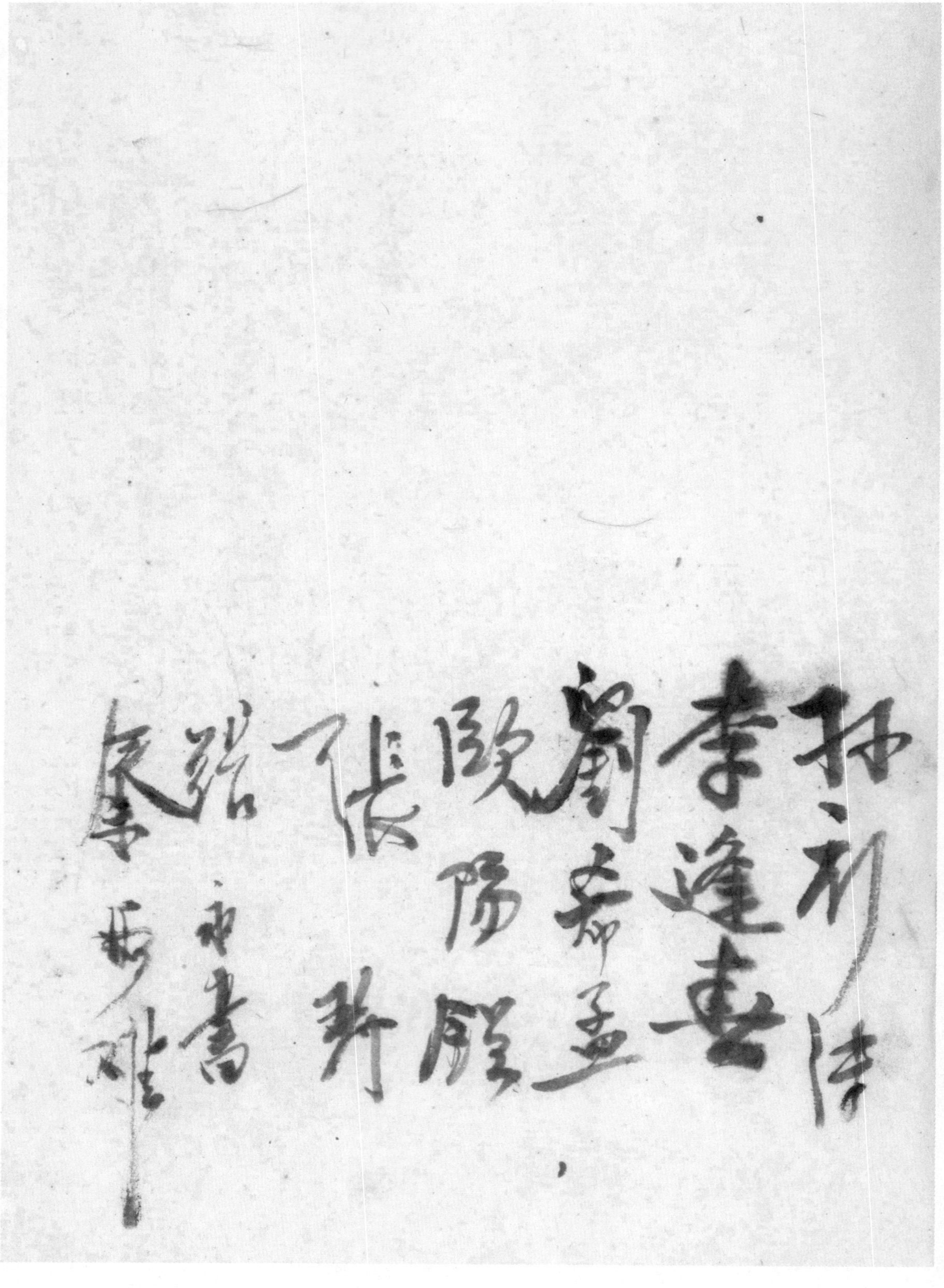

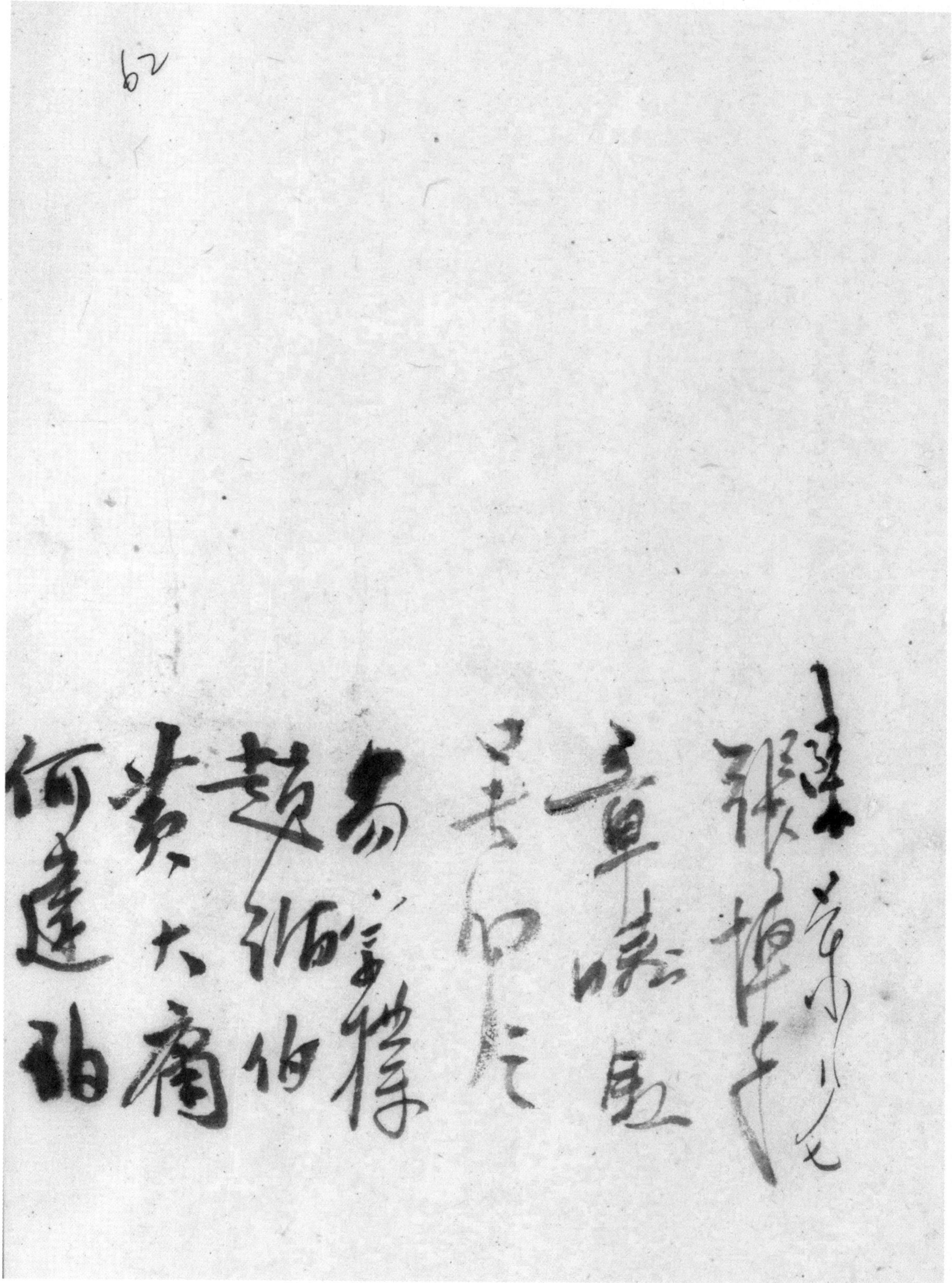

62

陈[illegible]
张[illegible]
章[illegible]
吴竹尼
易[illegible]穆
赵循伯
黄大庸
何遵诒

重庆电力股份有限公司一九四九年度业务会报纪录（一九四九年） 0219-2-291

主席 吳總工程師

紀錄 張君鼎

會議事項

一、兵工廠欠付電費須計至六月底爲止達拾萬餘元案

決議：吳總工程師韋副科長同往兵工署洽收一面再向各廠接洽

二、自來水公司每日付六百餘元只敷一日電費欠款二萬餘元如何辦理案

決議：加緊催收

三、國際廣播電台欠費案

決議：停電催款

重庆电力股份有限公司一九四九年度业务会报纪录（一九四九年） 0219-2-291

四、洪水儲煤一萬噸案

決議：(一)借款以銀元計算

(二)代電長官公署轉飭中央銀行俟其從速簽訂合約

五、自備電表案

決議：由主管部門相機處理

六、抄表員發給檢查証案

決議：通過並發竊電之獎金並禁止員工為竊電戶向取締組說情

七、出勤津貼一律以銀元開支案

決議：通過

主席 [signature]

67

重庆电力股份有限公司一九四九年度业务会报纪录（一九四九年） 0219-2-291

64

重慶電力公司業務會報紀錄

時間、三十八年七月五日正午

地點：本公司會議室

出席

李[illegible]
程本臧
趙紹伯
張容之

林[illegible]清
張博文
楊信庸
張斯
歐陽經
秦[illegible]
何遠[illegible]

重庆电力股份有限公司一九四九年度业务会报纪录（一九四九年） 0219-2-291

15

[illegible]永書
黄大庸
浦心雅
石[illegible]元
章[illegible][illegible]
[illegible]宗偉
劉[illegible][illegible]

主席　吴总工程师

纪录　赵绪伯

會報事項

一、各兵工廠欠費如何催收案

決議：(一)由業副科長隨時向各廠負責人催索

(二)各廠電費以購電抵付將來應比照各兵工廠用電量多寡照比例攤扣

二、團體廣播電台以後究應由卅科處或改由業務科收費案

決議：先由業科與卅科處核對欠費以後究應由何處主管收費

由卅科處與業務科會商後決定

三、卅科處所屬各學校積欠電燈費十四萬餘度（照三分之一計算）

约四万度电力约四万余度如何处理案

决议：(一)将市郊各区学校欠费详细列表由业务科集中汇交秘书室备文呈请长官公署及市教育局核示

(二)在下学期开始前由业务科及三科专案分别向各校接洽将所收灯油费用转缴本公司作为预缴电费

四、业务科及三科专案对于每月欠费应按月制成统计以供参考案

决议：由主管部门分别编制后呈业务科汇编统计分送各科室参考

五、币制改为银本位后过去电表押金应如何处理案

决议：按过去法币改金圆券时成例办理在政府对于币值及物

66

價值數未公佈前不作硬性規定

六、幣制改革後收費股是否仍須在一元以上規定收取銀元案

決議：除支票因過去空頭支票過多恐生糾紛起見暫時不收外本票、銀元及銀元兌換券輔幣券等一律收取

七、隱火費應如何決定案

決議：隱火費電灯定為五角電力定為一元

八、本年夏季相當時間應否改訂案

決議：不改訂

九、福利委員會請一次撥足一至六月福利費食米（每月給八市石）案

決議：交會計科收集現行材料明日提董事會討論

十、抄表股職員唐明光請求醫藥津貼費案

重庆电力股份有限公司一九四九年度业务会报纪录（一九四九年） 0219-2-291

67

决议：仍照五月廿日会报决议不予津贴

十、总公司伙食团请对伙食酌予津贴案

决议：(一)公司伙食团甚多不宜单独津贴所请应勿庸议

(二)会报同人伙食照过去办法仍由公司招待来宾费用部

份外仍由各同人自行负担

十一、各科人员延长工作时间奖金应如何规定案

决议：照电力费助发计算但应由各主管部门切实考核以实际

延长工作者为限

十二、各厂處技术工作职员逾时工作奖金应如何规定案

决议：照十一案延长工作时间案办理

十三、散会

三、会议纪录

重庆电力股份有限公司一九四九年度业务会报纪录（一九四九年）　0219-2-291

主席 吴[签名]

重庆电力股份有限公司一九四九年度业务会报纪录（一九四九年） 0219-2-291

68

重慶電力公司業務會報紀錄

時間：三十八年七月十二日正午

地點：本公司會議室

出席

程本臧

張容三

程永書
張博年
歐陽銓
劉希孟
何建伯
孫引清
楊[illegible]

重庆电力股份有限公司一九四九年度业务会报纪录（一九四九年） 0219-2-291

赵循伯　黄大庸

主席　吴协理锡瀛

纪录　張君鼎

會報事項

一、業務科所屬包燈戶段由取締組稽理所需稽查人員由科組洽商案

決議：通過

二、南岸稽查處調撥工人十名交業務科稽理剪火案

69.

決議：通過

三、自七月份起電灯電力電熱底度一律減半供電正常後恢復案

決議：通過

四、海關巷某處電表二只燒燬由電務科派人撤回修理七月份起負責付費案

決議：照辦

五、南岸單相表代替三相表者約百只逕斷改用三相表案

決議：通過

六、散會

主席 [signature]

重庆电力股份有限公司一九四九年度业务会报纪录（一九四九年） 0219-2-291

70

重慶電力公司業務會報紀錄

時間、三十八年七月十九日正午

地點、本公司會議室

出席

程本臧

楊仙儕

張容之

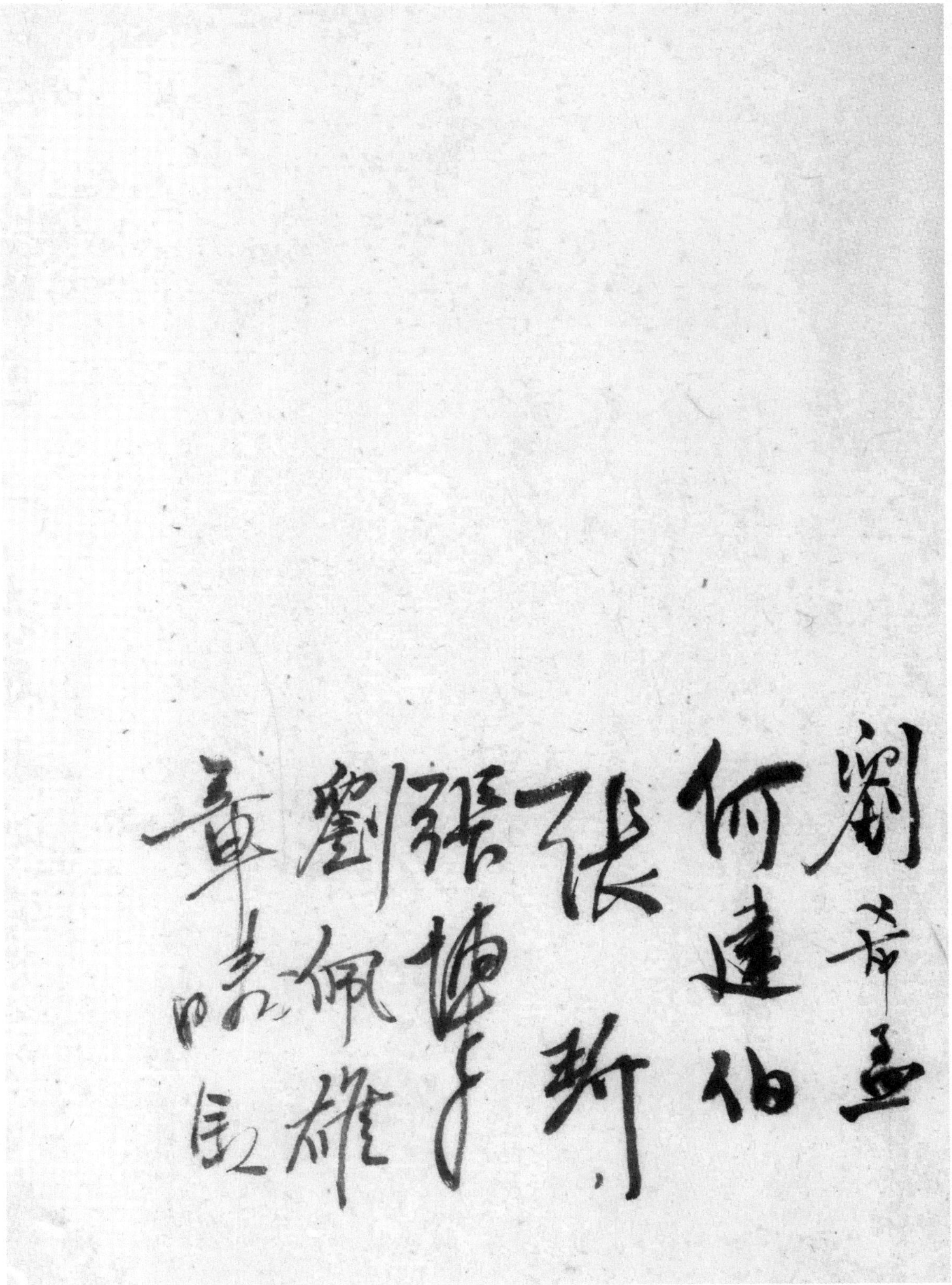
劉[illegible]孟
何達伯
張斯
張博[illegible]
劉佩雄
章[illegible]

重庆电力股份有限公司一九四九年度业务会报纪录（一九四九年） 0219-2-291

易宗樸
吳汝上
黄大庸

主席 吴総工程師
纪録 張君鼎

會報事項

一、二廠存煤僅能維持至明晚請速撥煤備案

決議：（一）撥好煤運二廠
（二）轉運二三兩廠煤船由大溪溝將船號船户姓名

71

等項分別通知購廠

（三）燃料股正副股長中以一人住大溪溝辦公為宜

二、六月份輸出電度與抄見度數相差百分之五十三應如何補救案

決議：（一）高壓損失設法減少

（二）線路小者予以改換

（三）單相表應改為三相者迅速辦理

（四）減少郊區供電增加城區供電

（五）改善天原電化廠供電線路

（六）加強檢查竊電

（七）沙辦處派員與渝江及申新紗廠交涉用電

72

三、電容器速售由用户安裝案

決議：照辦

四、散會

主席 ［签名］

73

重慶電力公司業務會報紀錄

時間：三十八年七月二十六日正午

地點：本公司會議室

出席：

程本臧

重庆电力股份有限公司一九四九年度业务会报纪录（一九四九年） 0219-2-291

張永書
楊信濤
歐陽勝
黃大庸
秦華峰
何建伯
劉嘉孟

张

主席：吴总工程师

纪录 张君鼎

张[illegible]

张容之

[illegible]

[illegible]

刘佩雄

重庆电力股份有限公司一九四九年度业务会报纪录（一九四九年） 0219-2-291

會報事項

一、用電檢查組大溪溝分組所需憲警借住子弟校派連鍾銃照料食宿案

決議：照辦

二、請政府派員聯合辦理竊電案

決議、無異議由用電檢查組辦理手續

三、總務科將七月份總務費用加以統計公佈八月份各部領用物品照七月份最低額領取案

決議、通過

四、自八月份起營業收入及保押金獨立以收入專賬電務器材廠務賬料由購置股向會計科支領案

75

決議：原則通過，詳細辦法另訂之。

五、各廠收煤應照標準，煤質辦理不合標準者一律照收料單退料，杜絕劣煤案。

決議：照辦，由總務科印製收煤單。

六、唐家沱民生廠電表快百分之十一，由公司函該廠請退費案。

決議：照辦。

七、散會。

主席 [signature]

重庆电力股份有限公司一九四九年度业务会报纪录（一九四九年）　0219-2-291

76

重慶電力公司業務會報紀錄

時間、三十八年八月二日正午

地點、本公司會議室

出席、

程本臧　李[illegible]　章[illegible]　趙循伯

張斯
曾宗傑
楊伯濤
劉壽益
何建伯
[illegible]
吳[illegible]

77

主席：吳協理

紀錄：張君鼎

歐陽權

張[illegible]

[illegible]

張[illegible]

吳[illegible]

重庆电力股份有限公司一九四九年度业务会报纪录（一九四九年） 0219-2-291

会报事项

一、借款购储天府煤案

决议：通过

二、电务科向福利社借用职员二人每月津贴食米两石四斗案

决议：通过

三、自八月一日起改订过时加班津贴奖金办法案

决议：（一）除星期加班及每日上半夜各部门需要留职员一人值班外，所有各种名目之加班一律取销

（二）会计科年终结账业务科每年更换用户账页电务科每年更换抄表册子均不另给津贴或奖金

（三）星期加班增给薪津三十分之一，过时值班给予电力

重庆电力股份有限公司一九四九年度业务会报纪录（一九四九年） 0219-2-291

78

二度之津貼

(四)應領津貼或獎金於每月終造冊請領

四、與市四廠結算電費時注意扣除(一)楊芳毓公館用電(二)華光學校(三)經道研究所(四)製呢廠案

決議：通過

五、散會

主席

79

重慶電力公司業務會報紀錄

時間：三十八年八月九日正午

地點：本公司會議室

出席：

傅友周

張琇

葛彝僕

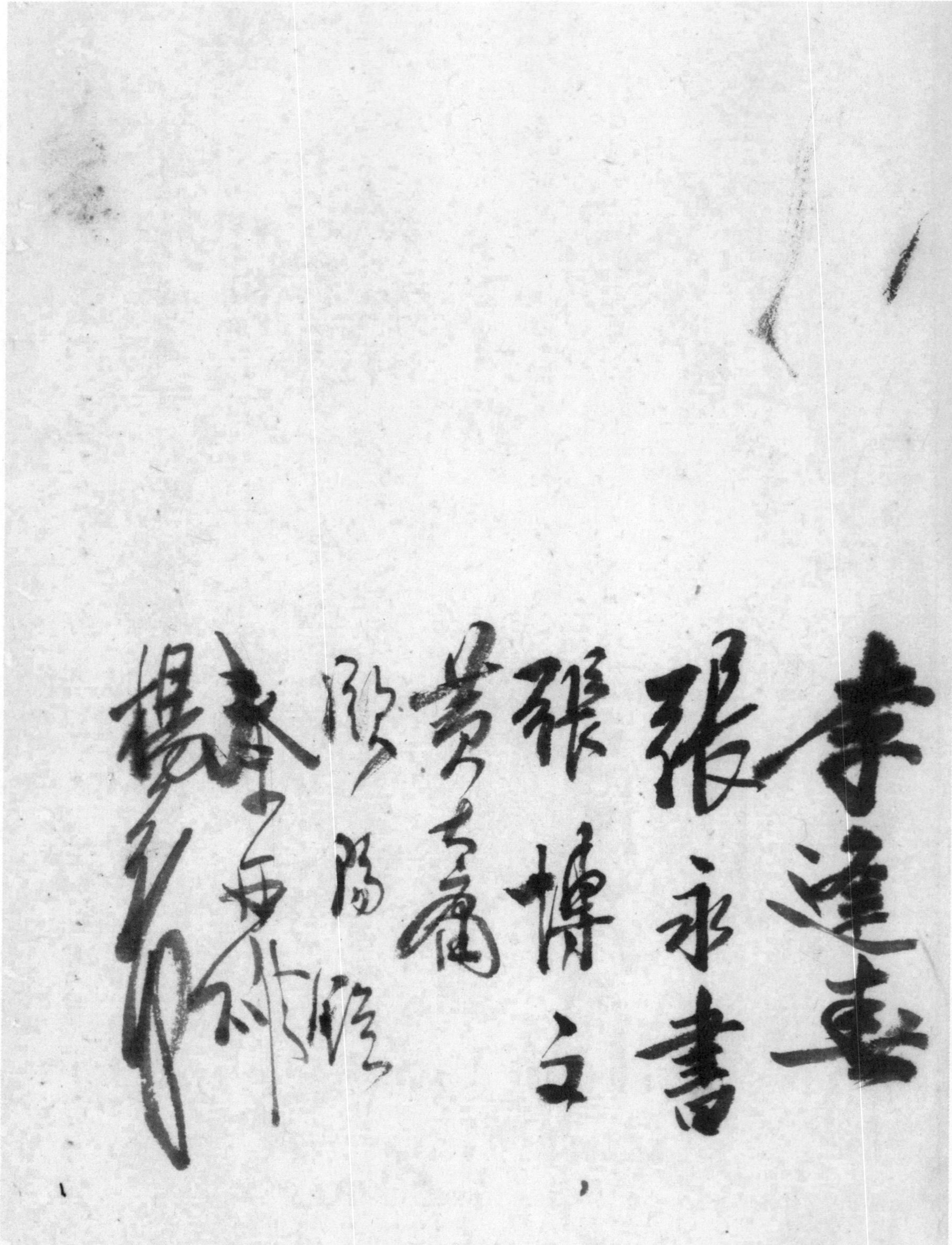
[illegible]
張永書
張博文
[illegible]

重庆电力股份有限公司一九四九年度业务会报纪录（一九四九年） 0219-2-291

80

劉[illegible]
[illegible]先
章晴帆
趙循伯
張宗[illegible]
吳[illegible]之
田習之

主席 吳協理總工程師

紀錄 張君鼎

一、田代總經理報告 本日傅總經理就職會報仍由吳總工程師主席傅總經理以六十歲高齡在此非常時期為公司服務深堪欽佩本人在渝之日仍願以常委資格隨時來公司協助傅總經理暨各同仁安心工作分層負責

二、傅總經理報告 本公司成立之先由本人主持之工務局設立電力廠籌備處撥款二十四萬元收購燭川公司劉航琛康心如兩先生各借墊七十萬購機建廠發電後始改組為公司本人即担任監察以迄今日一度任協理與公司關係十分

81

密切並以董事會敦促担任總經理職務深感責任重大今日最重要之事有二第一健全本身向外活動增加電費收入暨工食糧與鍋爐食糧均屬當務之急第二本人仍係幫劉總經理忙聯同仁照常安心工作辦理移交對於重大事件專案移交提請董事会核究

三、

吳總工程師報告　本公司係商業性質做生意服務力求周到非常时期必有特殊困難同仁加倍努力

黃科長報告　本人服務九年歷經三任總經理未曾辦過移交前為清理過去賬目請准許搬莊了结過去賬目一分一厘均由本人負责至於上海辦事处新通安利三項賬目程协理係附由彼負責

重庆电力股份有限公司一九四九年度业务会报纪录（一九四九年） 0219-2-291

会報事項

一、本月十一日再買天府燃煤一千噸案

決議：通過

二、申新紗廠灯力用電如何應付案

決議：由張主任永書與該廠洽商

三、五十廠與唐家沱民生廠用電付費如何解決案

決議：函約張師曾來城商洽

四、辦理包灯用電所需職員七人如何借調案

決議：除業務科已調二人外加調二人，營務科調一人，廠務科調二人

五、三廠三科事務及電務材料備用金不敷應用請予增加案

決議：增為二百元每星期報銷一次

82

六、散會

主席

重庆电力股份有限公司一九四九年度业务会报纪录（一九四九年） 0219-2-291

83

重慶電力公司業務會報紀錄

時間：三十八年八月十七日正午

地點：本公司會議室

出席：

傅友周

趙紳治

陳丹岑

黃大庸

易宗樸

李逢春

劉希孟

歐陽毅

重庆电力股份有限公司一九四九年度业务会报纪录（一九四九年） 0219–2–291

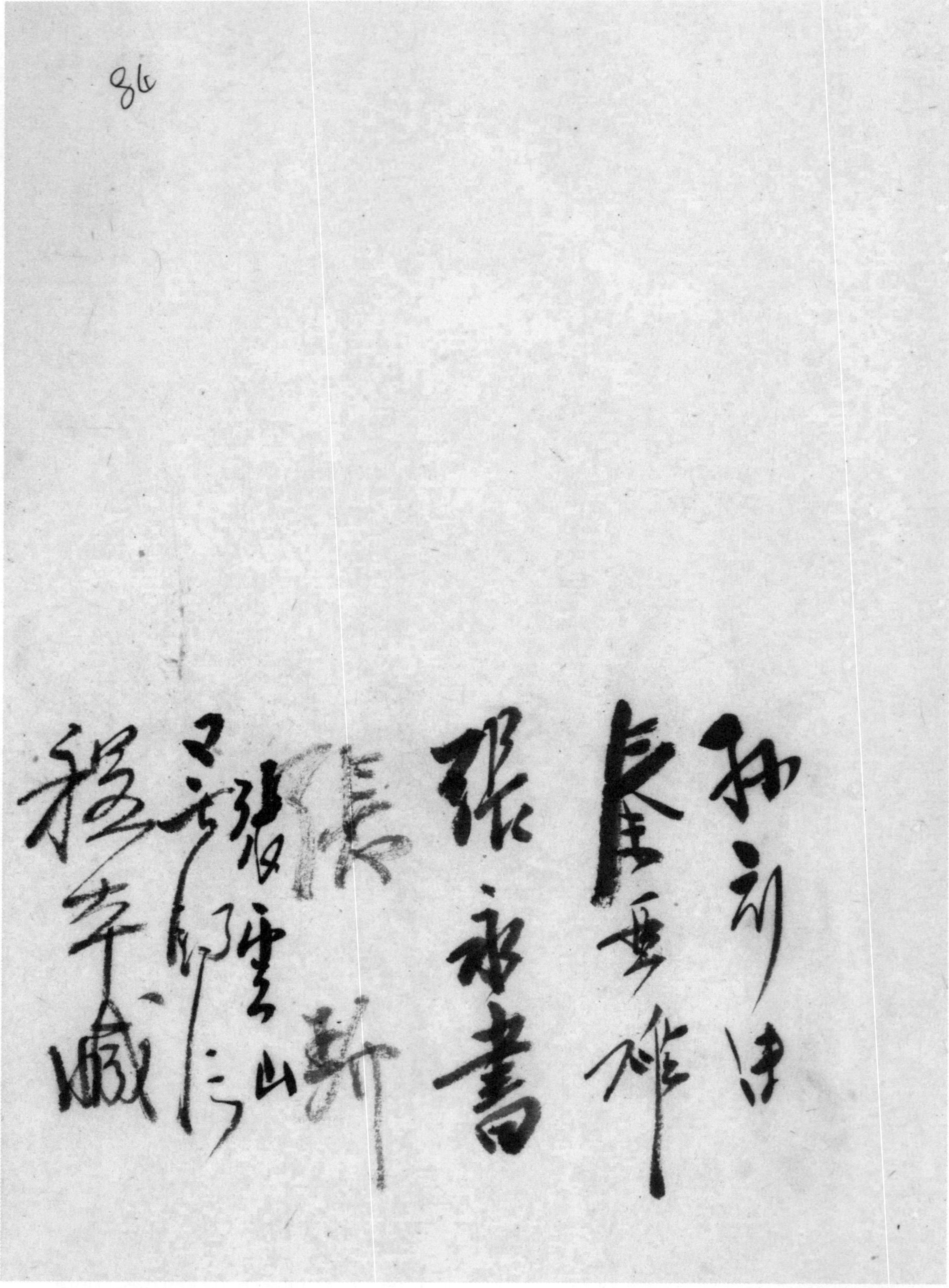

張伟壽
何建伯

主席 程協理
紀錄 張君鼎

會報事項

一、每星期由會計科造具收支概況表送經理室案
決議：自本星期起举辦
二、加強取締竊電及減少電流損失案

決議：由程吳兩協理指定人員共同研究有效辦法

三、二十一廠黃金作價案

決議：每兩作價八十八元

四、自來水公司四五月份電費結算案

決議：照雙方協議辦法結算由經理部份通知業務科以作根據

五、軍政部製呢廠以呢子抵付電費案

決議：由沙辦事處洽辦

六、各校開學在即派員洽商以所收燈油費頂購電度案

決議：照辦由張主任永書先與南開洽商

85

七、高灘岩總表內職工用電與民間用電比例劃分案

決議：裝分表或照燈頭攤算

重庆电力股份有限公司一九四九年度业务会报纪录（一九四九年） 0219-2-291

八、五〇三汽車配件廠欠費如何清理案

決議：以貨件抵付電業物料洽辦

九、以後請購材料不得積壓案

決議：照辦，如缺款購買，應由購買股通知請購人

十、職工免繳役證請求減免手續費案

決議：由人事股派員洽商

十一、散會

主席

重庆电力股份有限公司一九四九年度业务会报纪录（一九四九年） 0219-2-291

86

重慶電力公司業務會報紀錄

時間：三十八年八月二十三日正午

地點：本公司會議室

出席

傅友周

程本臧

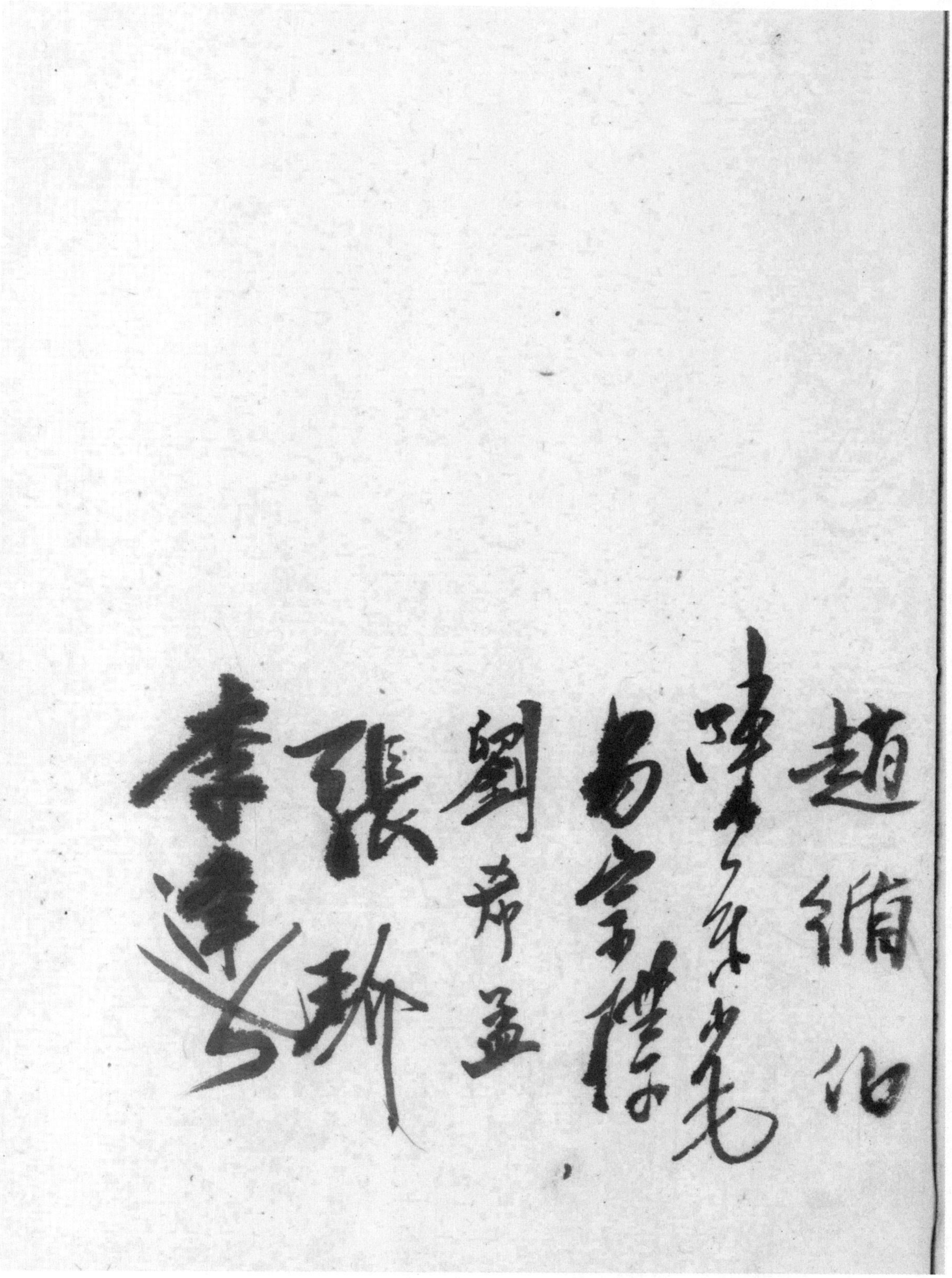
趙緒伯
陳[illegible]光
楊宗傑
劉希孟
張勳
李[illegible]

87

林劍清
張承書
章曉鑫
歐陽鋒
張博
秦西維

重庆电力股份有限公司一九四九年度业务会报纪录（一九四九年） 0219-2-291

何建伯
黄大庸
吴邦良

主席 傅總經理

紀錄 張君鼎

會報事項

一、各部門辦理交代事宜派范志高、郭民永、田孟甫協助稽核室監盤並限於九月十五日以前辦妥案

重庆电力股份有限公司一九四九年度业务会报纪录（一九四九年） 0219-2-291

88

決議：通過

二、自下星期起總經理趙各科組廠處視察並個別與員工談話案

決議：無異議

三、化龍新村用戶八家浸火案

決議：另放低壓線供電並由經管科專處通知各該用戶負責嚴查該兩路線如再發現竊電公司即停止該段供電並聲明此次放線公司並不取費

四、山洞安壓器燒燬從速修理小安壓器供給第七編練司令部用電案

決議：通過

五、燃料股報告最近各礦商供應燃煤狀況案

決議：函關煤源商請天府公司加緊供應第三廠

六、散會

主席：傅友周

重庆电力股份有限公司一九四九年度业务会报纪录（一九四九年） 0219-2-291

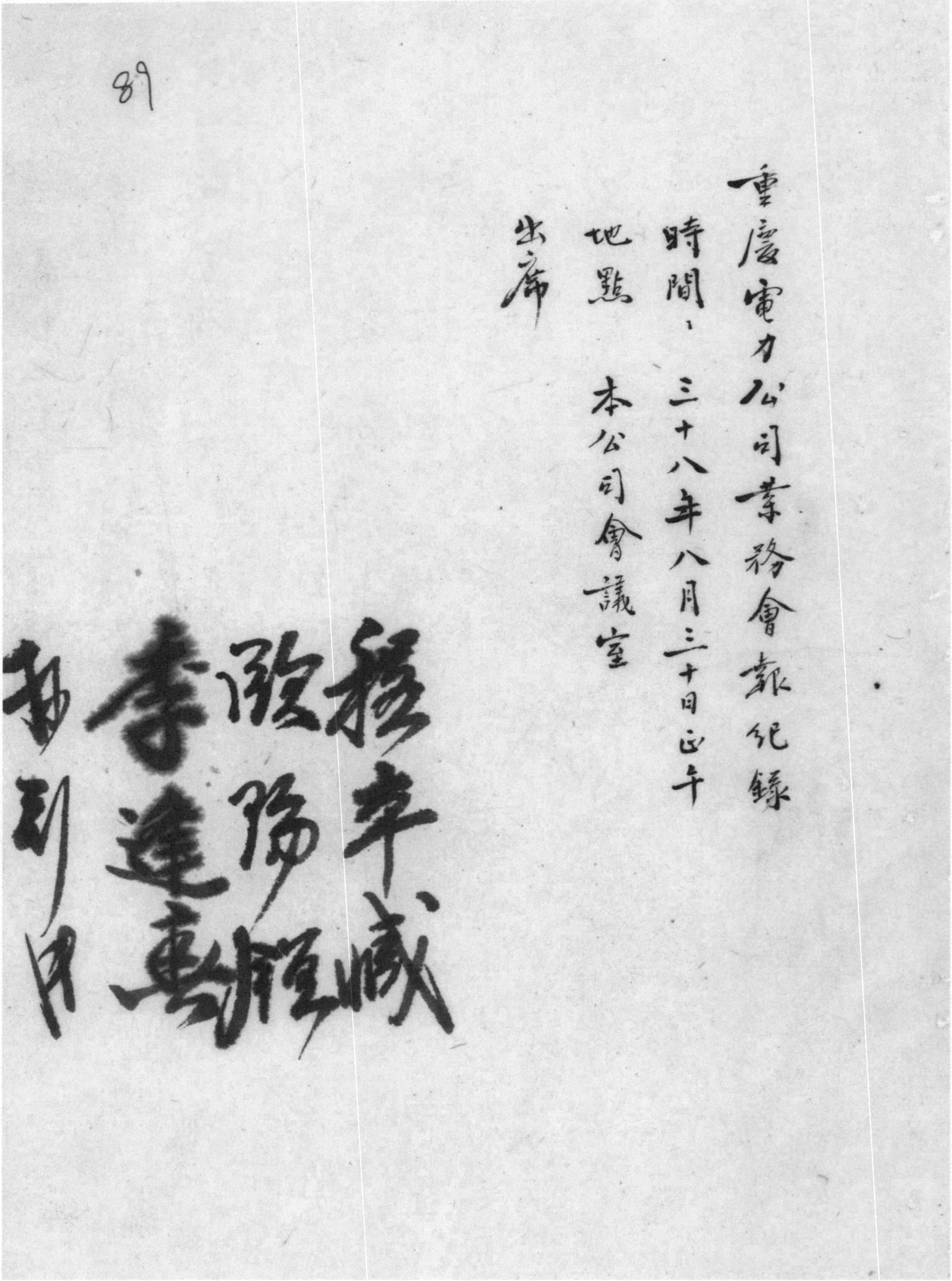

89

重慶電力公司業務會報紀錄

時間、三十八年八月三十日正午

地點 本公司會議室

出席 程本臧 [illegible] [illegible] [illegible]

易宗樸

張[illegible]

劉[illegible]

趙循伯

楊[illegible]溥

傅友周

吳[illegible]

重庆电力股份有限公司一九四九年度业务会报纪录（一九四九年） 0219-2-291

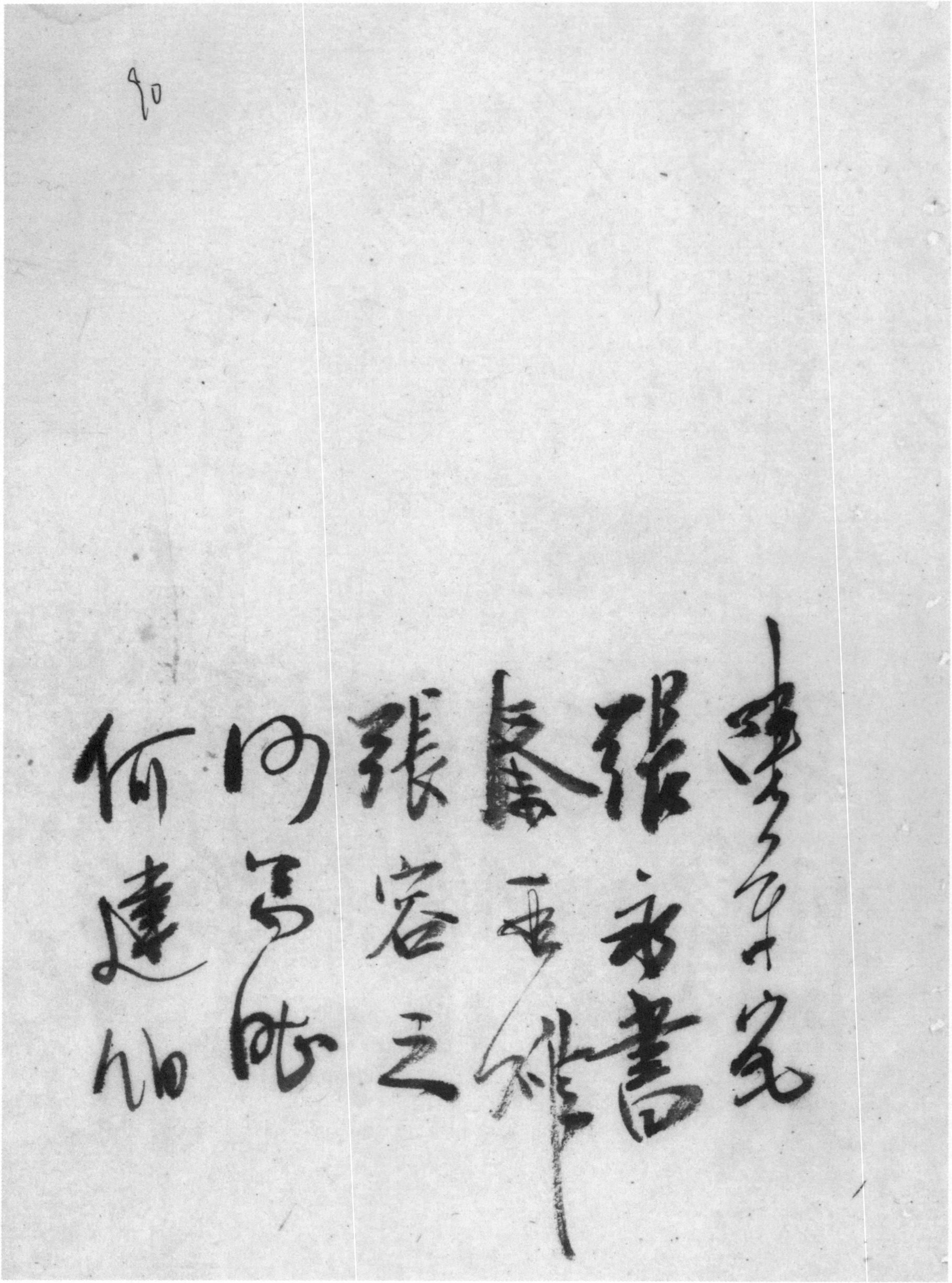

[illegible]
張永書
[illegible]
張容之
[illegible]
[illegible]

主席：吳總工程師

紀錄：張君鼎

會報事項

一、總經理分赴各科廠處組視察日期案

決議：改期視察之前一日以電話分别通知

二、黄桷渡變壓器暫停供電案

決議：照辦

三、本公司付出購電費及暫收各分廠電費由會計科清理開單交與業務科案

決議：通過

四、大溪溝消防隊請捐款案

重庆电力股份有限公司一九四九年度业务会报纪录（一九四九年） 0219-2-291

決議：捐助肆百元

五、大溪溝壯丁安家費案

決議：捐助五十元

六、向天府公司購或借煤一千噸案

決議：由張科長與天府商洽以七百噸運鵝公崗

七、製呢廠以呢子抵付電費案

決議：照辦由福利社分配先行登記

八、重慶市水電檢查組辦事細則案

決議：俟工務局會議紀錄到後由秘書室商同用電檢查組擬訂

九、學校電費預收一學期案

決議：業務部門分別與各校商洽由秘書室擬函

十、購儲糧食案

決議：儘速成立糧食購儲委員会妥籌財源及倉儲

十一、散會

主席 [signature]

重庆电力股份有限公司一九四九年度业务会报纪录（一九四九年） 0219-2-291

92

重慶電力公司業務會報紀錄

時間：三十八年九月六日正午

地點：本公司會議室

出席

[illegible]

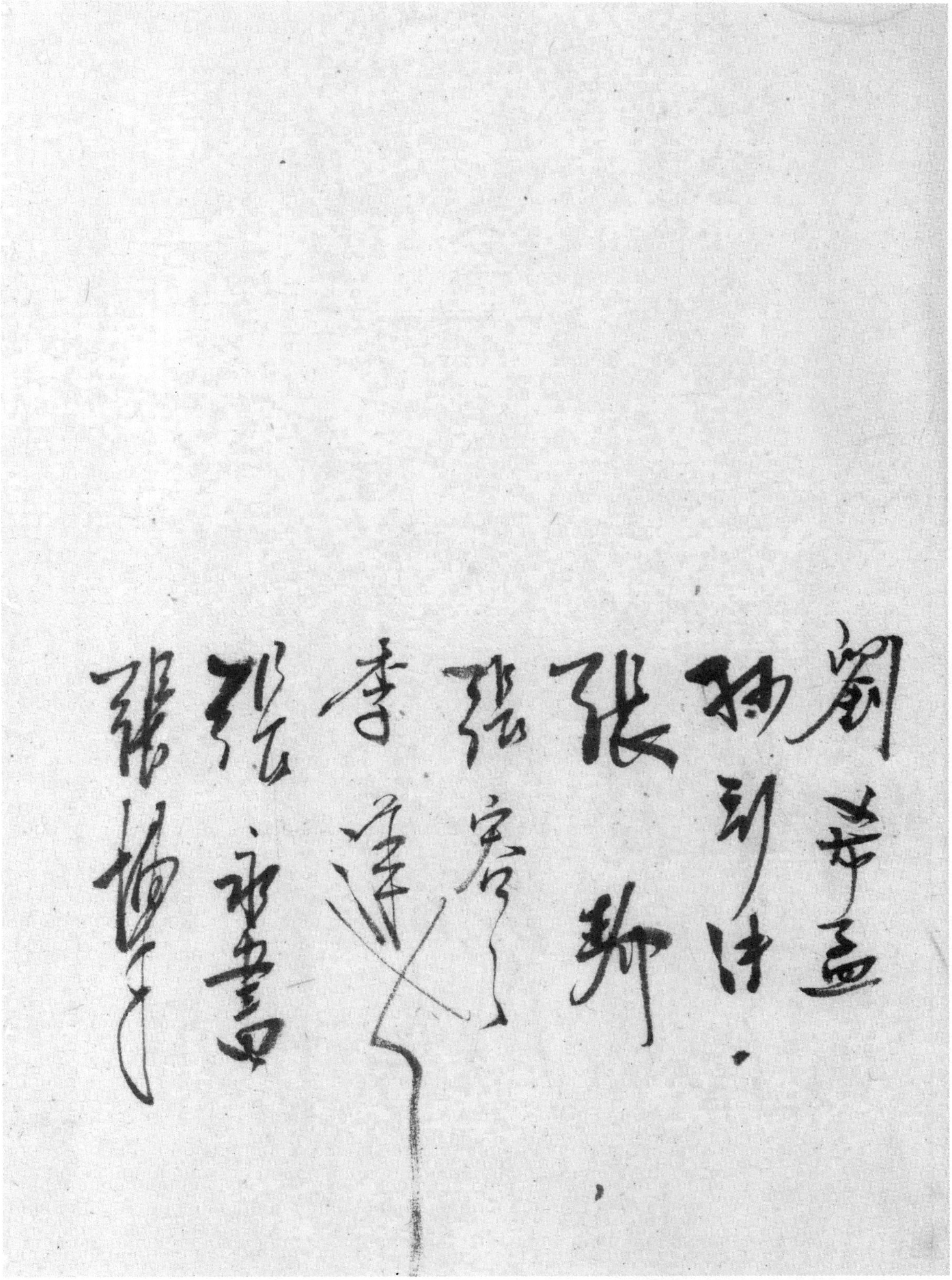
劉芳孟
楊引沛
張斯
張容
李澤
張永壽
張樽

93

欧阳胜
吕宝璞
吴锡瀛
徐广闻
杨绍濂
龚秉清
何遽伯

重庆电力股份有限公司一九四九年度业务会报纪录（一九四九年） 0219-2-291

陳[illegible]可如文
曾之

主席 傅總經理

紀錄 張君照

會報事項

一、預防火警補充案

決議：（一）森嚴門禁 補充法九月十日起凡公司職工無論進入公司或廠房必須佩帶證章會客者必須由傳達引導門警如不查責應予嚴懲

94

（二）加强厂房保护　办法由各厂拟具实施办法报核

（三）加强救火设置　办法添置美制救火机三具分发一二厂及公司　其他如灭火弹及应用器材由各厂斟酌实际需要报请购置

（四）从九月十日起公司各科长副科长为总值日轮流值宿　各科派职员一人值宿由公司预备被褥　至已有轮流值宿办法照旧办理　重要账据文件各科自行集中以便随时装箱搬运

（五）加强电话管理　增派接话生一人

二、公司及各厂警卫案

决议：（一）一厂警卫请警备部派军维持

（二）二廠警衛由劉主任與警局商量

（三）三廠警衛商請廿一廠維持 公司警衛由李副科長指揮各廠由廠主任指揮並與自衛隊聯絡

三、催收各區積欠電費擬臨時採用分區分類辦法由業務科商請公司同人協助收費案

決議：照辦 以此次火災損失求得同情順利收費

四、南岸處加緊收費辦法案

決議：野貓溪以下託劉主任希孟代收

五、散會

主席 傅友周

重庆电力股份有限公司一九四九年度业务会报纪录（一九四九年） 0219-2-291

85

重慶電力公司業務會報紀錄

時間：三十八年九月十三日

地點：本公司會議室

出席：

楊筠??

傅友周

張永書

李逢春

劉佩雄

陸朱之

劉壽益

易宗樸

歐陽錕

重庆电力股份有限公司一九四九年度业务会报纪录（一九四九年） 0219-2-291

96

張勳
康要雄
張楊
何遠伯
吳鋤衍
陳崇光
魯秉清

章曉鈺

抄列付

主席　吴總工程師

紀錄　張君鼎

會報事項

一、保護一廠軍隊商請交通廠讓出二樓或三樓以供該隊住宿案

決議：函請保護二廠所需軍隊即商由一廠軍隊派撥

二、三廠警衛力量函請廿一廠協助案

97

決議：由公司備函洽商

三、在公司住宿人員由各科調查通知總務科彙集總名單交總值日案

決議：通過

四、臨近大學區域懇請供電補法案

決議：對業務科簽呈加以研究

五、重大中工兩校電力要求折扣案

決議：無折讓但可捐助學生實驗費

六、第十八區公所要求二廠工人組間巡邏案

決議：由公司備函請免

七、煤炭標準灰份定為百分之卅熱量九千五百BTU水份

百分之六案
决议：照及標準者扣錢
八、各廠家工薪工如何发放案
决议：明后日发工薪照舊 下次改发办法
九、公役值日添製被褥案
决议：照发 又接時要注意
十、修理汽車办法案
决议：应否修理由總務科決定修理工作由易科長負責修
理材料以舊換新
十一、中新工廠变壓器所有權案
决议：所有權属于中新工廠由南科妥送還將該個南岸变

重庆电力股份有限公司一九四九年度业务会报纪录（一九四九年） 0219–2–291

98

應該設備由劉主任協助清查

十二、出勤膳費如何規定案

決議：由業務科會同三辦事處擬具辦法送核

十三、散會

主席 吳[illegible]

重庆电力股份有限公司第一次临时股东大会决议录（一九三六年七月十日）　0219-2-11

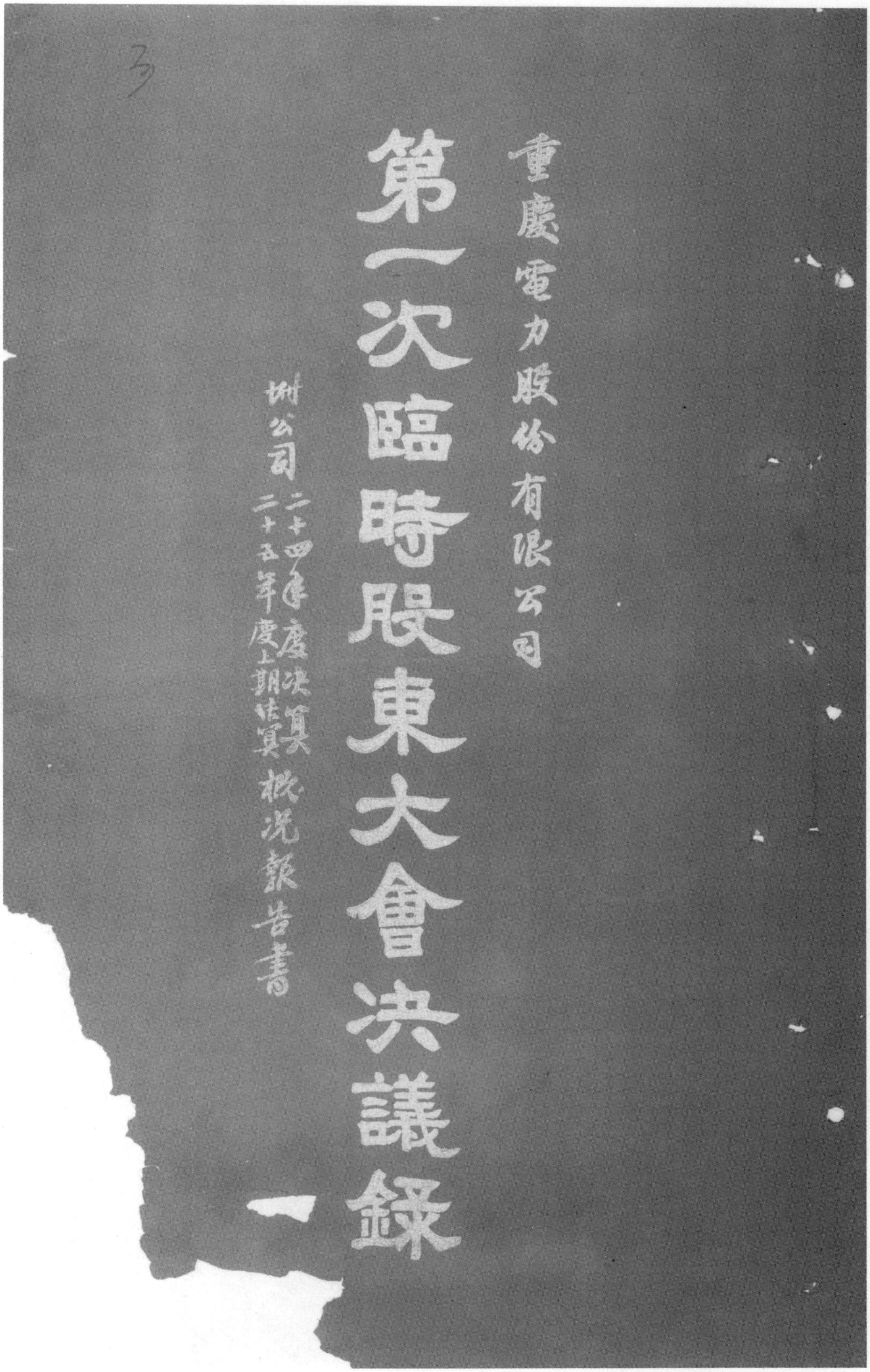

重慶電力股份有限公司

第一次臨時股東大會決議錄

附公司二十四年度決算
二十五年度上期結算概況報告書

重庆电力股份有限公司第一次临时股东大会决议录（一九三六年七月十日） 0219-2-11

4

重慶電力股份有限公司第一次臨時股東大會決議錄

日期：民國二十五年七月十日午後二時

地點：模範市場本公司

到會股東股戶權數 一萬三千四百四十股 二十九戶 六千九百九十權

查本公司股東股戶權數 一萬七千七百八十股 三十七戶 九千一百三十五權

一 行禮如儀

二 公推吳受彤爲主席

三 主席報告本日到會股東戶數股數均已過半依公司法第一百條第二項之規定應正式開會

四 主席報告開會理由：略謂今天並非本公司常年股東大會之期既非常年大會而必召集各股東會議者蓋本公司自去年二月成立以來因營業發達用戶激增原訂[illegible]機電力現已漸感不若使不謀擴充因陋就簡勢必蹈前燭川電燈公司之覆[illegible]然欲添

購機器以謀擴展但本公司現尚負債未償其貲金之來源又不得不向各股東商議措集此本公司召開臨時股東大會之理由也

五　公議大會提議案

(1)增加股本案

(2)擬購新機案

(3)發行公司債定額貳百萬元案

(1)(2)兩項主席以增股購機事聯一體請併案辦理胡監察謂依據公司法規各股東必須先行承認股本然後始能決購機械事雖一體辦理却有先後此案仍須分別表決經衆贊成

劉總經理起立報告擴充股本之理由及訂購新機之經過謂本公司原備有一千啓羅瓦特發電機三部平時發電至多祇用二部當以一部作爲預備自開始營業起迄至本年六月止電燈電熱電力用戶已達九千三百戶之多機力發電總量其最高負荷紀錄爲一千九百餘啓羅瓦特卽通常負荷亦在一千六百啓羅瓦特左右現南岸綫路亦於本年五月完成開始供電此後用戶當必日益增多而發電量數若不急謀增高勢必供不應求本公

重庆电力股份有限公司第一次临时股东大会决议录（一九三六年七月十日） 0219-2-11

5

司營業亦將大受影響本人有見及此曾在第十次董事會議提議添置機器設備以謀發展嗣後接水坭公司來函謂該公司約計明年四月開工每日需用電力約一千啓羅瓦特本公司既負重慶市區供電使命對該公司所需電力自當負責供給而本公司新機設備更應急行添置刻不容緩故擬添置六千啓羅瓦特新機二部本人後因赴滬之便即向各機器廠接洽多方研究方悉購買六千啓羅瓦特機器兩部需英金捌萬鎊左右（約合國幣壹百伍陸拾萬元）不如改購四千五百啓羅瓦特機器兩部爲適合且僅需英金肆萬陸千壹百鎊約值國幣柒拾捌萬餘元連同關運安裝各費至多壹百貳十萬元即足既可省錢數十萬元之譜而機器使用力量復相差無幾且與廠房原有電機及廠外綫路設施亦復合用不必另置故決定改購至貨款分期交付約可緩付兩年其利息六厘至八厘當在滬訂立合同交付訂金機器本年十月交一部十一月交一部合同原文已詳爲譯註提請董事會公議經第十二次董監聯席會議公推周董事季悔胡監察汝航審查繼思外幣漲跌無定賒期過遠假外幣上漲公司必遭損失不如交付現金可享扣回子金利益其籌集現款之方當不外乎增加股本與發行公司債兩種蓋本公司股本現爲壹百捌拾萬元若再增加柒拾萬元共爲貳百伍拾萬元以所增之股本加公司兩年之折舊金即足付所

三

重庆电力股份有限公司第一次临时股东大会决议录（一九三六年七月十日）　0219-2-11

四

購新機價款一大部份至公司債發行額本人以爲不如一次發足貳百萬元一勞永逸除償還本公司舊債外尚餘約壹百數拾萬元以之作第二步擴充新機計劃亦僅足敷用矣周董事季悔胡監察汝航相繼起立說明審查合同內容情形如鍋鑪係英國拔柏葛廠出品電機係英國茂偉廠出品各廠皆係世界最有名之機器廠品質精良人樂選用共去英金肆萬陸千壹百鎊約合國幣柒拾捌萬叁千餘元價值亦不爲昂貴此次劉總經理在滬訂購機械採取投標方式一切措施適爲允當且將合同及要函十三件提交董事會審查認爲滿意應請各股東加以贊成

主席請各股東對（1）（2）（3）案加以表決

（1）增加股本案

議決：全體表決通過增加股本柒拾萬元惟會內舊股東認股須以七月底爲限交股則以八月底爲限若逾七底不認股即由董事會向外招募

（2）擬購新機案

議決：全體舉手通過惟訂購新機合同須照抄一份存董事會備查

（3）發行公司債定額貳百萬元案

重庆电力股份有限公司第一次临时股东大会决议录（一九三六年七月十日） 0219-2-11

36

議决：全體通過發行手續由總經理負責辦理銷售方面亦請總經理向各銀行接洽認購

六 總經理報告廿四年度决算及廿五年上期營業概况

議决：各月表册既經各董監蓋章復經胡監察出面證明當無錯訛惟數字繁多代表等不能向委託人報告請公司印訂成册分送各股東備查

七 聚餐

八 散會

主席 吴受彤

五

重慶電力股份有限公司二十四年度決算及二十五年度上期營業概況及業務概況書

目錄

重庆电力股份有限公司第一次临时股东大会决议录（一九三六年七月十日） 0219-2-11

二，損益計算表——自二十三年八月份起至二十四年十二月份止

二十五年度上期營業收支概算

收入之部

（甲）電費收入

（乙）營業收入

（丙）雜項收入

支出之部

（甲）經常開支

說明

上期結算報告

一，資產負債表——自二十五年一月份起至六月份止

二，損益對照表——自二十五年一月份起至六月份止

用戶統計

（甲）自二十四年度二月份起至十二月份止本市城區用戶統計比較

7

(乙)自本年一月份起至六月份止本市城區用戶統計比較

(丙)江北區用戶統計

(丁)南岸區用戶統計

(戊)用電用戶區別及統計比較

呆賬及未收票據

(甲)呆賬——自二十四年一月份起至二十五年五月份止

(乙)未收票據

發電總量及最高負荷

(甲)自二十四年一月份起至十二月份止之比較統計

(乙)自二十五年一月份起至六月份止之比較統計

行營通令減費交涉之經過及結果

辦理竊電及強用電流之概況

重庆电力股份有限公司第一次临时股东大会决议录（一九三六年七月十日） 0219-2-11

重慶電力股份有限公司二十四年度決算／二十五年度上期結算概況報告書

二十四年度營業收支概算

(一)本公司開始營業，係從二十三年八月一日起。所有二十三年八月份至十二月份（前籌備處營業部時期）計五個月之賬，均一併分別列入二十四年度賬內。即係二十四年度賬目為二十三年八月一日起，至二十四年十二月三十一日止。其營業收入情形分列如左：——

(甲)電費收入： 共計五四二，六九三，五〇元

一，電燈收入 四二七，二八七，四七

二，電力收入 一〇四，一六一，九七

三，電熱收入 三二五，七二

四，路燈收入 一〇，八五八，四〇

五，補繳電費收入 五九，九四

(乙)營業收入： 共計 一九，三六八，八〇

一，業務手續收入 一九，三六八，八〇（即接火費，檢驗費，工本費，等是。）

九

（丙）雜項收入：　共計　一九，七一九，八六

一，補助費收入　二，三七一，八四

二，房地租金收入　二〇〇，〇〇

三，進貨折扣收入　一六一，五二

四，匯兌利益　九，〇〇四，一四（即鈔水是。）

五，利息收入　五，九九七，八四

六，物材料盤盈　一，〇七八，〇五

七，其他雜項收入　九〇六，四七

以上（甲），（乙），（丙），三項總計共收入：　五八一，七八二元，一六

（二）二十三年八月一日起，至二十四年十二月三十一日止，收入各項，已經分列如上。其支出各項分別彙列如左：——

（甲）經常開支：　共計五四七，八八三，七五

一，發電費用　一五〇，五〇五，〇一（屬於廠房之一切開支。）

二，供電費用　二二一，八一一，二三（屬於綫路，及工務科之一切開支。）

重庆电力股份有限公司第一次临时股东大会决议录（一九三六年七月十日）　0219-2-11

9

重慶電力股份有限公司資產負債表（自23年八月份起至24年底止第一次年度決算）

民國24年12月31日製　　字第　　號

科目	金額（百十萬千百十元角仙）	合計（千百十萬千百十元角仙）	科目	金額（百十萬千百十元角仙）	合計（千百十萬千百十元角仙）
（資產類）			（負債類）		
固定資產		242303792	資本及公積		200338984
發電資產	134836863		資本總額	200000000	
輸電配電資產	70060884		法定公積	338984	
用電資產	24763740		長期負債		60000000
業務資產	2642305		長期借入款	60000000	
其他固定資產	10000000		短期負債		17663400
流動資產		43892784	應付票據	7000000	
現金	466686		存入保証金	12663400	
銀行存款	4973[illegible]1		雜項負債		8988522
應收票據	4500000		呆賬準備	521781	
應收賬款	2540479		暫收款項	1475644	
借出款	6000000		應計存項	6991097	
存出款	22200000		盈餘		3050857
材料	7688248		本期盈餘	3050857	
雜項資產		5845187			
開辦費	219200				
存出保証金	822500				
暫付款項	905327				
催收款項	97391				
應計欠項	1604579				
預付款項	2196190				
合計	292041763	292041763	合計	292041763	292041763

總經理　　科長　　主任　　覆核　　製表

10

重慶電力股份有限公司損益計算總表（自23年八月份起至24年底止第一次年度

民國24年12月31日製　　字第　　號

科目	金額	合計	科目	金額	合計
（損失類）			（利益類）		
經常開支		54788375	電費收入		54269350
發電費用	15050501		電燈收入	42728747	
供電費用	2281123		電力收入	10416197	
營業費用	10205820		電熱收入	32572	
管理費用	27250931		路燈收入	1085840	
盈餘		3389841	補繳電費收入	5994	
本期盈餘	3389841		營業收入		1936880
			業務手續收入	1936880	
			雜項收入		1971986
			利息收入	599784	
			房地租金收入	20000	
			補助費收入	237184	
			進貨折扣收入	16152	
			滙兑利益	900414	
			物材料盤盈	107805	
			其他雜項收入	90647	
合計	58178216	58178216	合計	58178216	58178216

總經理　　科長　　主任　　覆核　　製表

重庆电力股份有限公司第一次临时股东大会决议录（一九三六年七月十日）　0219-2-11

三，營業費用　一〇二，〇五八，二〇（屬於營業方面。）

四，管理費用　二七二，五〇九，三一（屬於管理方面一切開支、以及利息。而利息一項爲數至鉅，約計二十二萬八千餘元。所有各股款之股息均以管理費用科目債款利息科目處理之。）

以上四項總計支出：五四七，八八三，七五

說明：

查本年度收入總數：五八一，七八二，一六。支出總數：五四七，八八三，七五。品迭計盈餘：三三，八九八，四一。以上收支賬目，暨「損益計算書」，及「資產負債表」，均曾專函航寄謝霖會計師查閱。並得覆函，大略節述如下：

「二十四年度賬目，須依據「公司法」之規定：無盈餘不得分配股息；未攤提折不得分配盈餘。」

故本年度之賬，乃係將所收各股款列入借入債款；所付之股息即列入管理費用中之債款利息。

復因本公司註册手續，創立會爲二十四年十二月三十一日。以後將債款撥入股款，亦在此期以後，故亦可以不必折舊。否則違犯公司法，似有未妥。以上所列之盈餘叁萬餘元，祇照規定提存公積金十分之一。下餘之數仍不能分配，應移作下期賬內之「前期損益科目」。俟二十五年度決算時，再爲照公司法規定，正式分別結賬：並分配盈餘也。

一一

二十五年度上期營業收支概算

(一)本公司二十五年一月至六月止，各項收入共計如左：——

(甲)電費收入：	共計	四一八，三七九，二五元
一，電燈收入		三五八，二三三，三四
二，電力收入		四三，八七四，九五
三，電熱收入		一，五九四，二八
四，路燈收入		九，九六六，〇〇
五，自用電度收入		四，五七五，二三
六，補繳電費收入		一三五，四五
(乙)營業收入：	共計	六，五〇三，八〇
一，業務手續收入		六，五〇三，八〇
(丙)雜項收入：	共計	六，八一五，〇六
一，利息收入		五，〇九一，〇〇
二，房地租金收入		一，二一二，〇〇

重庆电力股份有限公司第一次临时股东大会决议录（一九三六年七月十日）　0219-2-11

三，補助費收入	四八四，四〇
四，售貨利益	一八，四一
五，其他雜項收入	九，二五

以上(甲)，(乙)，(丙)，三項總計共收入：　四三一，六九八，一一元

(二)本公司二十五年一月至六月止，各項支出共計如左：——

(甲)經常開支：　共計一七〇，九四七，七〇

一，發電費用	六五，二六七，一二
二，供電費用	二〇，六五二，二五
三，營業費用	一六，〇四四，二一
四，管理費用	六八，九八四，一二

以上四項總計共支出：　一七〇，九四七，七〇

說明：

(一)依據本年度上期收支比較，計盈餘洋二六〇，七五〇，四一。

(二)平均計算，本年度概況統計比較收支如左：

一三

重庆电力股份有限公司第一次临时股东大会决议录（一九三六年七月十日）　0219-2-11

A.　每月平均收入　七一，九四九，六九

B.　每月平均支出　二六，四九一，二八

C.　每月平均毛益　四三，四五八，四二

（三）上項盈餘數內所有股息，及攤提折舊，尚未計算。如將此兩項計出，每月股息約支出一萬二千元；折舊照百分之四約須支出洋八千元。實際約計每月僅可得純益洋二萬三千餘元之譜。此卽本年度營業收入比較之大概也。

重庆电力股份有限公司第一次临时股东大会决议录（一九三六年七月十日） 0219-2-11

13

重慶電力股份有限公司資産負債表

民國25年6月30日製　　　　字第　　　號

科目	金額	合計	科目	金額	合計
（資産類）			（負債類）		
固定資産		251856809	資本及公積		200338984
發電資産	135158591		資本總額	200000000	
輸電配電資産	72089768		法定公積	338984	
用電資産	31837235		長期負債		5100000
業務資産	2771215		長期借入款	5100000	
其他固定資産	10000000		短期負債		2273684 0
流動資産		45306409	銀行透支	227440	
現金	71919		應付票據	7000000	
銀行存款	24606		存入保証金	15509400	
應收票據	500000		雜項負債		2608146
應收帳款	6077242		呆賬準備	521781	
借出款	10200000		暫收款項	1826732	
存出款	22200000		應計存項	259633	
材料	6232642		盈餘		29125898
雜項資産		8646650	前期盈餘滚存	3050857	
開辦費	619400		前月盈餘	22362498	
存出保証金	871000		本月盈餘	3712543	
暫付款項	4913327				
催收款項	97391				
應計欠項	1021896				
預付款項	1123636				
合計	305809868	305809868	合計	305809868	305809868

總經理　　科長　　主任　　覆核　　製表

第⑤辑

14

重慶電力股份有限公司損益計算表 （自本年一月一日起至六月三

民國25年6月30日製 字第 號

科目	金額	合計	科目	金額	合計
（損失類）			（利益類）		
經常開支		17094770	電費收入		41837925
發電費用	6526712		電燈收入	31883334	
供電費用	2065225		電力收入	4387495	
營業費用	1604421		電熱收入	159428	
管理費用	6898412		路燈收入	996600	
盈餘		26075041	自用電度收入	457523	
本期盈餘	26075041		補繳電費收入	13545	
			營業收入		650380
			業務手續收入	650380	
			雜項收入		681506
			利息收入	509100	
			房地租金收入	121200	
			補助費收入	48440	
			售貨利益	1841	
			其他雜項收入	925	
合計	43169811	43169811	合計	43169811	43169811

總經理 科長 主任 覆核 製表

重庆电力股份有限公司第一次临时股东大会决议录（一九三六年七月十日） 0219-2-11

15

用戶統計

(甲)自廿四年一月份起至十二月份止本市城區用戶統計比較：

月份：	實有用戶：
籌備期	一九九八戶
二月份	二五四九戶
三月份	三一四一戶
四月份	三八三一戶
五月份	四五九九戶
六月份	五〇四八戶
七月份	五五五八戶
八月份	五八四六戶
九月份	六一〇九戶
十月份	六四二六戶
十一月份	六七一九戶

十二月份　七一二四戶

(乙)自廿五年度一月份起至六月份止本市城區用戶統計比較：

月份：	實有用戶：
一月份	七四五七戶
二月份	七七五六戶
三月份	八〇七三戶
四月份	八五一一戶
五月份	八五二八戶
六月份	八六九一戶

(丙)江北區用戶統計　四八六戶

(丁)南岸區用戶統計　三〇戶

以上(甲)，(乙)，(丙)，(丁)，四項總計九二〇七戶

(戊)用電用戶區別及統計比較：

電力　七二戶

一六

重庆电力股份有限公司第一次临时股东大会决议录（一九三六年七月十日） 0219-2-11

電燈　九二〇七戶
電熱　二四戶
路燈　一三八八盞（包括本市城區及江北區。）

一七

呆帳及未收票據

(甲)呆帳：（自廿四年一月份起，至廿五年五月份止。）

項目：	票數：	金額：
路燈	十	一，九六三，七六
電燈	三二四	六，一一八，三六
雜費	三	一〇四，〇〇
曾記欠費		一，三八八，六二
合計		九，五七四，七四

(乙)未收票據：（已製出正式收據正在待收中者）

項目：	票數：	金額：
路燈	一六	六，六六二，四〇
電力	一九	九〇八，五六
電熱	八	七四，二八
電燈	二七三五	二二，五一六，七三

重庆电力股份有限公司第一次临时股东大会决议录（一九三六年七月十日）　0219-2-11

17

保證雜費	一三三	一，六九七，五五
合計		三一，八五九，五二

以上(甲)，(乙)，兩項總計：　四一，四三四，二六

一九

發電總量及最高負荷

（甲）自廿四年一月份起至十二月份止之統計比較：

月份：	發電總量：(基羅瓦特小時)	最高負荷：(基羅瓦特)
一月份	二一四，〇〇	八五〇
二月份	二五一，三八〇	九三〇
三月份	二八七，四四〇	七四〇
四月份	二七一，七八〇	九一〇
五月份	二八〇，二四〇	九九〇
六月份	二八六，七五〇	一〇〇〇
七月份	三四五，七六〇	一二六〇
八月份	三五八，九三〇	一一〇〇
九月份	三五二，八〇〇	一二六〇
十月份	四一六，三二〇	一三六〇
十一月份	四三九，〇六〇	一四二〇

一〇

重庆电力股份有限公司第一次临时股东大会决议录（一九三六年七月十日） 0219-2-11

18

十二月份	四八二，二九〇	一六六〇

(乙)自廿五年一月份起至六月份止之統計比較：

月份：	發電總量(基羅瓦特小時)：	最高負荷(基羅瓦特)：
一月份	五一一，六四〇	二一〇〇
二月份	四四八，九六〇	一五九〇
三月份	四六七，四〇〇	一六五〇
四月份	四三〇，三五〇	一四六〇
五月份	四三四，六七〇	一七〇〇
六月份	四四二，三四〇	一六四〇

行營通令減費交涉之經過及結果

二十四年十二月九日，行營通令規定「機關用電五折付費，公務人員用電[illegible]費。」公司認爲損失過大，備文呈請緩辦。幾經交涉，始於本年二月二十日奉到[illegible]示：「公務人員七折收費暫緩辦理，機關公用電燈收費，仍以五折收費辦理。」

查機關用電減量收費，曾由軍政部，軍事委員會，建設委員會，內政部等四最高機關會銜於二十三年十二月十三日公布：「凡黨，政，軍，機關電燈用電，可照當地電氣事業人規定電價，酌量付費。」而首都，杭州，及各大電廠皆奉令遵行，故本公司認爲合理而承認之。

三

重庆电力股份有限公司第一次临时股东大会决议录（一九三六年七月十日） 0219-2-11

19

辦理竊電及强用電流之概况

本公司於二十四年七月，遵照中央建設委員會公布之「處理竊電規則」，擬具「本公司處理竊電規則」。經董事會審查，並呈報本市各軍政機關備案，並登報公告。計截至二十五年六月份爲止：已處理之竊電事件均係依照公布規則，請本公司法律顧問依法實施處理。

又本市有強用電流者，一經本公司查覺，除去函通知其限期照章完備接電，裝表手續，並予警告外，如過期尚未辦理者，公司賡即派員乘自備汽車出發剪去。但仍有少數地方，隨剪隨接，稽查殊難，當由公司備文報請行營總務處辦理，結果均甚良好。

總經理劉航琛

重庆电力股份有限公司临时股东大会纪录（一九三九年一月十日） 0219-2-105

重慶電力股份有限公司臨時股東大會紀錄

重慶電力股份有限公司臨時股東大會紀錄

時間：二十八年一月十日午后三鐘

地點：模範市場本公司會議室

到會股東：戶七十二戶
股數二萬三千二百九十九股
權一萬一千五百九十九權

查本公司股東戶一百零七戶
股數二萬五千股
權一萬三千權

一 搖鈴開會

二 行禮如儀

三 公推胡仲實股東主席

重庆电力股份有限公司临时股东大会纪录（一九三九年一月十日） 0219-2-105

10

四 審查股權

五 主席報告：本公司股東戶數共一百零七戶權數共一萬三千權本日到會股東七十二戶股權一萬一千五百九十九權實已超過公司法第一百條第二項之規定應正式開會

六 石董事體元代表潘董事長仲三報告開會理由： 本公司原有資本二百五十萬元設備舊機一千瓦三部已用罄無餘嗣以機力弗勝負荷添購四千五百瓩新機兩部以應營業上之需要但當時一錢莫名曾向本市銀錢業抵借代現劵達二百五十萬元之鉅經於二十七年一月二十九日臨時股東會議決呈准工鑛調整會担保以公司財產作抵押向中中交農四行借得二百萬元以資償付惟當時所借之款除償還舊債外其餘如未到期之各項期票及合同訂購之材料款項又皆無款交付況自時局轉變滬漢工廠遷川海口封鎖運輸日感困難公司爲本身營業前途計爲供給遷川各工廠用電計爲預防今後運輸困難計不得不先後向國外訂購大批供電材料以資供應現又奉行營命令折卸舊機建設南岸彈子石應急分廠約計購地建築材料裝安等費須二十餘萬元連前應付合同期票及新訂材料款項總共差洋一百二十萬元公司以無款交付復向工鑛調整處請轉四聯總處續借一百二十萬元以應急需經工鑛處派員調查結果以公司需款濟用確爲事實已轉函四聯總處請予照借惟附帶提有意見以公司股本過低借款超出股本以上須追加成五百萬元公司之基礎方固且有餘資供營業上之活動等語四行當事人亦認加股爲必要本會一再討論僉以臨時借款利率較高且須按月還本合計前後兩次借款公司每月收入除盡量提還本息當無餘力作活動資金現狀時感困難不如增加股本提償負債則每月可將收入存額移供臨時支用此後即不致長感拮据矣且公司資產已達六百萬元以上即加成五百萬元之股本資產尚有餘額故認爲有加股之必要其辦法擬以舊股二百五十萬元本年度結算所得三十餘萬元之子金全數換作股本再由舊股東盡量先認其認未足額之數完全歡迎四行以債款換作股本加股以外之債仍另案按月分償惟玆事體大本會未敢擅專應由股東大會解決此[illegible]日[illegible]集臨時股東大會之理由也請各股[illegible]對本會提案發抒

偉論

七 提案

（甲） 增加股本案

龔股東農瞻發言： 據董事長報告本公司借款超過股額及今後無餘資供營業上之活動當有增加股本之必要本席對增加股本二百五十萬元甚表贊同惟辦法與手續尚有磋商餘地因公司今天召集臨時股東會議不外下列兩種理由卽一公司是否應該加股二加股是否如此數目若此兩點各股東均認爲適當則認股手續照公司法儘先由舊股東承認其認未足額之數再由董事會向外招募至擬以舊股二百五十萬元本年度所得之子金全數換作股本及舊股東認未足額之數完全歡迎四行以債款換作股本等辦法毋庸明白說出

董事長起立解答： 關於以子金換作股本一層因公司受四行借款合同之限制盈餘當以現金狀況爲依據不能以賬面爲標準換言之卽公司不能借款以發股息所以有此擬議此層應特別聲明

省政府代表王梵潮發言： 照公司現時環境增股及增股數目本席均認爲適當並無異議不過以舊股東權益言新增之股似應由舊股東照前認股額比例增加不必再向四行請求加股以維權益

董事長繼起解答： 照股東權益言自不應有向四行歡迎加股之舉不過公司過去向四行借款及今後續借一百二十萬元均有連鎖關係且四行不日卽將以書面徵詢加股數目本會將無辭以答故此層提請注意

康股東心之發言： 爲結束此案計本席以加股及數目各股東均無異議惟加股辦法依王代表意見擬完全由舊股東照前加股額比例担負不必向外招募卽足照此辦理頗覺限制稍嚴蓋股東之中有心欲加而力不足者有力足而不願再加者有照比例對加而又願多認者種種情況不一本席爲結束此案擬以加股辦法須由舊股東儘先認股按照原有股額對加更善如有放棄不加者由其他舊股東承認再有不足者

重庆电力股份有限公司临时股东大会纪录（一九三九年一月十日）　0219-2-105

授權董事會向外招募

決議：　主席聲明此案提付兩點表決

一　贊成加股二百五十萬元連前二百五十萬元合爲五百萬元者請舉手　全體通過

二　贊成新加之股由舊股東照原有股額對加如有不願照加由其他舊股東承頂再有不足授權董事會向外招募者請舉手　全體通過

（乙）修改章程案

董事長報告本公司股本總額旣經決議增加爲五百萬元則章程第六第十六第十八第三十一各條均有修改必要請各股東公議

龔股東農瞻發言：　本案依公司法須俟新股收足開股東會時方能提付修改不能與增加股本案同時付議

決議：　本案保留

四時五十分散會

主席　胡仲實

公司董事會用箋

啓者查本公司第三屆常年股東[illegible]議錄業經據實紀錄編印茲特檢上五[illegible]希即查照為荷此致

劉總經理航琛

石協理體元

計附決議錄五份

董事會啓

三月十七日

住址：道門口模範市場第四十二號

重庆电力股份有限公司第三届股东常年大会纪录（一九三九年二月十日） 0219-2-105

重慶電力股份有限公司第三屆股東常年大會紀錄

時間：二十八年二月十日午後三鐘

地點：第一模範市場本公司大禮堂

主席：周見三

紀錄：楊彖民

(一)搖鈴開會

(二)行禮如儀

(三)公推周見三股東為大會主席

(四)主席報告：

查本公司股東户數共一百零七户

股權共一萬三千權，本日到會股東為八十一戶，股權為一萬零五百三十五權，實已符合公司法第一百條第二項之規定，應宣佈正式開會。

（五）胡常務董事仲實代表潘董事長（仲三）報告開會理由：

查本屆大會為本公司第三屆股東常年大會，本公司廿七年度結算案既經董事會審查就緒，自應依法召集股東常會分別報告，法議所有一切開會手續均依法辦理。承各股東踴躍蒞臨參加，至為欣幸。現在本公司業務日臻發達，惟因值為多事之時，各股東盡量指示，以憑轉交董事

重庆电力股份有限公司第三届股东常年大会纪录（一九三九年二月十日） 0219-2-105

会查照辦外

（六）石場經理傅克代表刘總經理航琛報告二十七年度營業狀況及革除法案情形：

（甲）、查本公司二十七年度營業狀況有偉大之進展，全年用戶實數計電灯戶數為一万六千一百六十二戶，電力戶數為二百九十一戶，電熱用戶為一百零四戶，共計用戶總數為一万六千五百五十七戶，比較廿六年度增加四千零三戶。是用戶數字之進展。

又全年售電度數照抄見電度統計售出電灯

為七百三十六万三千一百四十度電力為八百六十
九万四千八百二十七度電熱為九万七千三百九十
四度總計全年售出電度為一千四百一十五万五
千三百六十一度比較廿六年度增加八百五十二万
五千八百三十六度是售出電度之增多
又全年電費收入計電灯收入為一百三十四万七千
四百四十元零二角一仙電力收入為四十一万三千
七百八十八元六角六仙電熱收入為七千九百六十
九元零七仙上項三種電費收入總計為一百七十
六万九千二百八十九元九角四仙此外因办理党

重庆电力股份有限公司第三届股东常年大会纪录（一九三九年二月十日）0219-2-105

政軍警機關用電收取六折特價之損失為一
十五萬四千三百零五元七角五仙比較廿六年度增
加電費收入為七十萬零七千七百九十四元五角八仙
是電費收入之增進又路燈一項二十七年全年度
抄見度數為五十萬零三百四十五度應收金額
共計二萬二千九百五十六元五角（平均每一電度約計
售價為四分四釐）
(乙)、查本公司二十七年度其財產狀況如下固定資產
部份(1)固定資產為五百一十九萬七千八百二十九
元五角七仙(2)流動資產為三十四萬四千四百

六千八元〇角六仙（丙）雜項資產為一百三十八万零
七百八十五元九角六仙，總計為六百九十二万三千零
八十三元九角九仙
關於負債部份（1）資本及公積為二百五十八万
一千六百五十一元〇角二仙（2）長期負債（另借
款截至二十七年十二月底止）除按月攤還部尚
欠一百八十一万五千元正（3）短期負債（應付合同
材料及其他等款）為一百一十五万九千零四十二
元六角八仙（4）雜項負債（包括折舊準備、呆
帳準備、應計存款、及其他等款）為八十五

万六千五百三十一元三角六仙(5)其餘五十萬元零五千七百八十四元四角五即本期毛益以上五項總計為六百九十二万三千零八十三元九角九仙

(丙)查本届決算情形如下計廿七年全年度售出电度收入總額為一百八十五万二千七百七十四元正計分下列三項：

(1)电费收入——一百七十二万四千九百五十五元二角六仙

(2)業務手續收入——一万六千一百一十五元四角

(3)雜項收入——一十一万一千七百零三元三角二仙

重庆电力股份有限公司第三届股东常年大会纪录（一九三九年二月十日） 0219-2-105

又二十七年度全年支出总额为一百三十四万六千
九百八十九元六角正计分为下列四项：
(1)发电费用——五十五万二千五百九十九元零七角四仙
(2)供电费用——一十万零四千七百二十四元三角六仙
(3)营业费用——一十二万五千三百一十七元三角一仙
(4)管理费用——五十六万四千五百五十七元一角九仙
以上收支两项品迭毛益计为五十万零五千七百
八十四元四角正
上项决算报告书除由董监审查盖章外并
请谢霖会计师查核出具证明书贴附决算

重庆电力股份有限公司第三届股东常年大会纪录（一九三九年二月十日） 0219-2-105

报告书后面以资查考，又廿七年度报告书已汇稿编辑中，一俟编印竣事，再行分别补送各股东察查。

（七）王监察君颖报告审查二十七年度决算书：

（甲）、查本年度预算收入总额为一百五十万元，计每月平均收入为十二万五千元正（按本年度收入决算总额为一百八十五万二千七百七十四元，计每月平均为十五万四千三百九十八元，计全年度收入数超过预算数为三十五万二千七百七十四元正）

（乙）、查本年度支出预算总额（除折旧、官息、

借款利息、外匯損失、攤提各項外）為七十
二万八千一百五十三元一角七仙計每月平均為六万
零二百七十九元四角三仙〔按本年度支出決
算總額（除折舊、官息、借款利息、外匯損失、
攤提各項外）計六十九万七千六百一十六元五角
四仙計每月平均為五万八千一百四十三元零四仙
計全年度支出尚未達到預算數目計為三万
零五百三十六元七角三仙〕
本屆決算書經監察人公同審查無訛再附言
之四全年度收支預算無法籌措情形對照則

重庆电力股份有限公司第三届股东常年大会纪录（一九三九年二月十日） 0219-2-105

收入预算比较超过三十余万元，支出预算尚未达到预算数目，且减支三万余元（本案经主席提付表决一致举手通过）

（八）胡常务董事仲实报告二十七年度盈余分配案：

查廿七年全年度毛益为五十万零五千七百八十四元四角五分，分配如下：

甲、提百分之十为法定公积金，计为五万零五百七十八元四角四仙

乙、照章应纳所得税（营利所得税）计千分之六十为二万七千三百一十二元三角六仙

重庆电力股份有限公司第三届股东常年大会纪录（一九三九年二月十日） 0219-2-105

(丙)、由本公司章程提撥年息八釐計算提撥股東官息計二十万元

(丁)、除去上列各項外再以淨餘用百分率分配如左

①百分之八為董監酬勞計為一万八千二百三十一元四角九仙

②百分之五為發起人酬勞計為一万一千三百九十四元六角八仙

③百分之廿二為職員酬勞金計為五万零一百三十六元五角九仙

④百分之六十五為股東紅息計為一十四万八千一百

辛元零八角四分

（本案经主席提付表决一致举手通过）

（九）改选董监案

石董事体元提议：　查本公司章程规定董事任期三年监察任期一年本届董监任期均届满期自应照章分别改选用符规定惟查本公司依照本年一月十日临时股东大会决议增加资本案已经法定增加资本二百五十万元依法应俟召集五百万股本之股东大会时修改章程后再为改选应否偏枯据请保留本案留俟下届临时股东会举

重庆电力股份有限公司第三届股东常年大会纪录（一九三九年二月十日）　0219-2-105

(九)请主席提付讨论

（当经主席提出徵求股東意見一致贊成舉手通過）

(十)臨時提議

(甲)胡常务董事仲實提議請求政府收回特價用電案：

理由——查本公司廿七年度因於特價損失一項已達十五万餘元之多，當初本公司要求特價時係援南昌電廠例為理由，南昌電廠係由南昌行營撥[illegible]十万元補助，故有特價之

24

優待本公司係屬民營未受補助情形當然不同且此後抗戰日多優待之損失益鉅公司力不能勝現本市自來水公司已經公告取消用水特價办法同屬公用事業應採同一辦法應請市政府收回成命以期挽回營業損失請大会公議施行

決議｜照胡常務董事提議請市政府取消特價用電一案对于補救公司營業損失及維護公司前途計實具重大意義即由大会全体股東一致贊成通過本案並請由董事会交付經理部办理務期達到圓滿結果

重庆电力股份有限公司第三届股东常年大会纪录（一九三九年二月十日） 0219-2-105

（八）、石董事體元報告關於二十七年度官鴻息及
舊股東增認新股案：
理由——查本公司遵照本年一月十日臨時股東
大會決議增加股本二百五十万元一案當由董事
會分函通知去訖惟截至現在未收到股東通知
增認股額者尚多倘長此遷延難於結束增股問題董
事會爰預留壹百万元為舊股東認額餘額同
時在外分募至舊股東發給廿七年度官鴻息
問題須俟加股問題解決後以便撥付若增股問
題不能確定則[illegible]發息亦為從緩[illegible]

25

擬請由大会確定發息日期俾各股東[illegible]
官鴻息時分别繳朮加股意見以期一次確定增
股數額上兩項事併案办理是否有當請付公
議裁決施行
甯股東芷邨發言：查公司增股案舊股東至今
尚未全体法定實為遺憾茲為從速進行計擬請
仍由公司分函各股東再訂認股期限倘各股東過
期不履則以新認足額加股論
康股東心之發言：本席認為認股與發息應
分為兩案個别办理如果联帶進行在公司固

重庆电力股份有限公司第三届股东常年大会纪录（一九三九年二月十日） 0219-2-105

重庆电力股份有限公司第三届股东常年大会纪录（一九三九年二月十日） 0219-2-105

有特殊苦衷倘因認股不能法定而延遲發給股息日期似覺於進行上两受阻碍擬請一面決定發息日期同時在發息期内仍由公司分函各股東接洽請其自由加股如此兩策雖有聯帶関係但分別办理自易促成進行也

決議——⑴確定本年二月十五日發給廿七年度股息暨全二月底發給股東廿七年度官紅息通告方式不必登報可用書面通知⑵在發給股息期以前再由各舊股東提前自向公司接洽加股確數

（本案经大会股东一致举手通过）

(十一) 六时三十分散会

(十二) 聚餐

主席 周见三

重庆电力股份有限公司第三届股东常年大会纪录（一九三九年二月十日） 0219-2-105

重庆电力股份有限公司第三届股东常年大会纪录（一九三九年二月十日） 0219-2-105

重慶電力股份有限公司第三屆股東常年大會紀錄

27

重慶電力股份有限公司第三屆股東常年大會紀錄

時間： 二十八年二月十日午後三鐘
地點： 第一模範市場本公司大禮堂
主席： 周見三
紀錄： 楊新民

（一）搖鈴開會
（二）行禮如儀
（三）公推周見三股東爲大會主席
（四）主席報告： 查本公司股東戶數共一百零七戶股權共一萬三千[illegible]權本[illegible]
零五百三十五權實已符合公司法第一百條第二項之規
（五）胡常務董事仲實代表潘董事長仲三報[illegible]會理由[illegible]

九 選舉董事監察人案

主席提出本公司董監人數既經各股東一致贊成增加人數應即依決議舉行選舉當指定公司各科長主任發票開票事宜計共發出選舉票九十五張隨即收齊開票結果

潘仲三 得二萬一千三百零六權　劉航琛 得二萬一千二百九十四權
石體元 得二萬一千二百九十四權　康心如 得二萬一千二百一十九權
浦心雅 得二萬一千一百四十四權　周見三 得二萬一千零九十三權
甯芷邨 得二萬一千零三十八權　潘益民 得二萬零四百六十四權
馮一飛 得二萬零五百一十一權　周季悔 得二萬零四百六十權
潘昌猷 得二萬零四百零八權　王君韌 得二萬零三百九十八權
胡仲實 得二萬零三百六十權　何說岩 得二萬零三百五十四權
徐廣遲 得二萬零二百九十權

當選為董事

傅友周 得二萬零七百五十六權　楊粲三 得二萬零一百四十八權
尹國墉 得一萬九千九百九十九權　何九淵 得一萬九千八百七十八權
郭松年 得一萬九千七百九十五權　石竹軒 得一萬九千三百五十八權
李　謨 得一萬九千一百八十三權

當選為監察

當選各董監經主席就開票之結果當場報告因時間已晚另行定期歡迎就職

十 散會

主席　胡仲實

重庆电力股份有限公司临时股东会纪录（一九三九年三月十一日）　0219-2-11

重庆电力股份有限公司第四届股东常年大会纪录（一九四〇年三月二十五日） 0219-2-105

重慶電力股份有限公司第四屆股東常年大會紀錄

時間：二十九年三月二十五日午后二時

地點：曾家岩誠實山莊本公司辦事處

主席：康心如

紀錄：閻倬雲

一 搖鈴開會

二 行禮如儀

三 公推康心如股東為大會主席

四 主席報告：查本公司股東户數共一百四十八户股權共二萬四千二百八十六權本日到會股東為

八十五户股權為二萬零八百三十一權實已符合公司法第二百條第二項之規定應宣佈正式開會

五 主席報告開會理由：查本屆大會為本公司第四屆股東常年大會本公司二十八年度結算業既經董事會審查就緒自應依法召集股東常會分別報告決議所有一切開會手續均依法辦理承各股東踴躍蒞臨參加至為欣幸現在本公司業務因工廠遷川至為發達惟自五三炸後困難尚多至盼各股東盡量指示以憑移交董事會查照

37

六　執行

石協理體之代表劉總經理報告

(A)二十八年度營業狀况及本届决算情形

甲①用户　本年度用户實數計電燈户數為一萬三千四百八十二户電力户數為三百六十六户電熱户數為八十六户路燈七户共計用户總數為一萬三千九百四十四户比較二十七年度减少二千二百七十四户②售電　本年度售電度數照抄見電度統計售出電燈為七百五十四萬九千零二十五度電力為一千六百八十五萬九千零三十八度電熱為六十八

重庆电力股份有限公司第四届股东常年大会纪录（一九四〇年三月二十五日） 0219-2-105

萬五千一百五十度路燈為四十八萬五千八百五十四度總計全年售出電度為三千三百七十八萬三千三百九十九度比較二十七年度增加百分之一百二十三③電費收入本年度電費收入計電燈為一百九十三萬五千一百五十九元九角七分電力為八十九萬三千七百一十元六角電熱為三萬七千一百零五元八角七分路燈為三萬五千二百二十二元七角合計上項四種電費收入為二百八十九萬一千一百九十八元七角四分比較二十八年度增加百分之六十一此外機關用電五月以前照特價六折計算減收約八萬九千九百元五月以後照特價八折計算其

38

減收約七萬二千八百元全年共計特價損失約十六萬一千一百元（四）未收電費　本年度迄至十二月末日止、計待收電費為二十七萬七千五百七十六元五角四分催收電費為十二萬六千八百三十四元五角三分兩共合計為四十萬零四千四百一十一元零七分內催收款項因轟炸等關係難以催收計共一十一萬九千五百八十四元八角四分經本年度董事會議決撥入會計科之催收項下因不及辦理清結手續暫存未收項下未予撥出故本年度未收電費為二十八萬四千八百二十六元二角三分

乙查本公司二十八年度其財產狀況如下　關於資產

部份①固定資產為五百二十八萬二千一百五十元另一角七分②流動資產為一百一十萬另七千三百二十一元四角九分③雜項資產為三百六十六萬五千三百四十七元七角五分総計為一千双零五萬四千八百一十九元四角一分　關於負債部份①資本及公積為五百一十三萬二千二百二十九元八角七分②長期負債（四行借款截至二十八年十二月底止）除前按月攤還外尚欠二百三十六萬四千双零七元七角八分③短期負債（應付合同材料及短期借款等）為二百零二萬二千九百七十六元一角六分④雜項負債（包括折舊、呆帳、催收、電表損失等準備及其他等項）為一百六十萬双零六百六十元零六角

39

三分(丁)前期盈餘滚存為三千二百零四元九角六分以上五項總計為一千零一十二萬三千零七十九元四角正

丙查本届決算情形如下計二十八年度全年電費及其他收入總額為二百九十六萬七千五百六十六元三角七分計分下列三項①電費收入二百七十五萬八千六百六十六元三角二分②業務手續收入一萬六千一百一十五元四角③雜項收入一九萬六千二百四十二元六角五分

又二十八年度全年各項支出總額為三百零三萬五千八百二十六元三角六分正計分下列六項①發電費用一百五十萬另二千三百三十九元七角八分②供電費用

重庆电力股份有限公司第四届股东常年大会纪录（一九四〇年三月二十五日） 0219-2-105

二十四萬另八百七十三元三角五分③營業費用二十三
萬四千八百另九元九角正④管理費用五十八萬一千二
百四十四元七角八分⑤疏散費用六萬九千四百一十一元
三角正⑥戰時損失四十一萬七千一百四十七元二角五分
以上收支兩項品迭虧損爲六萬八千二百五十九元九角
九分
上項決算報告書除由董事監察人審查蓋章外
並請謝霖會計師查核出具證明書貼附決算報告
書後面以資查考又二十八年度報告書正彙稿編輯
中一俟編印齊備再行分別補送各股東察查

40

(B) 甲南岸分廠設立经過

本公司於二十七年二月奉前 行營命令遷移一部份發電機纂建分廠以防敵機空襲跟即查勘廠址纂議折卸建廠安裝事宜原擬遷至長江上游大渡口關以費用浩大停頓延遲年十二月十一日又奉 行營及经濟部命令飭就南岸彈子石窯角沱附近設廠由總廠移一千瓩電機兩座限期二月完成并由经濟部轉商四行貸款二十萬元跟即收買地皮由基泰工程司設計繪圖招商承建由六合公司得標

本年一月動工規定一百三十五天完工造價二十三萬

重庆电力股份有限公司第四届股东常年大会纪录（一九四〇年三月二十五日） 0219-2-105

之派定程總工程師本職負全部建設責任總廠廠務主任吳錫瀛隨時前往監督工程總廠修配組主任張珩南岸分廠主任總廠工務員劉希孟為分廠工務員均常駐南岸辦理一切工程事宜佈置既定積極進行於轟炸之中未敢懈怠六月十七日試車六月廿二日經濟部翁部長親往視察八月九日正式發電計購地工程修配各費達三十萬元

乙李子壩應急電廠借機及裝置經過

本公司於二十八年一月奉令 經濟部設置應急電

41

廠用備總分兩廠被炸後尚可供給路燈之用由資源委員會撥借三百四十瓩柴油發電機一部依據當時柴油市價每度電耗油〇·七磅計算加上利息人工等項費用每度成本約合五角五分為求安全起見選擇李子壩建設新村為廠址開鑿山洞安裝此機於山洞內鑿洞工程包由新蜀營造廠承建去年五月二十九日竣工六月一日開始打鑿機器底脚七月十四日開始安裝機器九月五日全部完成九月二十六日試車完畢九月九日邀請經濟部派員監視試車結果滿意應急電廠工程至此告一段落總共用

重庆电力股份有限公司第四届股东常年大会纪录（一九四〇年三月二十五日） 0219-2-105

去建設費用（包括購置地皮費）六萬九千八百一十
七元五角三分

（C）訂購新機爐經過

查本公司迭奉 經濟部通知以重慶為戰時首都關係異常重要須預籌增加發電設備添購供電器材以應急需並備萬一當於二十八年四月四日及同年五月廿二日先後向英商拔柏葛鍋爐公司訂購四千五百瓩鍋爐一座茂伟廠訂購四千五百瓩透平機一部鍋爐貨價為一萬三千二百鎊（關稅租棧在外）簽字時付五千二百鎊以后按月付八百鎊十個月付清訂

約付款后十個月在香港交貨（現改在海防交貨）第一批約六十噸已到海防第二批約七十噸亦由倫敦運出透平機貨價為一萬四千九百鎊（原約為一萬三千七百鎊因歐戰爆發運費及兵險增加一千二百鎊）第一次付款一萬鎊以后按月付五百鎊付清之日為止訂約付款後十箇月在香港交貨在製造期中如原料人工漲價經倫敦中國購料委員會証明得增價至一千一百鎊此訂購新機爐之經過情形也

(D)歷次轟炸損失

本公司去年自一月十五日起遭受敵機轟炸損

重庆电力股份有限公司第四届股东常年大会纪录（一九四〇年三月二十五日） 0219-2-105

失甚鉅尤以五六七八四個月為甚十月以後敵機雖曾飛臨市空未受損害計直接損失達四十一萬七千一百四十七元二角五分因轟炸而支出之疏散費用等項為六萬九千四百一十一元三角至於可能估計之間接損失例如可能生產額減少及可獲純利額減少以及費用之增加等項約計為一百三十餘萬元

(己)辦理强用電及竊用電概况

查二十八年全年度辦理强用電案為三百九十九件竊用電案為五百三十二件比較二十七年度强

43

用電減少一百六十六件竊用電增多四百九十三件

七 石監察人竹軒報告審查二十八年度決祘書：

甲查本年度預祘電費收入總額為二百八十二萬元計每月平均收入為二十三萬五千元正本年度各項收入決祘總額為二百九十六萬七千五百六十六元三角七分每月平均為二十四萬七千二百九十七元一角九分總計全年度收入數超出預祘為一十四萬七千五百六十六元三角七分

乙查本年度支出預算總額為一百六十八萬一千四百四十八元九角二分計每月平均為一十五萬六千七

重庆电力股份有限公司第四届股东常年大会纪录（一九四〇年三月二十五日） 0219-2-105

百八十七元四角一分本年度支出決标總額為三百另三萬五千八百二十六元三角六分計每月平均為二十五萬二千九百八十五元五角一分綜計全年度支出數超過預算為一百一十五萬四千三百七十七元四角四分

本屆決算經監察人公同審核無訛惟照全年度收支預算與決算情形對照實際收入雖比較預算超過一十四萬七千五百六十六元三角七分但超過數為雜項收入（各廠焊綫補助費及物料盤盈等）佔大多數實則電費收入尚不足預标數六萬一千三

百三十三元六角三分而實際支出則超過預祘額為數頗鉅計為一百一十五萬四千三百七十七元四角四分但本年度係屬特別情形（一）因受敵機迭次轟炸本公司外线損失電表損失因轟炸而不易收得之電費損失又奉政府命令遷機南岸建設分廠及李子垻籌設應急電廠之損失與夫賠工疏散費用等共為七十餘萬元（二）煤價高漲如原来預算每噸以十元另五角計算但以後驟漲至每噸四十元零僅此一項即超出預祘二十餘萬元又因物價高漲事務費亦增加甚鉅因之超出預祘

重庆电力股份有限公司第四届股东常年大会纪录（一九四〇年三月二十五日）　0219-2-105

如上數一本案经主席提付表决一致舉手通過）

九　改選監察人

主席提出本公司章程監察人規定任期一年本屆監察人任期業已屆滿自應照章改選用符規定當指定公司各科長主任擔任發票開票事宜計共發出選舉票八十五張收回八十五張廢票五張有效票八十張開票結果

何兆青　得二萬零四百二十一權　尹國墉　得一萬九千二百八十六權

石竹軒　得一萬九千二百零八權　李蓉　得一萬九千二百三十八權

席文光　得一萬八千八百三十七權　楊燦三　得一萬五千六百九十八權

45

陳懷先 得一萬四千三百四[illegible]權

十 散會

重庆电力股份有限公司第九届股东会议纪录（一九四五年四月四日） 0219-2-118

重慶電力股份有限公司第九屆股東會議紀錄

重庆电力股份有限公司第九届股东会议纪录（一九四五年四月四日） 0219-2-118

重慶電力股份有限公司第九屆股東會議紀錄

時間　三十四年四月四日午後二時
地點　重慶民權路本公司會議廳
出席　（另詳簽到簿）
主席　寗芷邨
紀錄　張君鼎
　　　閻倬雲
　　　孫希曙

一、搖鈴開會
二、報告到會戶數股數及權數
三、公推寗股東芷邨為臨時主席
四、全體肅立向　黨國旗及國父遺像行三鞠躬禮
五、主席恭讀　國父遺囑
六、主席致開會詞略謂本公司依照公司章程之規定必於每年度決算後召開股東大會一次報告上年度決算及營業狀況本年又須改選董事及監察人經董事會決議定於本日召開第九屆股東大會查本公司原有股東戶數為一百三十八戶股數為三十萬股股權為一十五萬零六百九十權本日到會股東戶數為一百零六戶股數為二十九萬七千九

一

重庆电力股份有限公司第九届股东会议纪录（一九四五年四月四日） 0219-2-118

2

百九十三股股權為一十四萬七千二百零三權均超過三分之二以上依照公司法第一百條第二款之規定可正式開會希望到會各股東儘量發表意見

七、浦總經理報告三十三年度業務狀況及決算情形

本公司三十三年度總發電量為六千八百萬度購入電度為五百五十萬度抄見度數電燈二六，六〇五，七三四、三二度電力三〇，九一〇、〇九八、三七度電熱二、二三四、四四七、四九度電費收入四萬九千九百餘萬元政府補貼一萬萬元外加業務手續費等總共收入為六萬萬零八百萬元支出方面發電費用三萬萬八千一百萬元供電費用七千萬元營業費用六千七百萬元管理費用一萬萬零五百六十萬元戰時損失一百二十萬元合共六萬萬二千四百五十餘萬元相抵不敷一千六百六十餘萬元虧本之原因有二一因本公司電價自三十二年七月一日起改訂以來迄今二十二個月未准調整而在此期間物價指數已漲至十餘倍燃煤加價三倍多且質地愈劣水份達百分之二灰份常達百分之四十六以上增加煤耗提高發電成本政府所辦電廠之電價無不較本公司電價為高即同在一地原由本公司供電劃歸巴縣電力公司之電價亦早比本公司高出數倍本公司之電價則至今猶係電燈每度十元電力每度五元也二因偷電之損失查本公司發電度數與抄見度數之差達百分之三十以上除線路損失外偷電損失約占百分之十七、八其原因一為請求正式用電而未准者一則軍警憲與政府各機關雖經努力取締卒以權力不屬難期收效當去年三月燃煤加價之時本公司即請求增加電價未邀允准本人負咎辭職亦未邀董事會允許董事會亦深鑒愈陷困難乃推舉董事七人成立臨時維持委員會會同奔走呼籲經幾個月之時間至九月始准由六月份起按月補貼一千萬元當然不敷甚鉅續經不斷請求始允自十月份起增加補貼一千萬元

一面本公司雖在艱難困苦之中並未放棄其責任運存印度十幾個月之齒輪卒經設法運入以兩星期之時間裝配於第二廠停置之一千瓩發電機於去年五月三日發電並促成五十兵工廠增添設備以餘電售由本公司供給南岸龍門浩水泥廠一帶當時輪流停電辦法得以取消採得生產局可以轉請租借物資立請供給發電設備及各種器材經已奉准轉請發電設備兩套及器材數百噸據説年内可以陸續運交能否如願尚不可知至資金不敷週轉全賴國家銀行借款今已將達三億元雖云勉渡難關仍是增加利息現在各種物價還是逐日飛漲而電價則仍不准調整燃煤質地愈劣且常供應不足各方需電日增而機器無法增加器材日缺購補愈難竊電日劇無力取締種種困難一言難盡本人痛感才力淺薄無以應付深恐貽誤大局務請各股東加以考慮另簡賢能無任倚幸

八、監察人報告審查三十三年度決算書

伍監察劍若報告　本公司三十三年度決算書經正則會計事務所謝霖及蘇祖南兩會計師查核證明無訛資產負債情形如下

負債總額	二八八，六九〇、七八二、五〇内計
甲、資本及公積	三四，三〇〇、五一六、〇五
資本總額	三〇，〇〇〇、〇〇〇、〇〇
法定公積	一，五〇二、五七二、七一
特別公積	二一一、三二六、二三
特別準備	二，五八六、六七一、一一
乙、長期負債	三二，二四八、五〇七、五九
丙、短期負債	八八，八一八、六二七、四九

重庆电力股份有限公司第九届股东会议纪录（一九四五年四月四日） 0219-2-118

3

銀行透支　一八，七〇九、五四七、四九
存入保證金　三〇，六三九、六三〇、五〇
應付賬款　六一五、七七七、二〇
應付股利　三三一、二四七、二八
應付紅利　五三、九六〇、六九
應付職工酬勞　三四，三九〇、一四九、一三
丁、雜項負債　一三二，〇八五、四七三，六七
折舊準備　一〇，六五四、〇六三、八六
呆賬準備　五四六、八六〇、五四
材料溢價準備　三六四、〇五八、二〇
暫收款項　五一，二三四、二八二、六〇
應計存項　六九，二八六、二〇八、四七
戊、前期盈餘滾存　一，二三七、六五七、七〇
資產總額　二八八，六九〇、七八二、五〇
甲、固定資產　五六，六〇二、二八五、四九
發電資產　一九，五七九、八九四、七七
輸電配電資產　二二，四〇九、一四三、五六
用電資產　五，一九六、二〇七、九一
業務資產　九，四一七、〇三九、二五
乙、流動資產　九七，四九六、一二五、六二

銀行存款 一七九、四一〇、一九
應收賬款 四七、八二四、九九〇、六九
借出款 一五〇、〇〇〇、〇〇
有價證券 六九六、三三七、五〇
材料 四八，六四五、三八七、二四
丙、雜項資產 一一七，九四三、八八八、七〇
戰時防護費 一九四、二九六、四九九
存出保證金 五二二、九九三、九九
暫付款項 二六，六七九、七七二、六九
應計欠項 三一，八九三、〇〇七、三七
預付款項 二八，九三二、四二七、〇三
提存基金 三六三、〇一
催收款項 一七、九四四、五三
投資企業 五，二三五、〇〇〇、〇〇
合同訂購材料 二三，四九七、六四四、八三
合同訂購新機 九七〇、四三八、七六
丁、本期虧損 一六，六四八、四八二、六九
損失利益情形如下
利益額為 六二四，五三八、二五七、四二內計
甲、電費收入 四九八，九六五、六八〇、九五

三

重庆电力股份有限公司第九届股东会议纪录（一九四五年四月四日） 0219-2-118

4

電燈收入 一九七，〇二九、七四四、八六
電力收入 二八一，〇六三、二九四、二五
電熱收入 二〇，五七九、一五九、三〇
路燈收入 二二、八三八、四〇
補繳電費收入 二〇一、五七五、三四
自用電度收入 六九、〇六八、八〇
業務手續收入 一二六、五五九、〇〇
乙、雜項收入 一〇八，七九七、五三四、七八
丙、利息收入 二三九、七六九、〇五
房地租金收入 一〇六、〇〇〇、〇〇
售貨利益 二四二、〇五五、二二
補助費收入 一〇七，二一二、〇三六、九二
物材料盤盈 九八八、五〇九、九二
其他雜項收入 九、一六三、六七
丁、本期虧損 一六，六四八、四八二、六九
損失額為 六二四，五三八、二五七，四二內計
甲、經常開支 六二三，三三一、九九〇、三八
發電費用 三八〇，五一五、〇二三、〇一
供電費用 七〇，〇九五、七七六、七二
營業費用 六七，一一六、七八〇、六八

管理費用　一〇五，六〇四、四〇九、九七

乙、特項開支（戰時損失）　一，二〇六、二六七、〇四

九、討論事項

甲、三十三年度股息案

蒲股東心雅提議　本公司三十三年度電價未加雖政府補貼一億元仍不敷一千六百六十四萬八千四百八十二元六角九分以致股東無官息可分而本公司供獻抗建出力至鉅股東毫無報酬亦似不合情理擬請大會准許各股東依據往例借支官息八厘是否有當敬請

討論

決議　股東借支官息八厘

乙、擬請政府隨時合理調整電價以維現狀案

本公司董事會提

茲據本公司股東代表人范衆渠等致函本會擬請政府隨時合理調整電價以維現狀一案請提付股東大會討論等因經提付三十四年四月二日臨時董事會決議提請本屆股東大會討論等語紀錄在卷究應如何辦理敬請

討論

附錄原函一件

逕啟者查本公司現行電價尚係三十三年七月所核定瞬將二年此二年之中一般物價之高漲情形據中央調查統計局所編指數表生活指數由九七八六、八（三十二年上半年）增至七五八〇二、四（三十四年一月）計增加七倍强以煤價而言由每噸一千

四

重庆电力股份有限公司第九届股东会议纪录（一九四五年四月四日） 0219-2-118

一百元增至四十三百元計增加四倍而本公司電價雖一再請求政府核加並經維持委員會諸公及經理部份奔走呼籲迄未奉准僅准自三十二年六月份起貼補一千萬元同年十月份起增加貼補一十萬元杯水車薪無濟於事致去年度公司虧累超過股本之半數瀕於破產之地步現在本公司之開支因燃煤工資及材料費用之猛漲每月又須一億六千萬元而新電價尚在政府審核之中每月收入連補貼在內僅七千萬元不敷甚鉅勢將無法維持本公司貢獻抗建任何犧牲在所不惜但此後方唯一之大動力設備不應讓其倒閉特此函請

大會轉請政府從速核定新電價並隨時依照燃煤煤及物料工資增漲情形合理調整以維現狀無任企禱

謹上

董事會

決議　交下屆董事會負責辦理

丙、擬請政府配給足量與不攙石塊泥沙之煤以維發電案　本公司董事會提

本會據股東代表人范崇實等函稱

「謹陳者本公司鍋爐之製造係配合重慶市煤質而設計若煤質太差不但影響機爐壽命發電容量亦將大減加煤熄火之事屢次發生公司將到廠之煤每星期取樣化驗水份常達百分之二以上灰份常達百分之四十六以上者煤中攙雜石塊泥沙等不能燃燒之物浪費運力莫此為甚最近且連此種劣煤尚不能足量配給例如三月份申請燃煤一萬二千噸核准一萬一千噸其中遂川公司五百噸拒絕交運而寶源之煤比配額少交一半

以致隨時均有停電之虞謹請
大會提付本屆股東大會討論請求政府負責切實配給足量與不攙石塊泥沙之煤以維
發電」等語經提付三十四年四月二日臨時董事會決議提請本屆股東大會討論等語
紀錄在卷究應如何辦理敬請
討論

決議　交下屆董事會負責辦理

丁、　請求政府與國營電廠同樣待遇以示奬掖民營事業案

本公司董事會提

本公司股東羅震川等函稱
「敬陳者查扶助民營事業為國府既定政策而抗戰期中無論國營民營同為國家效力
何分彼此然考諸實際民營事業負担捐税至為繁重以言國税則有印花税營業税所得
税利得税地方税則有房捐地價税臨時尚有公債儲蓄券兵役優待金等攤派而國營電
廠一概豁免不惟此也本公司電價亦同受政府管制電價之高低懸殊試以貴陽電廠為
例電燈價每度五十六元電力價每度五十元自流井電廠電燈每度二十七元電力每度
二十六元三角宜賓電廠電燈價每度二十二元電力每度十八元三角而本公司電價兩
年來均係電燈每度十元電力每度五元國營電廠有加價之便利無捐税之負担且有各
種平價物品之供應獲有專營權利之電氣事業尚復如此他可想知其違背國策為何如
耶謹此提請
大會提付本屆股東會討論請求政府與國營電廠同樣待遇以示奬掖民營事業之至意
」等語經提付三十四年四月二日臨時董事會決議提請股東大會討論等語紀錄在卷

五

重庆电力股份有限公司第九届股东会议纪录（一九四五年四月四日） 0219-2-118

應如何辦理敬請
討論

決議　交下屆董事會負責辦理

十、照章改選董事及監察人

共發出董事及監察人選舉票各一〇六張收回票數同開票結果計

潘仲三	得票	一四六、〇四九權
康心如	得票	一四六、〇四九權
劉航琛	得票	一四六、〇四九權
浦心雅	得票	一四六、〇四九權
郭景琨	得票	一四六、〇四九權
徐廣遲	得票	一四六、〇四九權
甯芷邨	得票	一四六、〇四九權
石體元	得票	一四六、〇四九權
潘昌猷	得票	一四五、〇四四權
杜梅和	得票	一四五、〇四四權
胡仲實	得票	一四五、〇一四權
周見三	得票	一四五、〇一四權
周季悔	得票	一四五、〇一四權
劉敷五	得票	一四五、〇一四權
程本臧	得票	一四三、〇〇四權

重庆电力股份有限公司第九届股东会议纪录（一九四五年四月四日） 0219-2-118

以上十五位當選為本屆董事

傅友周 得票 一四六、一六一權

楊燦三 得票 一四六、一六一權

何北衡 得票 一四四、四六一權

梁　平 得票 一四四、〇六一權

石竹軒 得票 一三八、〇九六權

尹國墉 得票 一三三、二七六權

伍劍若 得票 一一五、一六六權

以上七位當選為本屆監察人

十一 臨時動議事項

本公司三十三年虧損一千六百餘萬元超過股本三千萬元之半數以上應如何辦理以符法令案

劉股東航琛提議　查公司法規定股本虧損三分之一以上者應即清理現本公司虧損二分之一以上依法應即宣告破產否則應設法補救本席認為補救之方有三(一)請求政府補貼虧損一千六百餘萬元(二)資產增值至六千萬元以上(三)請政府收購究應如何辦理請各股東儘量發表意見

決議 請求政府補貼三十三年度虧損一千六百六十四萬八千四百八十二元六角九分並請准許資產增值至六千萬元以上

十二 散會

主席 甯芷邨

六

重庆电力股份有限公司第十一届股东大会会议纪录（一九四七年四月二十四日） 0219-2-118

重慶電力公司第十一屆股東大會會議紀錄

時間 三十六年四月二十四日下午二時

地點 重慶民權路本公司會議廳

出席 另詳簽到簿

主席 周見三

紀錄 張君彬 龔伯華

一、搖鈴開會

二、報告到會戶數股數及權數

三、公推周股東見三為主席

四、全體肅立向國旗及國父遺像行三鞠躬禮

重庆电力股份有限公司第十一届股东大会会议纪录（一九四七年四月二十四日） 0219-2-118

六、主席致開會詞 略謂本公司依照公司
章程之規定應於每年度決算後召開股
東會報告上年度營業狀況及決算情形
經董事會決議定於本日召開第十一屆股東
大會 查本公司原有股東户數為一百三十七户
三十万股 一十五万零六百八十五权 本日到会股东
户数为九十三户 股数为二十二万七千八百八十三股
股权为一十二万四千四百零五权 股东户数股数
权数均超过三分之二以上 依照公司法之规定 可
正式开会 希诸位到会各股东儘量发表意见

125

六、黄科长大庸代表總經理報告三十五年度業務狀況及決算情形

甲、業務狀況

（一）用户 本年度迄十二月份底止計有電燈用户一萬四仟三百五十七户、電力用户一千二百三十六户、電熱用户三十二户，共計有用户一萬五仟六百二十五户

（二）售電 本年度迄十二月份底止抄見售電度數計

（1）電燈售電二仟二百九十九萬三千五百零九度

（2）電力售電三千一百二十九萬四千五百八十四度

（3）電熱售電三十四萬三千四百七十九度

燈力熱共計總售電五千四百六十三萬一千五百七十二度，以結賬關係本年度不及辦理完竣由總售電度數內移轉三十六年度者計電燈售電六十七萬七千八百二十八度、電力售電一百九十六萬三千三百八十一度、電熱售電六千八百零四度，共計燈力熱二百六十四萬八千零一十三度

（三）應收電費 本年度實際應收電費金額連同煤價調整費依照抄見售電度數計共一百一十億另八千四百二十一萬四千四百三十四元七角七分，除以結賬關係辦理不及移轉三十六年度者八億五千二百九十七萬九千四百二十元零八角

三分外（內計電燈二億另一百二十七萬一千另九十九元三角八分電力六億四千九百三十三萬七千一百九十四元七角九分電熱二百三十七萬一千一百二十六元六角六分）

本年度賬上應收電費為一百另二億三千一百二十三萬五千另一十三元九角四分計（1）電燈四十六億另一百一十五萬五千另二十一元二角九分（2）電力五十五億六千四百七十二萬六千一百三十二元八角六分（3）電熱六千五百三十五萬三千八百五十九元七角九分

除上抄見售電度數應收電費外本年度撤表尾度電費收入共計一億四千另三十一萬三千一百三十五元六角一分（內計電燈六千八百另九萬八千四百三十元另七角八分電力六千九百五十萬另六千五百一十二元二角一分電熱二百七十萬另八千一百九十二元六角二分）

（四）退誤收電費　本年度辦理誤收電費退費金額計共四百四十二萬八千五百一十五元另七分

（五）銷改重複誤製電費收據　本年度辦理歷年重複誤製等新舊電費收據計註銷金額二億三千六百另三萬四千七百八十六元四角四分改製收據併入應收電費者計四千一百四十八萬六千一百三十五元另九分兩相品迭實冲銷一億九千四百五十四萬八千六百五十一元三角五分

126

（六）電費經收情形／本年度收費股經辦收費情形如左

（1）接收上年度應收未收電費餘額八億二千七百七十二萬三千四百二十元另八角七分及本年度各種新製電費收據金額一百另二億三千一百二十三萬五千另一十三元九角四分

（2）收進各種應收電費計繳國幣九十二億六千二百一十五萬八千九百九十七元一角六分

（3）本年度應收電費金額及上年度移來應收未收電費金額總計除收繳款及註銷者外實存應收未收電費金額一十五億六千另七十六萬四千六百五十一元二角一分移三十六年度繼續辦理

乙、財產状况

本公司固定資產總額為二億三千五百三十五萬三千七百八十元零四角內計發電資產為五千四百二十萬零六千三百六十一元六角三分輸電配電資產為一億零三百八十八萬零五百三十五元一角

八分用電資產為二千零二十五万五千九百七十二元六角 業務資產總額為五千七百零二萬零九百一十二元三角九分 流動資產總額為二十三億二千五百一十六万九千四百零二元三角一分 内計銀行存款六百七十三万七千三百五十五元三角五分 應收賬款一十五億五千九百五十八万二千八百七十三元五角八分 有價證券八千零二十三万五千二百零三元一角五分 材料六億七千八百六十一万三千九百七十元三角三分 新项資產總額為一十二億五千零二十七萬

127

九千六百一十八元零五分内计存出保證金一百四十七万七千五百五十八元九角九分暫付款项二億七千七百二十三万八千三百六十四元七角四分应计欠项二百一十三億九千一百六十六元五角七分预付款项六億八千六百零一万二千九百三十九元七角五分提存基金二億六千四百八十万零七千九百一十八元八角零投资企業七百二十万零七千五百元合同计購材料一千零四十二万五千七百二十五元四角三分合同计購新機九十七万零七

四百三十八元七角六分
本公司法定公积金一百五十万零二千五百七十三
元七角一分 特别公积金二十一万一千三百二十六元
六角六分 特别准备 二百五十八万六千六百一十七
元一角一分 长期借入款七千三百三十八万七千
三百元 短期负债總款为 八亿九千七百一十
六万七千六百三十一元六角三分 内计应付票据
三亿二千八百万元 银行透支八千四百四十一万九千
零零五元九角三分 存入保证金四亿一千
四百九十九万七千二百二十五元三角 应付账款

128

一百一十八万五千九百九十九元二角 应付股利
五十九万五千四百八十三元六角八分 应付红利
二万三千九百六十元六角九分 应付职工酬劳
九百八十五元四角一分 职工储金 六千四百七十
八万零零七十三元七角零分 应付公司款项
三百一十六万四千八百九十七元六角九分 杂项
负债总额为二十八亿二千四百九十七万一千八百五十
元九角 内计拆借准备六亿九千七百零
七万二千八百一十七元三角八分 呆账准备
四亿九千七百八十三万三千零八十三元五角四分

重庆电力股份有限公司第十一届股东大会会议纪录（一九四七年四月二十四日） 0219-2-118

暂收款项一亿二千零四十六万八千七百一十七元八角三分 应计存款项一十五亿零九百五十九万七千二百三十三元一角五分

丙、决算情形 上年度本公司电费收入一百零三亿七千三百三十六万三千零二十九元三角四分 营业装手续收入二百二十八万三千八百五十五元八角 杂项收入总额为一亿四千五百零五万二千五百三十三元八角八分 内计利息收入二百一十四万三千五百二十六元六角六分 房地租金收入二百五十七万

重庆电力股份有限公司第十一届股东大会会议纪录（一九四七年四月二十四日）　0219-2-118

128

零七百八十元三角四分　营业外利益一千七万七千八百元　补助费收入一亿三千八百九十八万八千六百零零一元七角五分　其他杂项收入一百一十七万一千八百二十五元一角七分　合计为一百零五亿二千零五十九万九千四百一十九元零三分　除去上年度经常开支一百零五亿零一千五百四十一万一千二百七十二元一角三分外　盈余五百二十八万八千一百五十七元八角九分

七、监察人报告审查三十五年度决算书

伍、監察人報告　本公司三十五年度決算書經董事會審查並經正則會計事務所謝霖會計師查核無訛，資產負債損失利益數字已由黃科長詳細報告，並印有報告表送各股東察核，另有詳細賬表存放會場，請與會各股東詳查。

主席發言：各股東對監察人所提審查報告如有疑問，請儘量發表意見。

旋提付表決，一致通過。

重庆电力股份有限公司第十一届股东大会会议纪录（一九四七年四月二十四日） 0219-2-118

130

八、討論三十五年度股息案

劉代董事長說明 本公司三十五年度經

政府停止補貼 實際虧本甚鉅 擬請

全體准許各股東依據往年成例發給

官息八厘是否有當敬請

公決

決議 股東借支官息八厘照四月底發給

九、本公司資產重估價案

本公司董事會提

說明

政府為維持工礦運輸事業於三十五年十二月二十八日公佈工礦運輸事業重估固定資產價值調整資本辦法特許將舊有固定資產按照政府公佈之指數換算增值依其公佈之辦法二十六年以前得增一八〇〇倍二十七年增加一四〇〇倍二十八年增加八〇〇倍二十九年增加三五〇倍三十年增加一四〇倍三十一年增加四五倍三十二年增加一四倍三十三年增加四倍三十四年增加一倍本公司固定資產包括發電輸電配電用電設備依照歷年賬面增加數字其以外滙購置者照外幣計算其以法幣購置者照當時外滙行市換算公司全部固定資產應值實金四、七六〇、三五六、一〇元[redacted]若以賬面數字依照政府公佈之增值辦法及歷年指數計算全部固定資產可增加至九、三七九、七六七、二四六、三三元[redacted]加以土地及其改良應照市價估定約合九一六、三九八、三八五、〇〇元共計一〇、二九六、一六五六三一、三三元查資產增值(1)係保障股東權益因資產增值資本加多股息因之加多(2)單因公司基礎資產增值須折舊加大折舊準備加多設固定資

重庆电力股份有限公司定于一九四八年四月二十八日召开第十二届股东大会的启事（一九四八年三月二十七日） 0219-2-222

送達機關：公告

事由：本年四月二十八日下午二時召開本市十二屆股東大會

文別

附件

原稿已 三．廿七．

會章抄送

中華民國卅七年三月廿七日發出

三月廿七日繕校

發文電字第359號

收文電字第 號

卷號

總經理

協理

主任秘書

總務科科長

文書股股長

擬稿 三月廿七日

登報稿

新民、世界、國民、商務各日報

各登三日一礼拜

重慶電力股份有限公司董事會啟事

茲定于三十七年四月二十八日（星期三）下午二時在重慶民權路六十二號本公司會議廳召開第十二屆股東大會并改選董監，正希各股東屆時出席，自開會前一個月

重庆电力股份有限公司定于一九四八年四月二十八日召开第十二届股东大会的启事（一九四八年三月二十七日） 0219-2-222

用信箋套，油印一百五十份

起停止股票過戶除專函奉達外特此公告此啓

附各股東通知書

敬啓者茲定於本年四月二十八日（星期三）下午二時

在重慶民權路六十三號本公司會議廳召開第十二

屆股東大會並改選董事及監察人除登報公告

外特此函達查照　屆時務希參加為荷如因事不克

親自出席須委託代表者請填具委託書送交本

會並檢附委託書一份入場券一張即請

重庆电力股份有限公司定于一九四八年四月二十八日召开第十二届股东大会的启事（一九四八年三月二十七日） 0219-2-222

用信箋套、油印各信份

簽收為幸此啟

股東

代表人

附委託書一張入場券一張

重慶電力公司第十二屆股東會啟

三十七年三月二十七日

中華民國卅七年四月二日 發出

委託書

逕啟者本年四月二十八日（星期三）下午二時本公司在重慶民權路六十三號本公司舉行第十二屆股東會鄙人

重庆电力股份有限公司定于一九四八年四月二十八日召开第十二届股东大会的启事（一九四八年三月二十七日） 0219-2-222

因事不克参加会议兹委托　　股东　　代表出席即请

查照为荷此致

重庆电力股份有限公司第十二届股东大会

股东户名

代表人

（签名盖章）

启

三十七年四月　　日

附各种通知

本公司定于本年四月二十八日（星期三）下午二时在本公司

会议厅举行第十二届股东大会即希准备各项材

重庆电力股份有限公司定于一九四八年四月二十八日召开第十二届股东大会的启事（一九四八年三月二十七日） 0219-2-222

8

10

料屆時到席以備諮詢爲要此致

總工程師

各科長

通知大會職員　總經理

本公司定于本年四月二十八日（星期三）下午二時在本公司會議廳舉行第十二屆股東大會茲指定大會職員另左即希　查照爲荷此致

總經理

附大會職員表

中華民國卅七年三月廿七日發出

重庆电力股份有限公司定于一九四八年四月二十八日召开第十二届股东大会的启事（一九四八年三月二十七日） 0219-2-222

一、會場佈置　劉股長鳴亭　劉科員大有

二、會議紀録　周秘書伴忠　董秘書銘唐

王科員仲康

三、繕寫　江科員海東　劉科員遠鵬

四、招待　李股長[illegible]　劉股長[illegible]　徐科員世和

五、報到　王科員祥璋　劉科員子傑

六、司儀　寧股長席君

七、唱票　魯科員秉清　謝科員杲安

12

八、用電　劉股長德惠　張科員治源

陳股長西銘　溫科員作屏

何股長鑑聰　劉科員祖春

周股長立園　朱與平

九、監察處　周股長丕南　張兄(?)樹玉

中華民國卅七年三月廿七日發出

重庆电力股份有限公司定于一九四八年四月二十八日召开第十二届股东大会的启事（一九四八年三月二十七日）　0219-2-222

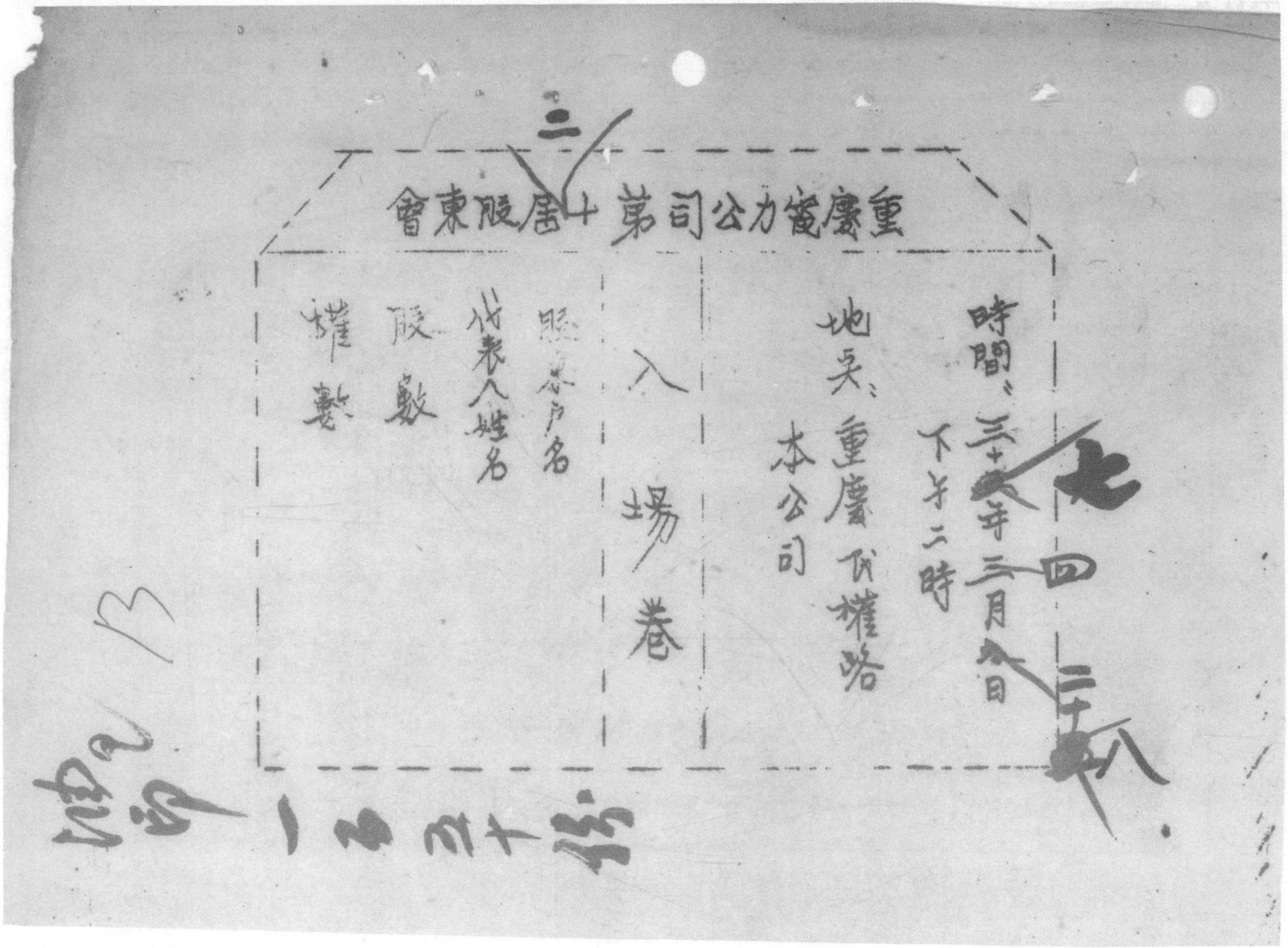

重慶電力公司第十二屆股東會

入場卷

時間：三十七年四月二十八日 下午二時

地点：重慶民權路 本公司

照票户名

代表人姓名

股數

權數

13

油印一百五十份

重庆电力股份有限公司定于一九四八年四月二十八日召开第十二届股东大会的启事（一九四八年三月二十七日） 0219-2-222

重庆电力股份有限公司第十二届股东大会会议纪录（一九四八年四月二十八日）　0219-2-118

178

重慶電力股份有限公司第十二屆股東大會會議紀錄

時間　三十七年四月二十八日下午二時

地點　重慶民權路六十三號本公司會議廳

出席　另詳簽到簿

主席　石竹軒

紀錄　周倬雲　黄季甫　[illegible]仲康　張君彤

一、揺鈴開會

二、報告到會户數股權及權數　本公司股東户數為一百三十七户，分為三十萬股，一十五萬零六百八十五權，本日到會股東一〇七户，二十七萬九千

重庆电力股份有限公司第十二届股东大会会议纪录（一九四八年四月二十八日） 0219-2-118

五百九十八股　一十四万零三百四十二权　户数股数

权数均已超过半数

三、公推石竹轩为主席

四、全体肃立向国旗及国父遗像行三鞠躬礼

五、主席致开会词略谓本公司依照公司章程之规定，应于每年度决算后开股东大会，报告上年度营业状况及决算情形，经董事会决议定于本日召开十二届股东大会，本日到会之股东户数股数权数均超过原额三分之二以上，依照公司法之规定可正式开会，希望

171

到会各股东儘量發表意見

六、總經理報告三十七年度業務狀況及決算大概情形

黄科長大庸代表報告

甲、業務狀況

（详次页）

油印五十份 (1)

180

三十六年度業務概況

(一)用戶 本年度十二月底止計有

1. 電灯用戶 壹萬柒仟壹佰貳拾伍戶

2. 電力〃〃 柒佰肆拾捌戶

3. 電熱〃〃 叁拾壹戶

共計壹萬柒仟玖佰零肆戶

(二)售電 本年度迄十二月底止抄見售電度數計

1. 電灯售電 貳仟壹佰柒拾萬零柒仟玖佰壹拾玖点零陸度

2. 電力售電 貳仟陸佰柒拾玖萬伍仟貳佰伍拾零点玖柒度

3. 電熱售電 壹拾陸萬伍仟肆佰捌拾玖度

共計售電肆仟捌佰陸拾陸萬捌仟陸佰伍拾玖点零叁度

本年度發電度數共計柒仟捌佰陸拾萬零三仟捌佰柒拾伍度

1.電灯售電 等於發電度數 27.6% 售電度數 44.6%

2.電力 〃 〃 〃 34.1% 〃 55.1%

3.電熱 〃 〃 〃 0.2% 〃 0.3%

（三）應收電費

本年度實際應收電費（正價及煤價調整費）金額連同重置發電設備費依據抄見售電度數共計柒佰叁拾肆億貳仟捌佰伍拾萬零捌仟玖佰捌拾元零捌角陸分計

1.電灯貳佰玖拾壹億貳仟伍佰零捌萬陸仟柒佰壹拾元零三角三分佔總

181

(2)

收入79.62%

2.電　力捌佰零玖億陆仟伍佰伍拾萬零陆仟零叁拾壹元捌角壹分佔總收入48%

3.電　熱叁億零叁佰陆拾伍萬零伍佰叁拾贰元零陆分佔總收入4%

4.重置設備費自本年三月份起至十二月底止每度加徵收捌拾元共計叁拾億零叁仟捌佰贰拾陆萬伍仟陆佰陆拾柒元零陆分佔總收入4.7%

加上年度應收未收電費贰拾捌億壹仟叁佰柒拾捌萬捌仟零柒拾贰元零捌分總計本年應收電費柒佰伍拾捌億捌仟贰佰贰拾伍萬叁仟零壹拾贰元玖角正

(四)核退誤收電費

本年度以後誤收電費退還費金額計贰仟贰佰玖拾伍萬柒仟捌佰陆拾玖元陆角

(五)電費徵收情形

重庆电力股份有限公司第十二届股东大会会议纪录（一九四八年四月二十八日） 0219-2-118

本年度收費賬務收費情形如左

(A) 接收上年度應收未收電費餘數貳拾捌億壹仟叁佰柒拾捌萬捌仟零柒拾貳元零捌分及本年度各種新舊電費收據金數柒佰叁拾捌億貳仟捌佰伍拾萬零捌仟玖佰捌拾元捌角陸分共計柒佰伍拾捌億捌仟貳佰貳拾伍萬叁仟零壹拾貳元玖角正

(B) 收進各種應收電費計徵圓伍佰零叁億柒仟陸佰捌拾貳萬叁仟柒佰捌拾叁元壹角壹分 等於應收電費66.4%

(C) 本年度收到歷年重複誤與等新舊電費收據註銷金數計伍億捌仟柒佰零伍萬陸仟叁佰零貳元柒角捌分

※ ※ ※ ※ ※

182

(十四) (9)

本年度应收电费金额及上年度移来应收未收电费金额，除收缴款及注销者外，实存应收未收电费金额贰佰捌拾捌亿柒仟捌佰叁拾柒万贰仟陆佰叁拾叁元零叁伍分，等于应收电费72.85%

应收未收电费包括下列各项

1. 自来水公司金额[illegible]（连同十二月金额$1,111,747,000.00）共计金额[illegible]元）

2. 特别用户（机关法团等）金额[illegible]元

3. 前大拆表金额[illegible]

4. 整理票（无法催收须报损呆帐）金额[illegible]元

5. 准备销改票金额[illegible]元

重庆电力股份有限公司第十二届股东大会会议纪录（一九四八年四月二十八日） 0219-2-118

6.合約用戶十二月底抄表不能在本年度內收費者計[illegible]元
除上開各項外應收未收金額計[illegible]元查十二月份電費製票金額為
[illegible]元故實際庫存不及一個月電費之金額
(六)奉令加收重置發電設備費辦理及徵收情形
1.加收重置發電設備費係自本年三月份起開始辦理自三月份至四月份兩個月
以電費正式收據單獨出票四月份以後為簡化手續起見不再單獨製票
2.全年(三月至四月)製出之收據計叁萬壹仟玖佰貳拾叁張(單獨製票)
3.全年應收金數(單獨票與混合票總數)叁拾億零叁仟捌佰貳拾陸萬伍仟陸佰
陸拾柒元零角陸分(內單獨票金數陸億叁仟玖佰玖拾叁萬玖仟玖佰陸拾玖元捌角)
4.收繳票叁萬零柒佰柒拾張(單獨票)

183

（4）

5.收缴金数（单独票与混合票总数）贰拾叁亿捌仟伍佰捌拾捌万伍仟陆佰叁拾叁元（角叁分 等于应收之77.3%

6.应收未收存票（单独票）壹仟壹佰伍拾叁张

7.应收未收金数（单独票与混合票总数）陆亿捌仟捌佰捌拾贰万零零叁拾叁元玖角三分 等于应收之22.4%

重庆电力股份有限公司第十二届股东大会会议纪录（一九四八年四月二十八日） 0219-2-118

184

乙、財產狀況

本公司固定資產為五億九千二百九十五万七千六百六十八元九角六分，內計發電資產五千八百七十二万五千五百二十二元六角三分，輸電配電資產三億零二百八十二万九千六百七十六元五角七分，用電資產一億三千五百六十万零零三百七十一元八角七分，業務資產九千五百八十万零二千零九十六元八角九分。流動資產二百七十億零六千三百七十四万五千三百五十六元四角三分，內計銀行存款四百三十九万二千九百零七元五角八分，應收賬款

重庆电力股份有限公司第十二届股东大会会议纪录（一九四八年四月二十八日） 0219-2-118

二百五十四億四千七百万零零二千二百六十六元九角，有價證券五千九百六十七万二千一百零三元一角，零星材料一十五億四千二百六十七万四千八百零四十八元八角。銀項資產二百億零零六千四百七十二万五千二百七十三元，內計存出保證金九百一十四万三千七百八十六元九角九分，暫付款項五億二千五百五十六万七千一百三十七元零六分，應計欠項六億五千一百六十八万三千七百三十三元七角四分，預付款項六十六億四千六百三十七万七千二百五十七元九角四分，提存

重庆电力股份有限公司第十二届股东大会会议纪录（一九四八年四月二十八日） 0219-2-118

185

基金一億一千七百九十三万二千三百元 合同订
購材料六百億 五千零二万八千四百二十八元
四角三分 合同订購新機 五十九億一千五百五
十六万五千八百八十八元七角六分 虧損一十四億四
千一百四十五万八千六百三十八元九角四分 本公司負債資本及公積 三千四百八十一万九千
三百三十二元七角四分 內計資本三千万元 法定
公積二百零二万一千三百八十八元四角 特別公積
二十二万一千三百二十六元二角三分 特別準備二百
五十八万六千六百一十七元一角一分 長期借入款
一百二十三億 四千五百三十一萬七千五百五十元

短期负债八十三亿四千八百零九万零七百八十六元八角二分，内计应付票据五十二亿，银行透支六亿八千八百二十五万六千零五十八元六角二分，存入保证金四十七亿六千四百八十八万一千零八十三元四角九分、应付账款一千一百七十九万四千二百四十九元二角、应付股利八十八万九千零七十二元六角八分、应付红利二万二千九百六十元六角九分、应付职工酬劳九百八十五元四角一分、职工储金六亿七千九百零七万零四百八十九元零二分、应付合同款项

186

三百千六万四千八百九十七元六角九分　新项
负债　二百八十四亿二千八百六十五万二千一百
七十九元九角六分　内计折旧准备二十三亿
二千四百三十一万零五百九十六元三角八分　呆账
准备　三十九亿三千五百三十五万一千二百五十元
一角四分　暂收款项五亿二千零六百四十元
零四千一百四十元四角零分　应计存款一百七十六
十四九万六千二百五十八万六千一百八十八元零
三分　前期盈余滚存五百九十万零六千九百
九十八元九角

重庆电力股份有限公司第十二届股东大会会议纪录（一九四八年四月二十八日）　0219-2-118

丙、營業情形

三十六年度本公司電費收入七百一十四億八千零八十四萬四千四百零一元二角內計 電燈收入四二百九十四億 七千三百二十四萬六千四百七十八元六角六分 電力收入四百一十六億八千四百三十六萬七千四百七十三元八角六分 電熱收入三億零六百零七六萬二千一百五十八元七角六分 補撥電費收入一千七百一十七萬八千三百元

營業收入四千二百一十六萬二千四百五十元

雜項收入六億五千四百五十五萬一千七百一十八元

重庆电力股份有限公司第十二届股东大会会议纪录（一九四八年四月二十八日） 0219-2-118

一角六分，内计利息收入三亿六千二百一十九万零九百六十三元五角三分，房地租金收入二千二百二十六万五千二百六十二元五角三分，补助费收入二亿六千四百二十一万四百五十六元零一角，其他杂项收入五百六十八万零八百三十二元。本年度经常开支为七百三十五亿九千三百五十七万六千七百九十四元九角，内计发电费用四百五十四亿三千二百九十九万零零九十九元六角八分，供电费用六十七亿三千七百三十万零二千三百零六元一角九分，营业费用四十八亿

重庆电力股份有限公司第十二届股东大会会议纪录（一九四八年四月二十八日）　0219-2-118

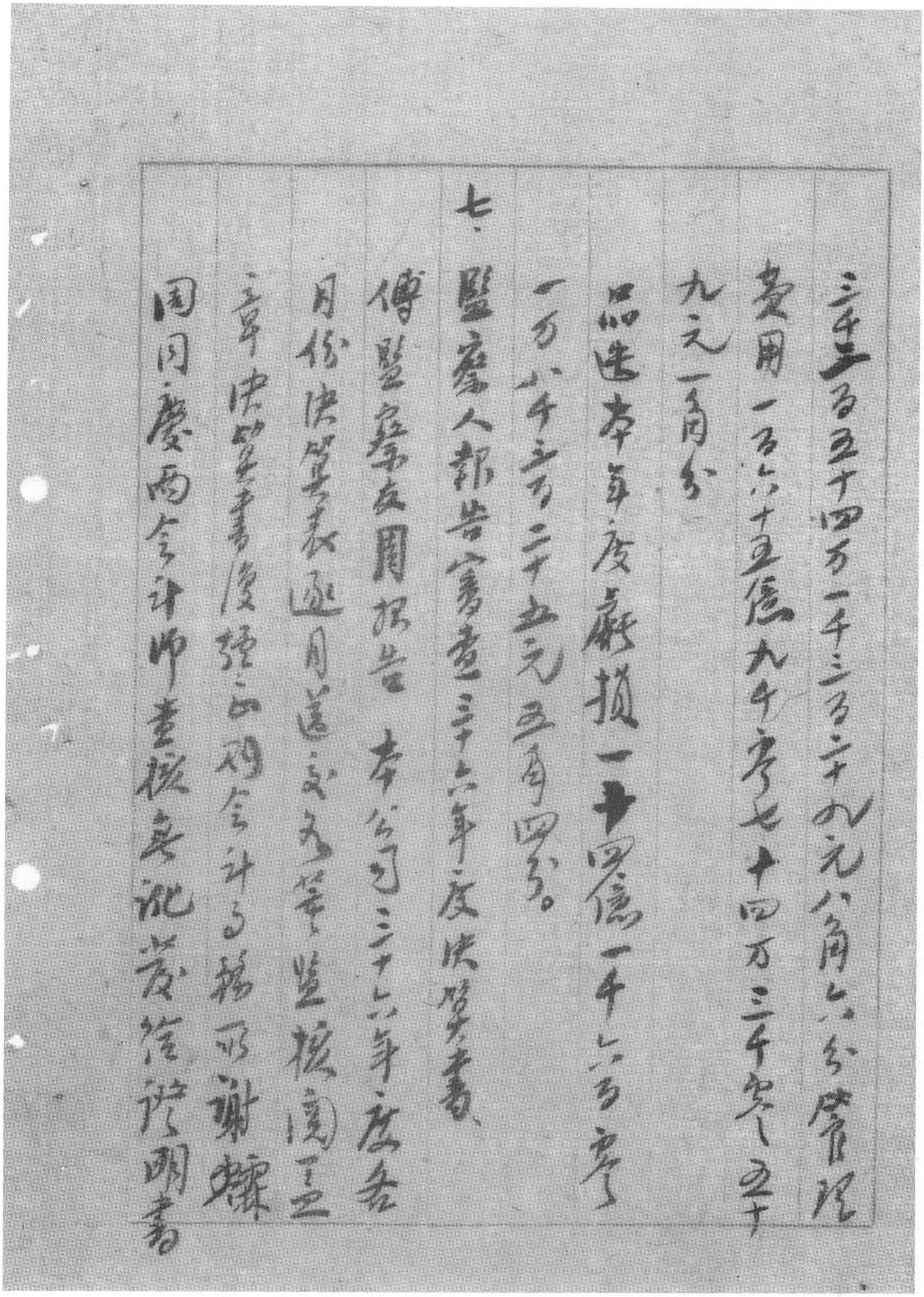

三千三百五十四万一千三百二十九元八角六分，管理
费用一百六十五亿九千零七十四万三千零五十
九元一角分
品，总本年度亏损一十四亿一千六百零
一万八千三百二十五元五角四分。
七、监察人报告审查三十六年度决算书
傅监察友周报告　本公司三十六年度各
月份决算表逐月送交监察核阅，至
三十六年决算书复经正则会计所谢霖、
周同庆两会计师查核无讹，发给证明书

重庆电力股份有限公司第十二届股东大会会议纪录（一九四八年四月二十八日） 0219-2-118

188

查本年资产负债损益数字已由资料表详细报告并印有报告表分与股东察核另有详细账表存在会场请到会各股东详查

主席发言各股东对于监察人之审查报告有无疑问请尽量发表意见旋即提付表决一致通过

八、讨论事项

甲、三十六年度股息案

刘代董事长说明 本公司三十六年度[illegible]损

一十四億餘元並以正在申請辦理增資竟
增值為一百億元其為資本標準所損者
屬有限茲以募股本三千萬元計算則
虧損超過資本若干倍擬仍照往年成
例借債發息是否有當敬請
討論
決議：照往年成例股東借支發官息八釐定四
月底發出
乙、請政府收購接辦本公司案
董事會提

181

說明：公用事業之價格受政府管制，現雖可逐月調整，但仍入不敷出，虧支數字日見膨大，鉅欵舉債而告貸無門，已至無法維持之境地。尤為危險者，毫無折舊準備，機器到達使用年限時無更置之力量，雖已向國外訂購一萬瓩新機一套，但祇付定金不及三分之一，是否能如期收運毫無把握，公司前途至難樂觀。現在公用事業祇有政府來辦，擬請資源委員會收購接辦，將公司資產公平估價，以美金公債償付，或以政府所有非公用事業之工廠摽換均可，是否有當以進行之處，應如何進行，敬請討論

決議：授權董事會全權處理

九、照章改選董事及監察人

經票選結果如下

甲、董事

重庆电力股份有限公司第十二届股东大会会议纪录（一九四八年四月二十八日） 0219-2-118

重庆电力股份有限公司第十二届股东大会会议纪录（一九四八年四月二十八日） 0219-2-118

潘仲三

劉航琛

康心如

胡仲實

潘昌猷

趙雨圃

張叔毅

楊曉波

徐壽屏

袁玉麟

180

劉敷五
石體元
程本臧
周見三
田習之
以上每人各得一十三万七千四百零一票权
王璧塵
傅友周
楊燦三
陳輝祖

重庆电力股份有限公司第十二届股东大会会议纪录（一九四八年四月二十八日） 0219-2-118

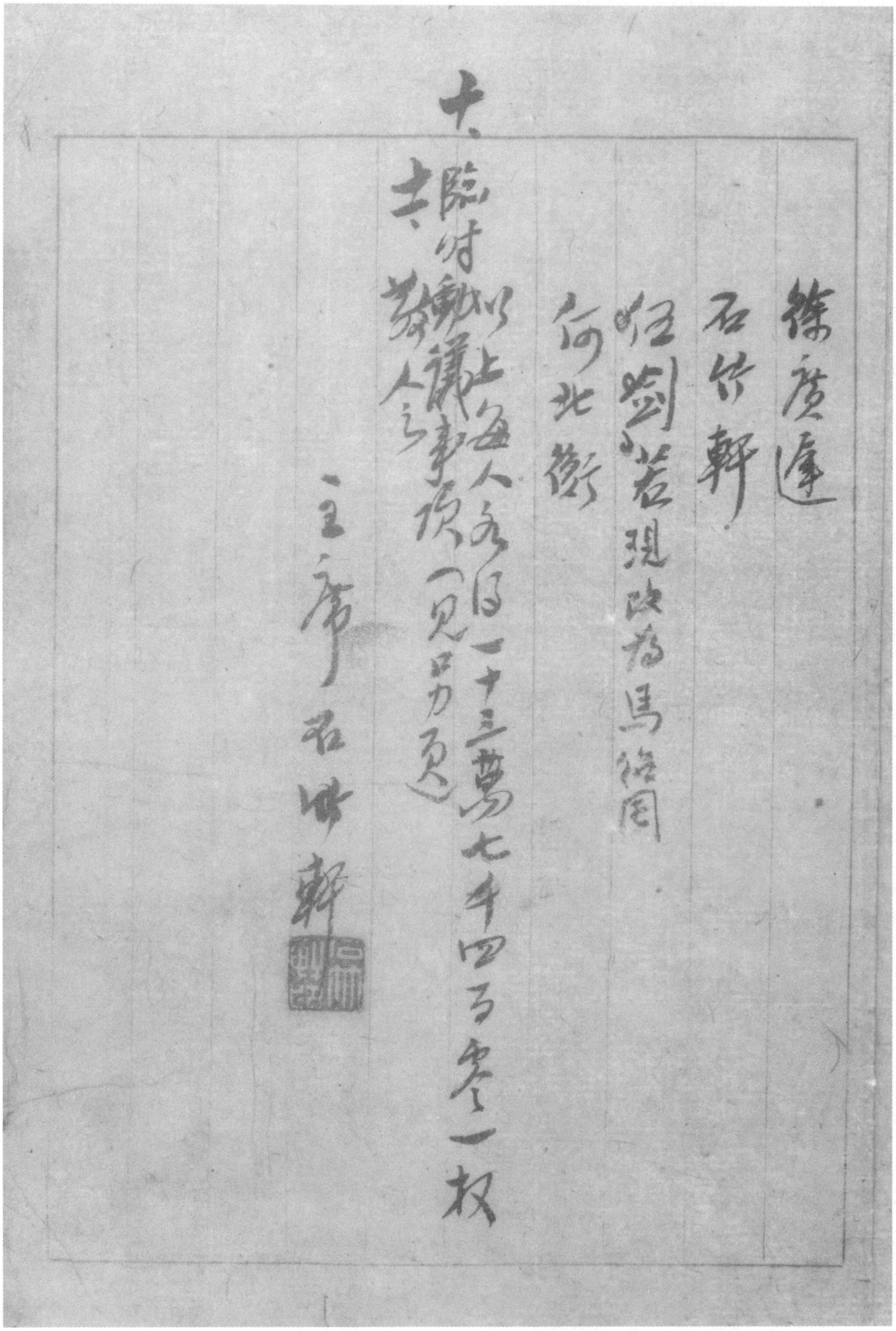

傅友逢

石竹轩

□刘若 现改为马□周

何北衡

以上每人各得一十三万七千四百[illegible]零一权

十、临时动议事项（见□□页）

十一、散会

主席 石竹轩

重庆电力股份有限公司股东户名暨股款、股权登记表（一九四九年三月） 0219-2-118

184

重慶電力股份有限公司股東户名暨股款股權登記表

三十七年四月 三

股東户名	代表人姓名	股額	股數	股權	備註
四川省政府	任師尚	七五〇,〇〇〇.〇〇	七五〇〇	三七五五	三十七年七月廿八日財三資字第一三〇五九號 ...150,000- 7,500股 3,755权
仝右	何北衡	七五〇,〇〇〇.〇〇	七五〇〇	三七五三	150,000- 15,000股 7,505权
中央銀行	楊曉波	一五七五,〇〇〇.〇〇	一五七五〇	七八八〇	3,150,000- 31,500股 15,755权
仝右	陳輝祖	一五七五,〇〇〇.〇〇	一五七五〇	七八八〇	3,150,000- 31,500股 15,755权
中建記	尹國墉	八五〇,〇〇〇.〇〇	八五〇〇	四二五五	1,700,000- 17,000股 8,505权
中渝記	徐廣遲	一一五〇,〇〇〇.〇〇	一一五〇〇	五七五五	2,300,000- 23,000股 11,505权
中紡記	劉毅五	一一〇〇,〇〇〇.〇〇	一一〇〇〇	五五〇五	2,200,000- 22,000股 11,005权
中城記	趙雨圃	三〇〇,〇〇〇.〇〇	三〇〇〇	一五〇五	600,000- 6,000股 3,005权

重庆电力股份有限公司股东户名暨股款、股权登记表（一九四九年三月） 0219-2-118

(上)

中萬記	王叔清	二四0,000|00（四八0000|00）	二四00	一二0五	48000.-	4.800股 2.405权
中工記	沈鎮南	五一0,000|00（一0二0000|00）	五一00	二五五五	102,000.-	10,200股 5,105权
交通銀行提資户 甲記	錢新之	三00,000|00（六0000|00）	三000	一五0五	60,000.-	6.000股 3,005权
乙記	趙棣華	二五0,000|00（五0000|00）	二五00	一二五五	50,000.-	5,000股 2,505权
丙記	湯筱齋	二五0,000|00（五0000|00）	二五00	一二五五	50000.-	5,000股 2,505权
丁記	浦心雅	二00,000|00（四0000）	二000	一00五	40000.-	4,000股 2,005权
戊記	張叔毅	二00,000|00（四0000|00）	二000	一00五	40000.-	4,000股 2,005权
己記	薛遺生	一五0,000|00（三0000|00）	一五00	七五五	30000.-	3.000股 1,505权
庚記	王鮐季	一五0,000|00（三0000|00）	一五00	七五五	30000.-	3,000股 1,505权
辛記	沈笑春	一五0,000|00（三0000|00）	一五00	七五五	30000.-	3,000股 1,505权

重庆电力股份有限公司股东户名暨股款、股权登记表（一九四九年三月）　0219-2-118

1180000.-

185

壬記	朱古柏	〡五0,000,000 00（三0,000,000 00）	〡五00	七五五	30,000.- 3,000股 1,505右
中國農民銀行	徐壽屏	九0,000,000 00（一八0,000,000 00）	九000	四0五	180,000.- 18,000" 9,005右
四記	~~韓平誠~~ 王錫祁	〢五0,000,000 00（五0,000,000 00）	〢五00	〢五五	十一月二六 … 必該交 … 收查 478股 50,000.- 5,000股 2,505右
川記	仝右	〢五0,000,000 00（五0,000,000 00）	〢五00	〢五五	50,000.- 5,000股 2,505右
省記	韓平誠	〢五0,000,000 00（五0,000,000 00）	〢五00	〢五五	50,000.- 5,000股 2,505右
銀記	仝右	〢五0,000,000 00（五0,000,000 00）	〢五00	〢五五	50,000.- 5,000股 2,505右
竹記	仝右	〢五0,000,000 00（五0,000,000 00）	〢五00	〢五五	50,000.- 5,000股 2,505右
川記	劉航琛	四0,000,000 00（八0,000,000 00）	四000	二00五	80,000.- 8,000股 4,005右
庶記	仝右	四0,000,000 00（八0,000,000 00）	四000	二00五	80,000.- 8,000股 4,005右
平記	仝右	四0,000,000 00（八0,000,000 00）	四000	二00五	80,000.- 8,000股 4,005右

重庆电力股份有限公司股东户名暨股款、股权登记表（一九四九年三月） 0219-2-118

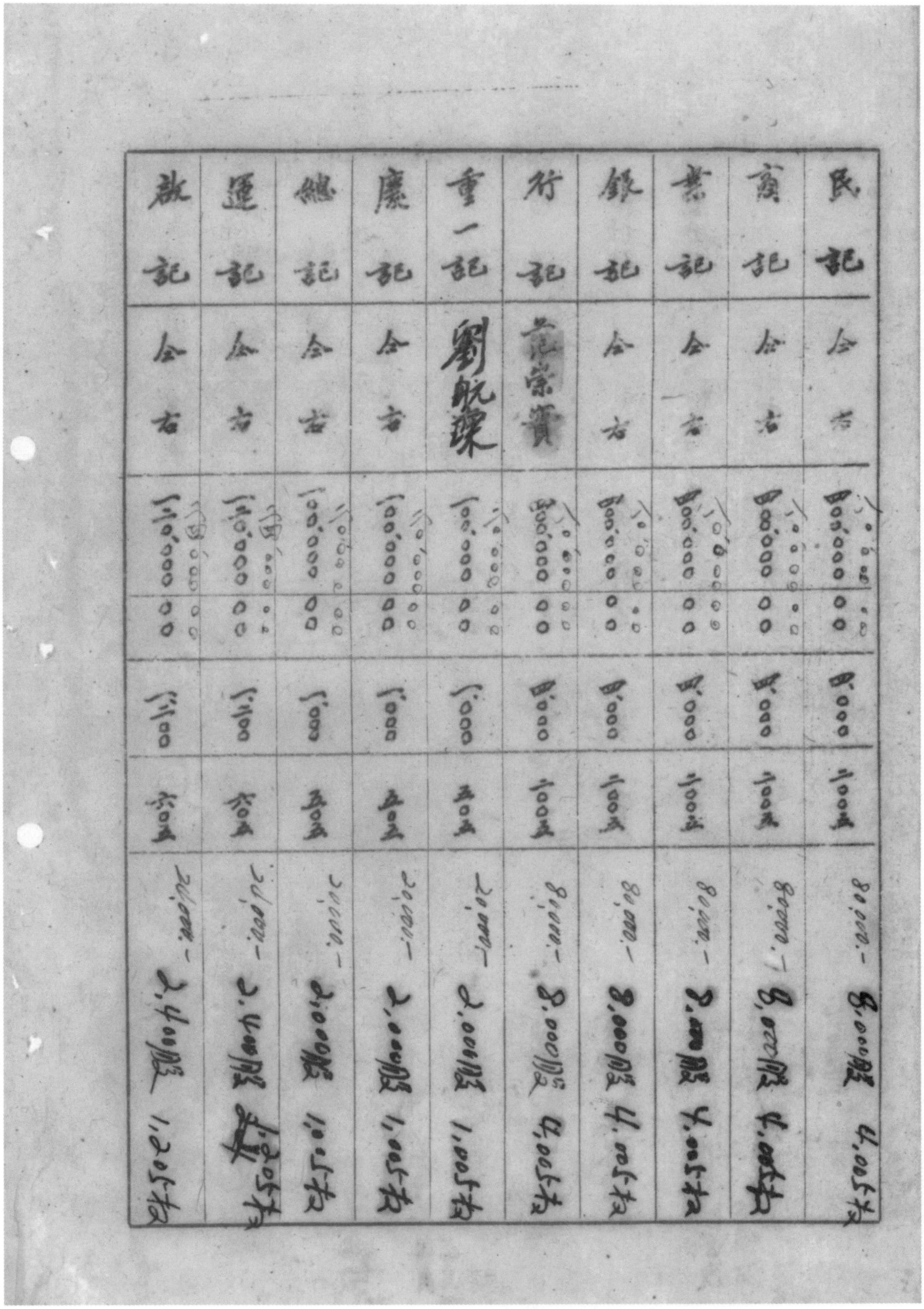

民記	仝右	四〇〇,〇〇〇〇〇	四,〇〇〇	二〇〇五	80,000.-	8,000股 4,005权
商記	仝右	四〇〇,〇〇〇〇〇	四,〇〇〇	二〇〇五	80,000.-	8,000股 4,005权
業記	仝右	四〇〇,〇〇〇〇〇	四,〇〇〇	二〇〇五	80,000.-	8,000股 4,005权
銀記	仝右	四〇〇,〇〇〇〇〇	四,〇〇〇	二〇〇五	80,000.-	8,000股 4,005权
行記	範崇實	四〇〇,〇〇〇〇〇	四,〇〇〇	二〇〇五	80,000.-	8,000股 4,005权
重一記	劉航琛	一〇〇,〇〇〇〇〇	一,〇〇〇	五〇五	20,000.-	2,000股 1,005权
廉記	仝右	一〇〇,〇〇〇〇〇	一,〇〇〇	五〇五	20,000.-	2,000股 1,005权
總記	仝右	一〇〇,〇〇〇〇〇	一,〇〇〇	五〇五	20,000.-	2,000股 1,005权
運記	仝右	一二〇,〇〇〇〇〇	一,二〇〇	六〇五	24,000.-	2,400股 1,205权
款記	仝右	一二〇,〇〇〇〇〇	一,二〇〇	六〇五	24,000.-	2,400股 1,205权

重庆电力股份有限公司股东户名暨股款、股权登记表（一九四九年三月）　0219-2-118

86,2000.-

116

45

昌記	仝右 重業鑛	一二〇,〇〇〇 00	一二〇〇	六〇五	24,000.- 2.400股 1.205权
隆記	仝右	一八〇,〇〇〇 00	一八〇〇	九〇五	36,000.- 3.600股 1.805权
重記	仝右	六〇,〇〇〇 00	六〇〇	三〇五	12,000.- 1,200股 605权
膺記	仝右	二五,〇〇〇 00	二五〇	一三〇	5000.- 500股 255权
程記	仝右	一〇〇,〇〇〇 00	一〇〇〇	五〇五	20,000.- 2,000股 1,005权
殖記	仝右	二五,〇〇〇 00	二五〇	一三〇	5,000.- 500股 255权
川康銀行	仝右	八〇,〇〇〇 00	八〇〇	四〇五	16,000.- 1,600股 805权
川鹽銀行	伍鈞義 馬絲園	四〇〇,〇〇〇 00	四〇〇〇	二〇〇五	卅七年八月二十六日本行函 函請更正 80,000.- 8,000股 4,005权
仝右	石竹軒	七三〇,〇〇〇 00	七三〇〇	三六五五	146,000.- 14,600股 7,305权
鹽記	伍劍若 馬性園	五〇,〇〇〇 00	五〇〇	二五五	10,000.- 1.000股 505权

重庆电力股份有限公司股东户名暨股款、股权登记表（一九四九年三月）　0219-2-118

和記	石竹軒	一八〇,〇〇〇.〇〇（三六〇,〇〇〇.〇〇）	一八〇〇〇	九〇〇五	360,000.- 36,000股 18,005权
德記	石竹軒	一〇八,〇〇〇.〇〇（二一六,〇〇〇.〇〇）	一〇八〇〇	五四〇五	216,000.- 21,600股 10,805权
德記	馬紹周 伊劍[illegible]	一三八,〇〇〇.〇〇（二七六,〇〇〇.〇〇）	一三八〇〇	六九〇五	276,000.- 27,600股 13,805权
四川美豐銀行	康心如	一一〇,〇〇〇.〇〇（二二〇,〇〇〇.〇〇）	一一〇〇〇	五五〇五	220,000.- 22,000股 11,005权
仝右	周新民	一五,〇〇〇.〇〇（三〇,〇〇〇.〇〇）	一五〇〇	七五五	30,000.- 3,000股 1,505权
仝右	康嗣群	一五,〇〇〇.〇〇（三〇,〇〇〇.〇〇）	一五〇〇	七五五	30,000.- 3,000股 1,505权
仝右	龔農瞻	五〇,〇〇〇.〇〇（一〇〇,〇〇〇.〇〇）	五〇〇〇	二五〇五	100,000.- 10,000股 5,005权
禮記	楊燦三	三〇,〇〇〇.〇〇（六〇,〇〇〇.〇〇）	三〇〇〇	一五〇五	60,000.- 6,000股 3,005权
樂記	楊季謙	二〇,〇〇〇.〇〇（四〇,〇〇〇.〇〇）	二〇〇〇	一〇〇五	40,000.- 4,000股 2,005权
射記	黃墨涵	二〇,〇〇〇.〇〇（四〇,〇〇〇.〇〇）	二〇〇〇	一〇〇五	40,000.- 4,000股 2,005权

重庆电力股份有限公司股东户名暨股款、股权登记表（一九四九年三月） 0219-2-118

16,7000-

187

御記	李維城	200,000 00	2000	1005	40,000.-	4,000股	2,005权
書記	梅孝威	200,000 00	2000	1005	40,000.-	4,000股	2,005权
數記	何竹波	200,000 00	2000	1005	40,000.-	4,000股	2,005权
孝記	潘昌猷	100,000 00	1000	505	20,000.-	2,000股	1,005权
弟記	仝右	100,000 00	1000	505	20,000.-	2,000股	1,005权
信記	仝右	100,000 00	1000	505	20,000.-	2,000股	1,005权
禮記	仝右	100,000 00	1000	505	20,000.-	2,000〃	1,005权
義記	仝右	100,000 00	1000	505	20,000.-	2,000股	1,005权
智記	仝右	100,000 00	1000	505	20,000.-	2,000股	1,005权
勇記	仝右	25,000 00	250	130	5,000.-	500股	255权

魚記	仝右	五0,000	00	五00	二五五	10,000.-	1,0c0股	505号
裕記	仝右	五0,000	00	五00	二五五	10,000.-	1,000股	505号
翼記	仝右	五0,000	00	五00	二五五	10,000.-	1,000股	505号
之記	仝右	五0,000	00	五00	二五五	10,000.-	1,0c↑股	505号
仁記	仝右	五0,000	00	五00	二五五	10,000.-	1,000股	505号
德記	仝右	五0,000	00	五00	二五五	10,000.-	1,000股	505号
隆記	仝右	五0,000	00	五00	二五五	10,000.-	1,000股	505号
慶記	仝右	五0,000	00	五00	二五五	10,000.-	1,000股	505号
豐記	仝右	五0,000	00	五00	二五五	10,000.-	1,000股	505号
亨記	仝右	五0,000	00	五00	二五五	10,000.-	1,000股	505号

重庆电力股份有限公司股东户名暨股款、股权登记表（一九四九年三月） 0219-2-118

重庆电力股份有限公司股东户名暨股款、股权登记表（一九四九年三月） 0219-2-118

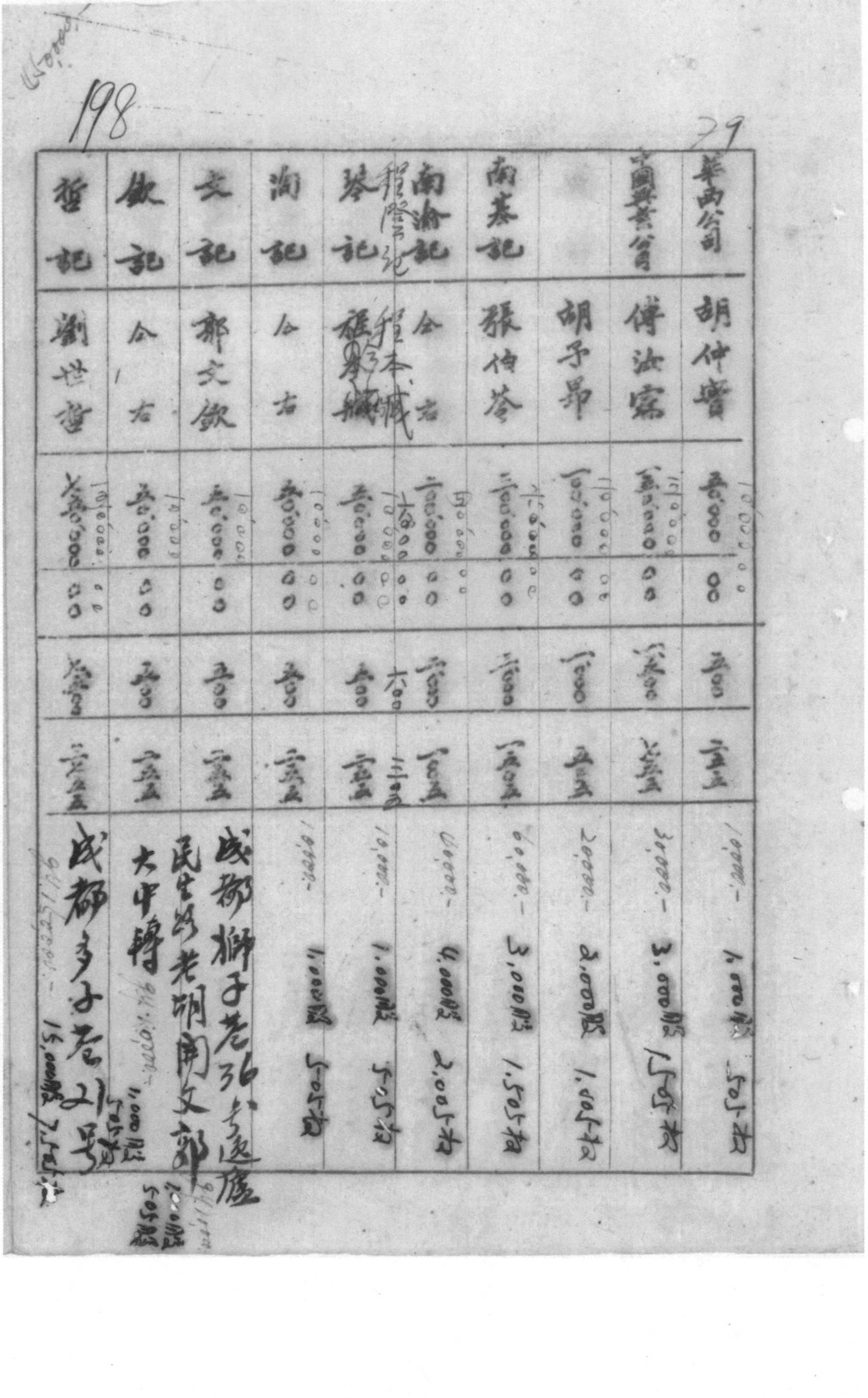

華西公司	胡仲實	壹○○○○○○○ ○○	壹○○	壹○五	10000.- 1,000股 505权
中國興業公司	傅汝霖	叁○○○○○○○ ○○	叁○○	叁○五	30000.- 3,000股 1,505权
	胡子昂	貳○○○○○○○ ○○	貳○○	貳○五	20000.- 2,000股 1,005权
南泰記	張伯苓	叁○○○○○○○ ○○	叁○○	叁○五	60,000.- 3,000股 1,505权
南渝記	仝右	肆○○○○○○○ ○○	肆○○	肆○五	40000.- 4,000股 2,005权
琴記	程本臧	壹○○○○○○○ ○○	壹○○	壹○五	10,000.- 1,000股 505权
淘記	仝右	壹○○○○○○○ ○○	壹○○	壹○五	10,000.- 1,000股 505权
文記	鄒文欽	壹○○○○○○○ ○○	壹○○	壹○五	成都獅子巷36号遂廬
欽記	仝右	壹○○○○○○○ ○○	壹○○	壹○五	民生路老胡開文鄒 1,000股 505权
哲記	劉世哲	壹○○○○○○○ ○○	壹○○	壹○五	大中轉 1,000股 505权；成都多子巷?號 15,000股 7,505权

哲記	周晴嵐	10,000	00	[illegible]	[illegible]	10,000.-	1,000股 505权
忠記	朱艾子慧	1,200	00	[illegible]	[illegible]	1,200.-	120股 65权
恕記	仝右	1,200	00	[illegible]	[illegible]	1,200.-	120股 65权
[illegible]記	石柄楠	2,000	00	[illegible]	[illegible]	2,000.-	200股 105权
~~[illegible]記~~	~~孫本誠~~	~~6,000~~	~~00~~	~~[illegible]~~	~~[illegible]~~	~~6,000.-~~	~~600股 305权~~
[illegible]記	徐[illegible]	10,000	00	[illegible]	[illegible]	10,000.-	1,000股 505权
村記	仝右	10,000	00	[illegible]	[illegible]	10,000.-	1,000股 505权
趣記	仝右	10,000	00	[illegible]	[illegible]	10,000.-	1,000股 505权
致記	仝右	10,000	00	[illegible]	[illegible]	10,000.-	1,000股 505权
[illegible]記	仝右	10,000	00	[illegible]	[illegible]	10,000.-	1,000股 505权

移9B[illegible]

重庆电力股份有限公司股东户名暨股款、股权登记表（一九四九年三月）　0219-2-118

重庆电力股份有限公司股东户名暨股款、股权登记表（一九四九年三月） 0219-2-118

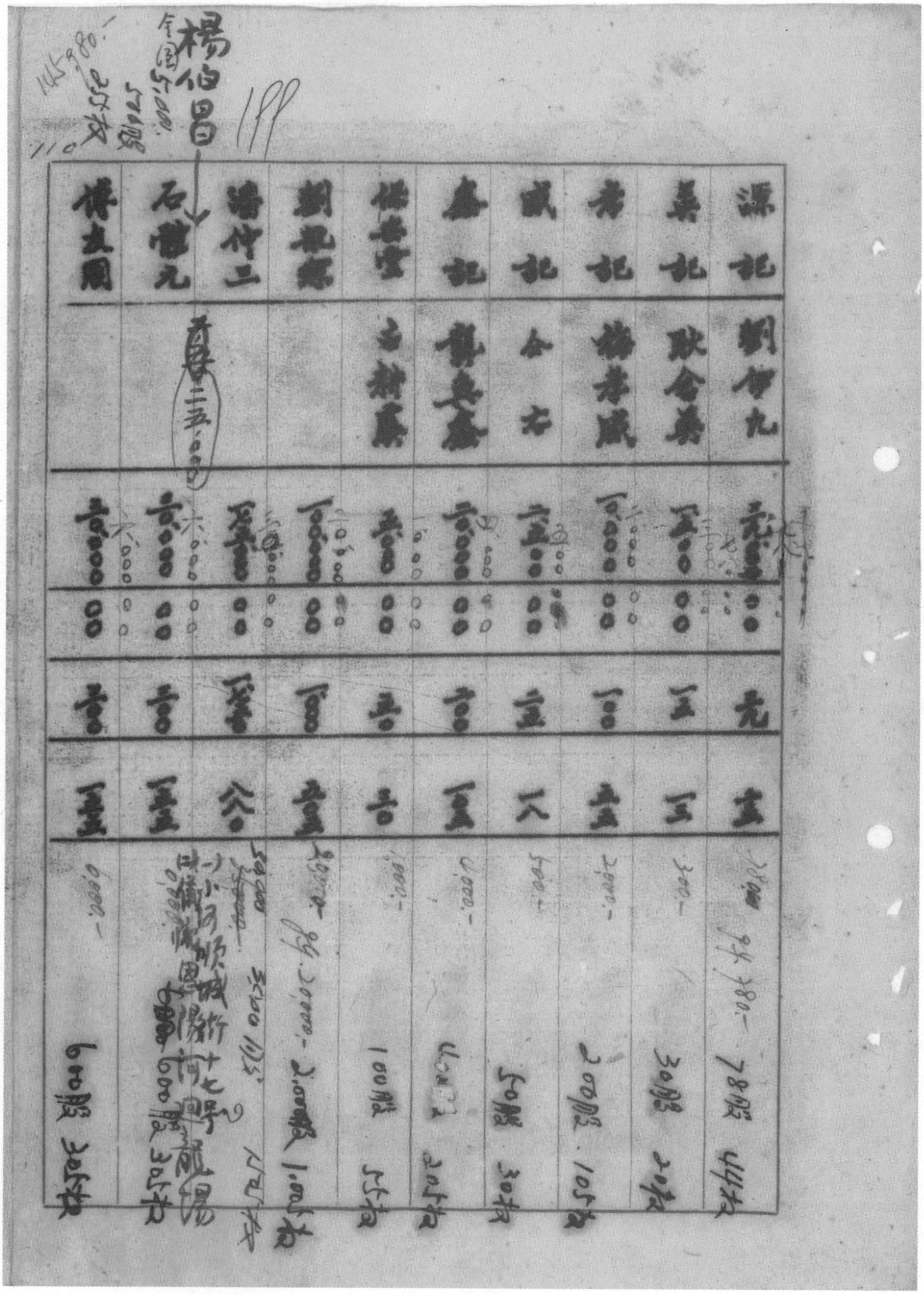

重庆电力股份有限公司股东户名暨股款、股权登记表（一九四九年三月） 0219-2-118

陳緣亮		五〇〇〇〇	[illegible]	[illegible]	5000.- 500股 255号
康心之		二〇〇〇〇〇	[illegible]	[illegible]	20000.- 2000股 105号
周見三		四〇〇〇〇	[illegible]	[illegible]	4000.- 400股 205号
周光炯	周見三	二〇〇〇〇	[illegible]	[illegible]	2000.- 100股 155号
周光地	仝右	二〇〇〇〇	[illegible]	[illegible]	2000.- 200股 105号
周光[illegible]	仝右	二〇〇〇〇	[illegible]	[illegible]	2000.- 200股 105号
吳仲和		六〇〇〇〇	[illegible]	[illegible]	6000.- 600股 305号
吳祖[illegible]	吳仲和	六〇〇〇〇	[illegible]	[illegible]	6000.- 600股 305号
范[illegible]清		一〇〇〇〇〇	[illegible]	[illegible]	10000.- 1000股 505号
劉[illegible]		七二〇〇〇	[illegible]	[illegible]	7200.- 永生錢莊 720股 365号

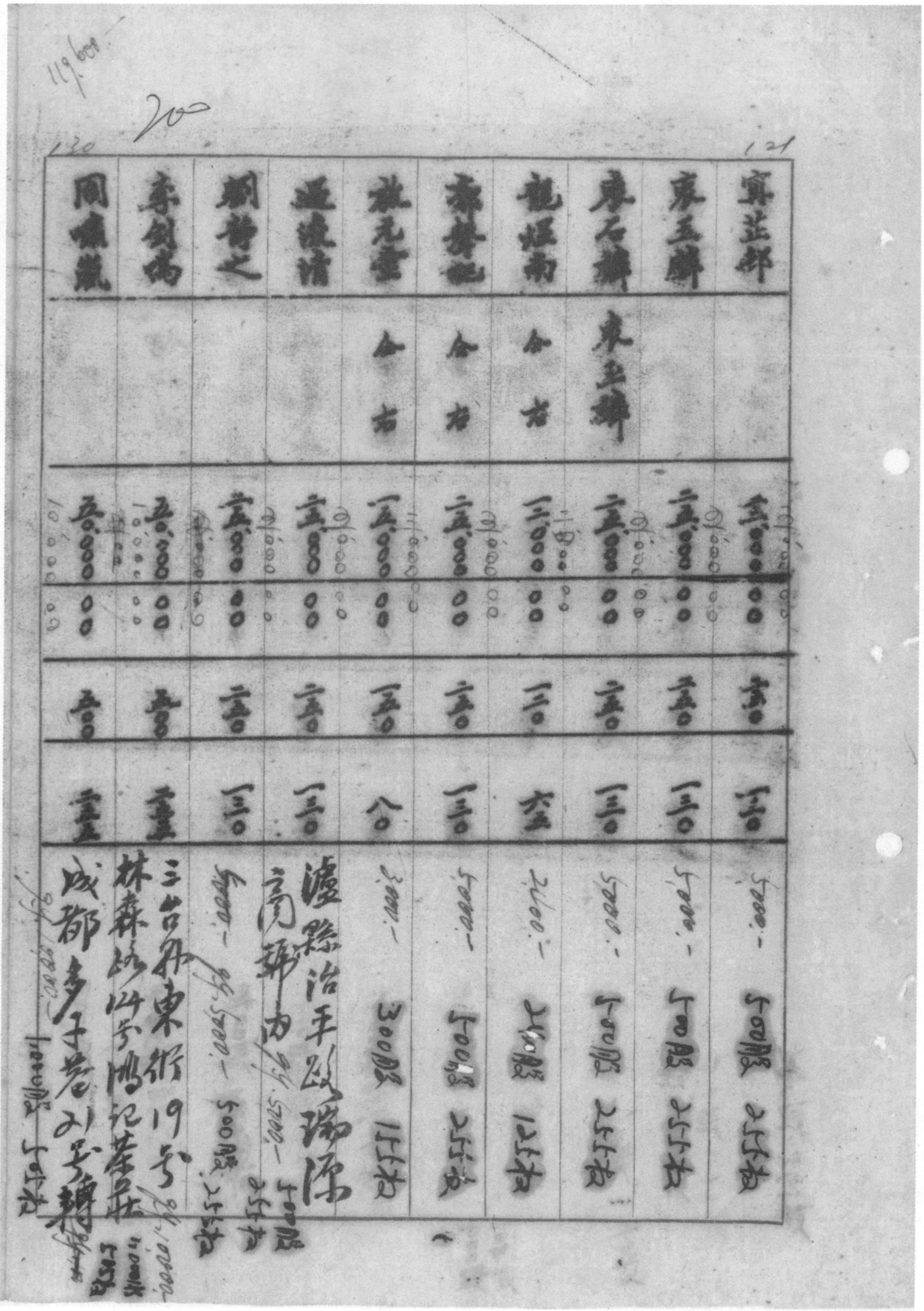

重庆电力股份有限公司股东户名暨股款、股权登记表（一九四九年三月） 0219-2-118

重庆电力股份有限公司股东户名暨股款、股权登记表（一九四九年三月）　0219-2-118

户名		股款	股数	权数	
胡子移		三〇、〇〇〇、〇〇〇	三〇	一三五	和通银行 89,600,- 600股 30张
何伴芬照	何竹波	五〇〇〇〇〇〇	五〇	三〇	1,000,- 100股 5张
劉[illegible]伯		二五〇〇〇〇〇	二五	一八	1949 十二月十二日 出售过户 580,- 60股 30张
劉善伯		五〇〇〇〇〇	五	五	100,- 10股 10张
[illegible]益学		二、四〇〇、〇〇〇	二四	一〇	480,- 48股 29张
何稼辉		三〇、〇〇〇、〇〇〇	三〇	二五	中山四路84号 89,600,- 600股 30张
何宗武		二、〇〇〇、〇〇〇	二〇	一五	400,- 40股 20张
簡伯良		三、五〇〇、〇〇〇	三五	三	铜鼓台六号 89,700,- 70股 40张
潘登高		一、二〇〇、〇〇〇	一二	二	成都少城竹叶巷 89,240,- 24股 17张
合计	一三九户	三千万元	三千万股		

重庆电力股份有限公司第十三届股东大会议程（一九四九年三月二十二日） 0219-2-118

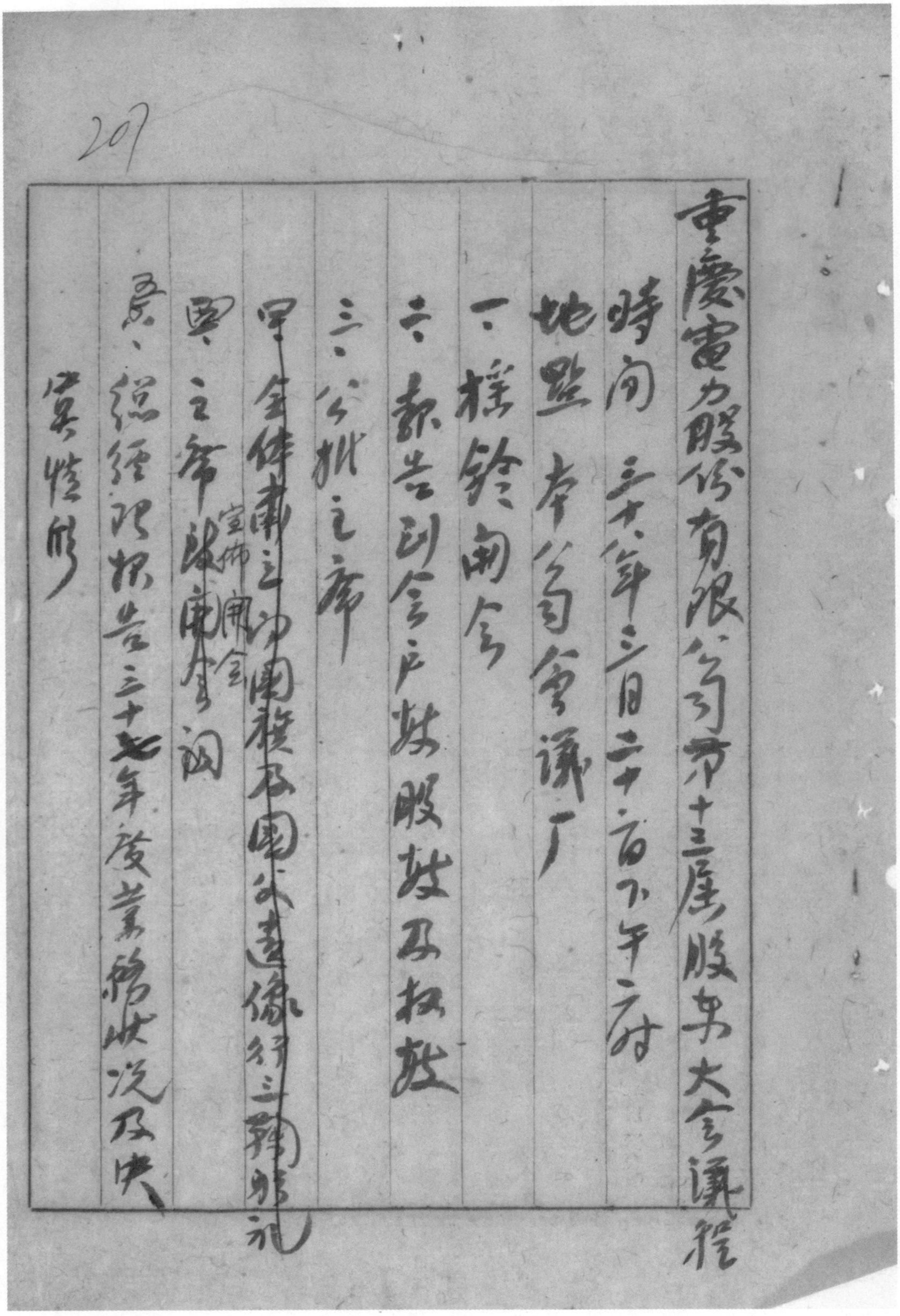

207

重庆电力股份有限公司第十三届股东大会议程

时间 三十八年三月二十二日下午二时

地点 本公司会议厅

一、摇铃开会

二、报告到会户数股数及权数

三、公推主席

四、全体肃立向国旗及国父遗像行三鞠躬礼

五、主席宣布开会报告开会事由

六、总经理报告三十七年度业务状况及决算情形

重庆电力股份有限公司第十三届股东大会议程（一九四九年三月二十二日） 0219-2-118

六（七）、监察人报告审查三十七年度决算书

七（四）、讨论事项

甲、本公司资本额依照法令规定（原为法币三千万元，现改为金圆券六百万元）

应为变更登记完成注册

乙、修改本公司章程案

丙、三十七年度股息案

八（九）、照章改选监察人

九（十）、临时动议事项

十（十一）、散会

重庆电力股份有限公司第十三届股东大会议程（一九四九年三月二十二日） 0219-2-118

208

股东大会提案

甲、本公司资本原为法币三千万元拟改用金圆券股六百万元依照法令规定应为之变更登记完成注册手续案

董事会提

乙、查币制改革后关于营利事业资本调整及资产重估价办法工商部业已公布依照规定之公式计算本公司之资本原为法币三千万元其中有三十一年增值二千万元依法不计二十六年

资本二百五十万元二十六年增资二百五十万元三十一年增资五百万元以上三项共折合金圆券五百六十五万四千四百零九元另拨公积金三十四万五千五百九十一元凑足资本六百万元是否有当敬请

公决

附资本变动经过如下

1. 二十六年资本为二百五十万元

2. 二十六年增资二百五十万元

3. 三十一年增资为五百万元

重庆电力股份有限公司第十三届股东大会议程（一九四九年三月二十二日） 0219-2-118

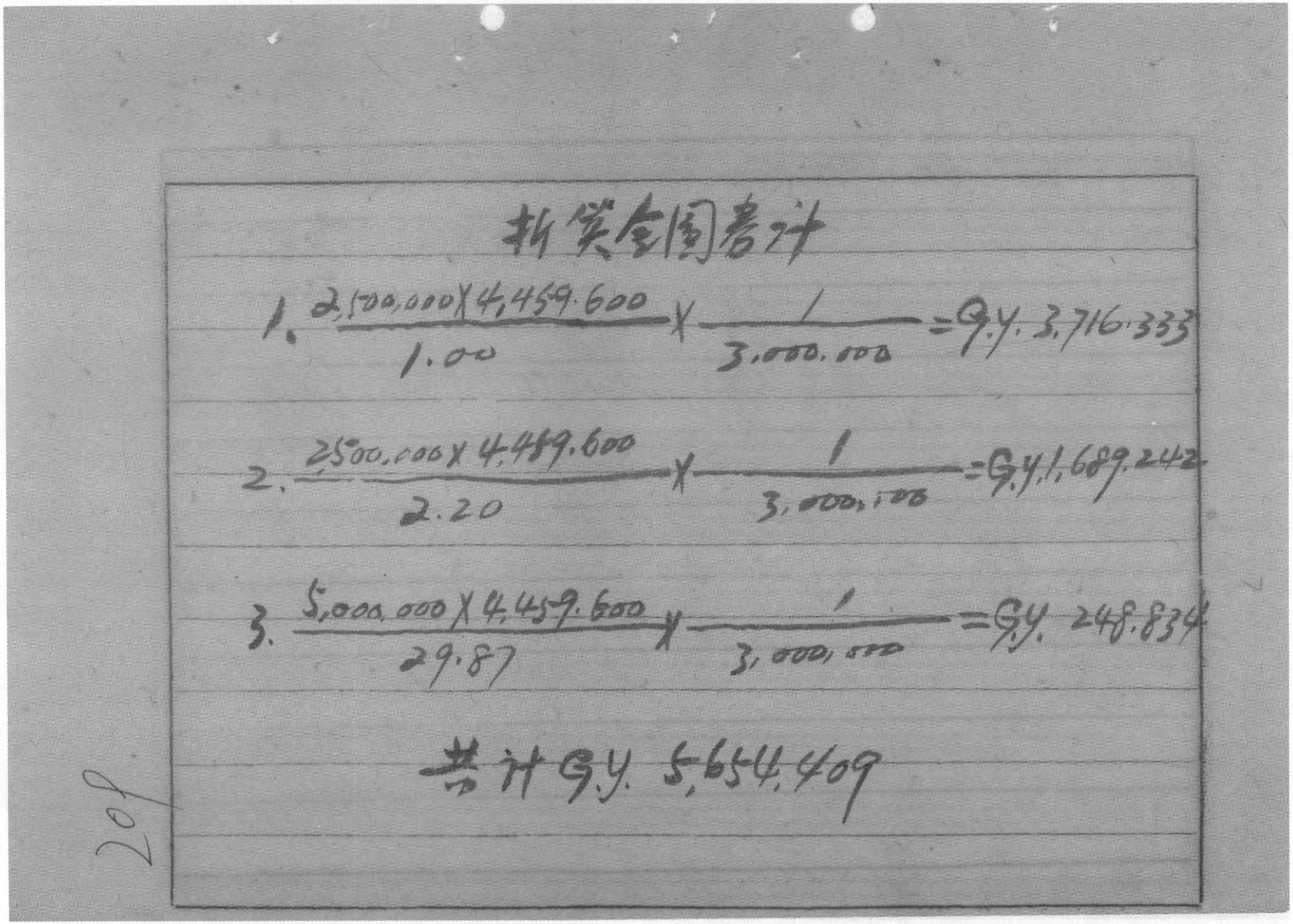

折美金国券计

1. $\frac{2{,}500{,}000 \times 4{,}459.600}{1.00} \times \frac{1}{3{,}000{,}000}$ = G.Y. 3,716.333

2. $\frac{2{,}500{,}000 \times 4{,}459.600}{2.20} \times \frac{1}{3{,}000{,}000}$ = G.Y. 1,689.242

3. $\frac{5{,}000{,}000 \times 4{,}459.600}{29.87} \times \frac{1}{3{,}000{,}000}$ = G.Y. 248.834

共计 G.Y. 5,654.409

208

210

修改本公司章程案

董事会提

（案由）本公司资本依照改订法令规定计值改为金圆券六百万元，本公司章程第六条"本公司股本总额为法币三十万万元，以一百元为一股，共计三万股"，应改为"本公司股本总额为金圆券六百万元，以一十元为一股，共计六十万股"。是否有当，敬请公决。

重庆电力股份有限公司第五届股东大会议程　0219-2-105

重慶電力股份有限公司第五屆股東大會議程

一、搖鈴開會

二、行禮如儀

三、公推主席

四、主席報告到會股東户數及權數

五、主席報告開會理由

六、總協理報告廿九年度營業狀況及本屆決算情形

七、監查人報告審查廿九年度決算書

八、改選監察人

九、臨時動議

十、散會

重庆电力股份有限公司第七十九次股东会议程等　0219-2-105

173

重慶電力股份有限公司第七十九次股東會議程

一　搖鈴開會
二　報告到會股數及權數
三　公推主席
四　全體肅立向　黨國旗及　國父遺像行三鞠躬禮
五　主席恭讀　國父遺囑
六　主席致開會詞
七　總經理報告卅二年度業務狀況及決算情形
八　監察人報告卅二年度決算書
九　討論卅二年度盈餘分配案
十　討論公司資產增值案
十一　改選監察人
十二　散會

重庆电力股份有限公司第七十九次股东会议程等　0219-2-105

174

本公司三十二年度業務概況

一、發電概況

查民國卅二年度全公司三廠发電總額共為六千萬另六十二萬三千九百二十九度除去廠用一百四十五萬另五百十六度外實输出五千九百一十七萬三千四百一十三度再加本年度由中央造纸廠購入八十六萬四千三百六十四度由五十兵工廠購入八十萬一千另二十一度實共输出六千萬另八十三萬八千七百九十八度

二、業務概況

甲、用户：本年十二月底止計有電灯用户一萬二千二百七十三户電力用户一千零三十一户電熱用户五十三户共一萬三千三百五十七户計比三十一年度增

九百八十二户

乙、售電　本年度售電迄十二月份抄見售電度數止计電灯售電一千三百一十萬零四千四百四十二、七三度(約29%)電力售電二千九百三十三萬七千七百二十七、七三度(約65%)電热售電二百一十萬零五千零九十三、六一度(約6%)共计售電四千四百五十四萬七千二百六十四、零七度佔全年實際輸出電度總額百分之七十三點一七

丙、應收電費　本年度按抄見售電度數计算製出應收電費收据面額计電灯一萬零六百零六萬六千二百二十七元一角七分(約46%)電力一萬一千一百四十三萬九千三百一十一元八角二分(約49%)電热九百三十一萬

7175

三千三百一十七元零五分（约5%）灯力热共计贰万二千
六百八十萬零八千九百五十六元零四分
前項應收電費收据面額内應撥提附加鍋炉保護
設備費六百三十八萬六千八百八十五元五角正還即
鍋炉費二百一十二萬八千九百六十一元七角六分正兩
共八百五十一萬五千八百四十七元二角六分正係屬附
加代收撥還政府墊款
又本年度辦理误製電費新舊收据計註銷貳百零
九萬一千零七十一元一角九分正改製一百三十二萬零
七千七百四十四元七角五分正兩相品迭計实冲銷
七十七萬零二百九十六元四角四分亦應於應收總
数内扣除

重庆电力股份有限公司第七十九次股东会议程等　0219-2-105

除以上撥捏及沖銷兩項外三十二年度実應收電費收据面額為二萬一千七百五十二萬二千八百一十二元三角四分正

丁、電費經收情形　本年度(一)接收上年度結存應收電費餘額一千零九十萬零七千零四十二元八角正又本年度新製各種應收電費金額二萬二千八百一十二萬九千六百三十元零八角正(二)收進各種電費繳款一萬八千八百六十五萬二千零三十三元九角九分除誤製更正經註銷者外(三)実存應收未收各種電費計四千八百二十九萬三千五百六十九元四角四分正

三、財務概況

如另附之三十二年度決算表

重庆电力股份有限公司第七十九次股东会议程等　0219-2-105

176

董事長　潘仲三
常務董事　康心如
胡仲實
潘昌猷
董事　徐廣遲
浦心雅
周見三
郭景琨
甯芷邨
杜梅和
周季悔
王君韌
石竹軒
劉航琛
石體元

監察　傅友周
楊燦三
梁平
胡子昂
何說岩
席文光
尹國墉
總經理　浦心雅
協理　程本臧
會計師　謝霖

重庆电力股份有限公司第七十九次股东会议程等 0219-2-105

中華民國三十二年度

重慶電力股份有限公司決算報告表

重庆电力股份有限公司第七十九次股东会议程等　0219-2-105

177

資產負債表

中華民國三十二年十二月三十一日

資產	萬	千	百	十	萬	千	百	十	元	角	分
固定資產		4	4	5	8	3	6	3	6	4	7
發電資產		1	8	1	3	1	3	2	0	4	3
輸電配電資產		1	6	8	9	5	1	2	1	5	6
用電資產			3	2	5	9	0	1	0	3	3
業務資產			6	2	9	8	1	8	4	1	5
流動資產		6	5	8	2	6	9	3	3	6	7
銀行存款				1	9	7	4	6	0	0	2
應收票據				4	7	3	3	9	6	1	9
應收賬款		2	6	0	4	8	0	7	8	3	4
借出款				1	5	0	0	0	0	0	0
有價證券				6	1	1	3	3	7	5	0
材料		3	8	3	4	6	6	6	1	6	2
雜項資產		5	[illegible]	0	6	7	4	1	2	0	3
戰時防護費				8	6	0	7	8	3	3	9
存出保證金				4	9	7	8	6	6	9	9
暫付款項		2	1	6	3	1	7	1	0	3	8
應計欠項					1	1	3	0	2	3	3
預付款項			9	4	7	4	2	5	2	9	4
提存基金						8	6	9	4	6	5
催收款項					1	7	9	4	4	5	3
投資企業			5	2	0	5	0	0	0	0	0
合同訂購材料		1	4	3	8	9	4	1	8	0	6
合同訂購新機				9	7	0	4	3	8	7	6
合計	1	6	3	4	7	7	9	8	2	1	7

負債	萬	千	百	十	萬	千	百	十	元	角	分
資本及公積		3	2	5	1	9	4	3	6	3	0
資本總額		3	0	0	0	0	0	0	0	0	0
法定公積				8	6	6	4	7	2	8	0
特別公積				2	1	1	3	2	6	2	3
特別準備			1	4	4	1	6	3	7	2	7
長期負債		3	1	5	5	6	0	5	6	7	3
長期借入款		3	1	5	5	6	0	5	6	7	3
短期負債		3	7	6	5	2	5	8	3	5	7
銀行透支		1	5	4	7	5	0	4	1	5	8
存入保證金		1	6	4	1	1	6	9	9	5	0
應付賬款				3	0	3	1	7	1	3	0
應付股利				1	0	6	4	9	2	3	2
應付紅利										4	5
應付職工酬勞							9	8	5	4	1
應付合同款項			5	3	5	5	1	9	3	0	1
雜項負債		5	4	7	8	7	6	7	4	1	7
折舊準備			7	2	0	4	2	3	2	7	4
呆賬準備				5	4	6	8	6	0	5	4
材料溢價準備				3	6	4	0	5	8	2	0
暫收款項		2	1	5	7	3	4	2	0	8	9
應計存項		2	3	5	9	9	1	0	1	8	0
其他各項準備			1	5	0	0	0	0	0	0	0
盈餘			6	9	6	2	2	3	1	4	0
前期盈餘滾存				6	0	1	2	3	2	2	9
本期盈餘			6	3	6	0	9	9	9	1	1
合計	1	6	3	4	7	7	9	8	2	1	7

損益表

中華民國三十二年一月一日起至十二月三十一日止

損失類	萬	千	百	十	萬	千	百	十	元	角	分
經常開支	2	0	3	3	8	4	9	2	8	4	0
發電費用	1	3	8	5	7	1	8	9	7	1	9
供電費用		1	6	5	3	8	7	1	9	6	6
營業費用		1	3	9	5	7	3	6	4	5	2
管理費用		3	4	2	1	6	9	4	7	0	3
特項開支			1	2	4	1	6	5	7	3	6
戰時損失			1	2	4	1	6	5	7	3	6
盈餘			6	3	6	0	9	9	9	1	1
本期盈餘			6	3	6	0	9	9	9	1	1
合計	2	1	0	9	8	7	5	8	4	8	7

利益類	萬	千	百	十	萬	千	百	十	元	角	分
電費收入	2	0	2	0	2	0	6	9	9	3	0
電燈收入		9	8	9	7	9	5	8	8	8	0
電力收入		9	4	5	6	0	9	4	5	6	6
電熱收入			8	2	3	1	6	9	5	9	0
路燈收入					1	2	6	6	1	2	0
補繳電費收入				1	7	7	5	8	4	7	0
自用電度收入					5	8	2	2	3	0	4
營業收入				1	0	7	3	3	1	0	0
業務手續收入				1	0	7	3	3	1	0	0
雜項收入			8	8	5	9	5	5	4	5	7
利息收入				2	3	0	2	1	8	6	3
房地租金收入					5	6	6	2	2	5	8
售貨利益				1	6	3	3	2	9	4	6
補助費收入			7	4	0	6	0	1	9	6	5
匯兌利益						4	2	0	0	0	0
物材料盤盈				9	1	0	5	7	0	2	5
其他雜項收入					8	8	5	9	4	0	0
合計	2	1	0	9	8	7	5	8	4	8	7

重庆电力股份有限公司第七十九次股东会议程等　0219-2-105

重庆电力股份有限公司第七十九次股东会议程等　0219-2-105

178

我政府為修定國防工業調整固定資產折舊比率起見擬准有關國防各工廠將固定資產酌予增值本公司閱悉經第七十九次董事會決議為爭取時間應即具呈經濟部及市政府請求將固定資產增值為九千萬元另收現金股一千萬元共為一萬萬元俟股東會開會時再行提請核議茲已奉經濟部批示以資產估值增資辦法現正在呈請核示中應俟上項辦法奉准後再行核辦等因究應如何辦理之處茲特提請

公決

董事會提

129

討論三十二年度盈餘分配案

本公司三十二年度盈餘為六百五十六萬零九百九十九元一角一分除去法定公積六十三萬六仟零九十九元九角一分所得稅三十四萬三仟四百九十三元九角五分特別準備一百一十四萬四仟九百七十九元八角四分并照一分發給股紅息計三百萬元尚餘一百二十三萬六仟四百二十五元四角一分擬即作為滾存請　大會公決

董事會提

关于抄发沙磁区会议纪录的训令、函（一九四七年十二月三十日） 0219-2-242

E18200/1

39

送達機關：沙坪垻办事处

文別：函

附件：

事由：为抄发沙磁区会议纪錄一份即查照办理由

總經理

協理

主任秘書

秘書

文書股股長

擬稿

會章

抄

送

民國三十六年十二月卅日

繕校　月　日

用印　月　日

封發　月　日

歸檔　月　日

發文電字第1517號

收文電字第　號

卷號

案奉

重庆市工务局本年十二月廿三日

（卅六）工二字第五七五三號训令開：兹检发改善沙磁

区电力供应纪錄一份，令仰遵照为要。此令。等因。附

检发会议纪錄一份。奉此，兹抄发原纪錄一份，即

秘 36 12.16 / 9000

关于抄发沙磁区会议纪录的训令、函（一九四七年十二月三十日） 0219-2-242

40

希查照办理为要此致

沙坪坝办事处

附抄发会议纪录一份

公司启

关于抄发沙磁区会议纪录的训令、函（一九四七年十二月三十日） 0219-2-242

總工程師

重慶電力股份有限公司到文簽

收文電字第 5169 號

來處	工務局 2036 字第五七五三號 中華民國卅六年十二月廿七日收到
事由	為發改善沙磁區供電會議紀錄由
附件	紀錄一份
總經理	
協理	
關係各科室處組廠（簽意見）	通告砂分處 鄧□主辦
決定辦法	

关于抄发沙磁区会议纪录的训令、函（一九四七年十二月三十日） 0219-2-242

42

重慶市工務局訓令

發文工二字第25753號

附

中華民國卅六年十二月卅日

事由	擬辦	批示

令電力公司

茲檢發改善沙磁區電力供應会議紀錄一份令仰遵照為要

收文　　字第　　號

关于抄发沙磁区会议纪录的训令、函（一九四七年十二月三十日） 0219-2-242

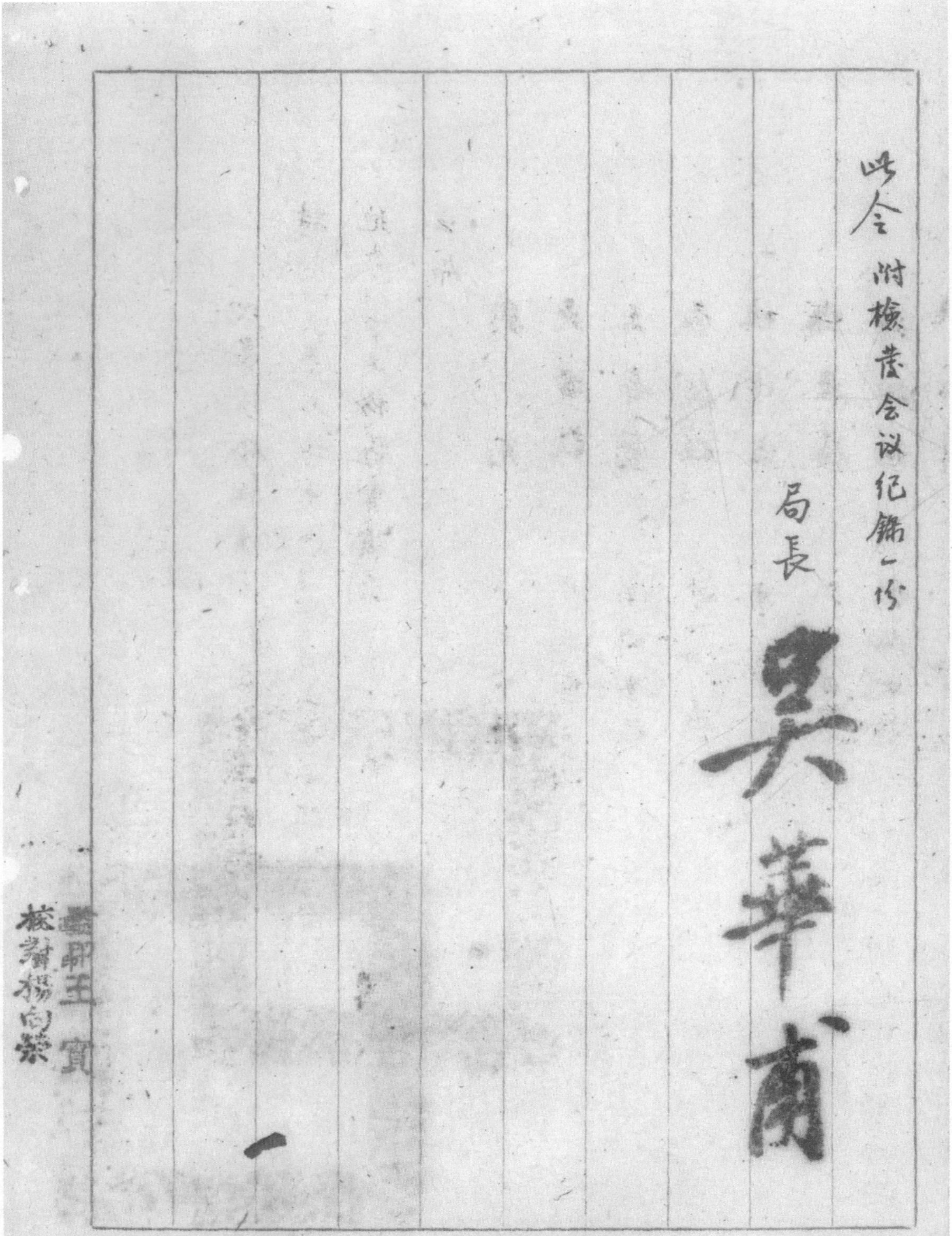
此令 附檢發会议纪錄一份

局長 吳華甫

校對楊向榮
監印王實

丁4(192X272公厘)二局印

关于抄发沙磁区会议纪录的训令、函（一九四七年十二月三十日） 0219-2-242

改善沙磁区電力供应會議紀錄

時間：三十六年十二月十日上午十時

地點：市工務局會議室

出席：

劉　克	二十四廠
吳君毅	十四区公所
王壽萱	南開学校
秦亚雄	電力廠
杜柏宏	中正校
楊君愚	十四区参議員
吳知白	樹人中學
陳乙英	工務局

关于抄发沙磁区会议纪录的训令、函（一九四七年十二月三十日） 0219-2-242

主席：陳乙奐

報告事項：略

決議事項：

一、沙磁區一帶電力不敷供應，請由工務局即函二十四兵工廠請于每日下午五時至九時設法增供至一千瓩以上

二、沙磁區應用電力各廠凡與國防生產無重要關係者應於每日下午五時至九時一律停止工作，由電力公司會同區公所派員分別取締

三、以後沙磁區如需停電時應請電力公司確定日期，以便市民有所準備

四、磁器口市民請求增裝電灯一節，應候該區電力充裕時再行核議。